网络舆情应对技巧

曾胜泉　著

SPM 南方出版传媒　广东人民出版社
·广州·

图书在版编目（CIP）数据

网络舆情应对技巧 / 曾胜泉著. —广州：广东人民出版社，2015.3（2023.10重印）
ISBN 978-7-218-09945-3

Ⅰ. ①网… Ⅱ. ①曾… Ⅲ. ①互联网络—舆论—研究 Ⅳ. ①G219

中国版本图书馆CIP数据核字（2015）第007966号

Wangluo Yuqing Yingdui Jiqiao
网络舆情应对技巧 曾胜泉 著

出版人：肖风华

责任编辑：陈 晔
版式设计：友间文化
责任技编：吴彦斌 周星奎

出版发行：广东人民出版社
地　　址：广州市越秀区大沙头四马路10号（邮政编码：510102）
电　　话：（020）85716809（总编室）
传　　真：（020）85716872
网　　址：http://www. gdpph. com
印　　刷：恒美印务（广州）有限公司
开　　本：787mm×1092mm 1/16
印　　张：19.75 **字　　数：**225千
版　　次：2015年3月第1版
印　　次：2023年10月第18次印刷
定　　价：78.00元

如发现印装质量问题，影响阅读，请与出版社（020-83716848）**联系调换。**
售书热线：（020）85716826

目录 CONTENTS

“只要把网络防住了，就基本上没事。”眼看诸多事因网络聚焦而失控，不少人被网络举报所困扰，“网络恐惧症”患者禁不住发出如此慨叹。

然而，“防住网络”恐怕只能是一厢情愿、天真幼稚的幻想，折射出网络监督的常态化和杀伤力。

第二章

网民社会心态

经过近30年快速发展，我国已全面进入移动互联网时代，逾10亿手机网民可以随时随地参与网络内容的生产、传播和讨论，日益影响着社会、政治、经济、文化等领域。每当发生重大敏感事件，都会触动网民社会心态，引发围观热议。

第三章 舆情应对技巧

带兵打仗，谋略为上。善用谋略，尚巧善变、攻守得当，方能稳操胜券；不善谋略，勇猛有余、战术不足，多半铩羽而归，甚至全军覆没。

伟人毛泽东是善用谋略的典范。1934年，他提出著名的“过河论”：“我们的任务是过河，但是没有桥或没有船就不能过。不解决桥或船的问题，过河就是一句空话。”以“解决桥或船的问题”比喻谋略的重要性。可见，在网络舆论的汪洋大海中，只有掌握舆情应对的“桥或船”，才能越过“巨浪旋涡”，避免“舟倾人坠”，到达胜利彼岸。

前　言

一名医生在微信群发出“冠状病毒”警示而被警方传唤训诫，引发全网一片质疑抨击声浪；

一家动物园3只金钱豹出逃而园方蓄意“瞒豹”，掀起一场众多网民强烈谴责的舆情海啸；

一条“官员儿子奸杀贫家少女被包庇”的网络谣言，酿成群体性打砸抢烧县委县政府大楼事件；

一宗定性处置不当的敏感司法案件在网上披露，激起网民聚集声援大游行；

一段奔驰女车主坐车头盖哭诉维权的网络视频，导致涉事4S店赔偿停业；

一张领导察看车祸现场时脸露微笑的微博照片，促使涉事厅官落马坐牢；

一场因店主怀疑顾客窃衣而发起的人肉搜索，逼迫被网暴的少女投河自尽……

这一连串网络舆情事件表明，互联网极大地改变了公众参与政治生活、公共事务的方式方法，深刻影响着社会运行、人际交往的底层逻辑，已然重塑了人与技术、人与媒介、人与社会的交互关系。面对众声喧哗、变幻莫测的互联网舆论场，网络舆情事件的易发频发及其严重危害，更是凸显了网络舆情的巨大杀伤力。这告诫我们：时至当下，若以为网络舆情无关紧要、不足挂齿，就未免天真大意、不合时宜了。

网络舆情关乎社会政治稳定

移动互联网时代，信息传播主体多、速度快、范围广、互动强，有害信息更容易滋生蔓延，谁都不可漠视网络舆情风险。随着微博、微信、抖音、快手、知乎、B站、小红书、今日头条等商业平台和智能手机的普及，人人都有麦克风和摄影机，个个都是信息生产者和传播者，随时随地都能成为信息发布、议题设置、舆论监督、意见表达、社会动员的主体。有的突发事件刚发生，权威信息还没来得及发布，谣言猜测就已经在网上传播扩散；一些起因简单、偶发孤立的普通个案，却在网络推手策划操纵下演变成复杂敏感、难以平息的重大舆情事件；每个善良守法乃至谨小慎微的公民，都可能因意外“触网”深陷舆情旋涡而无法自拔。

事实上，我们身处互联网社会、多媒体空间、自媒体环境，业余记者无处不在，移动探头无孔不入，舆情风险无时不有，以致网上负面敏感舆情迭出，不时催生网下群体行动，甚至被敌对势力插手炒作，将矛头指向党和政府，进而抨击社会和政治制度，酿成涉稳涉政涉意识形态事件，危害社会稳定和政治安全。

殷鉴不远，2020年初新冠肺炎疫情暴发后，美西方反华势力和敌对媒体为了实现遏制打压中国的险恶政治图谋，趁“疫情吹哨人”李文亮医生不幸染疫离世之机，发起疯狂的“意识形态战”，大肆造谣惑众，渲染悲情，制造恐慌，继而变本加厉，大放厥词，抛出所谓“中国病毒论”“中国隐瞒论”“中国责任论”“中国道歉论”“中国赔偿论”等荒谬论调，攻击抹黑我抗疫举措和体制机制，企图颠倒是非、撕裂共识、挑动对立、涣散人心，严重干扰我疫情防控大局。连领导全球抗疫的世界卫生组织总干事谭德塞也遭到无端指责，不得不正告美国政客称“疫情不是政治博弈的工具，将疫情政治化无异于火中取栗”，并批评“一些国家的媒体对疫情政治化推波助澜”。面对这场传播速度、影响广度、破坏烈度空前的网络舆情危机，我国党政有关部门和主流媒体携手并肩、沉着应对，及时准确发布权威信息，公开透明回应社会关切，依法维护网络传播秩序，全面调查公布群众反映的涉及李文亮医生的有关情况，充分宣传报道抗击疫情和保障民生的政策措施和显著成效，敢于善于揭批美国炮制政治病毒、掩盖抗疫不力、甩锅推责中国的霸凌伎俩，最终将网上舆论主动权、主导权牢牢掌握在自己手中，形成生命至上、尊重科学、举国同心、共抗疫魔的强大舆论合力，极大地增强了全国人民的自信心、自豪感、凝聚力和向心力，为最终赢得三年战疫的全面胜利提供了有力舆论支撑。

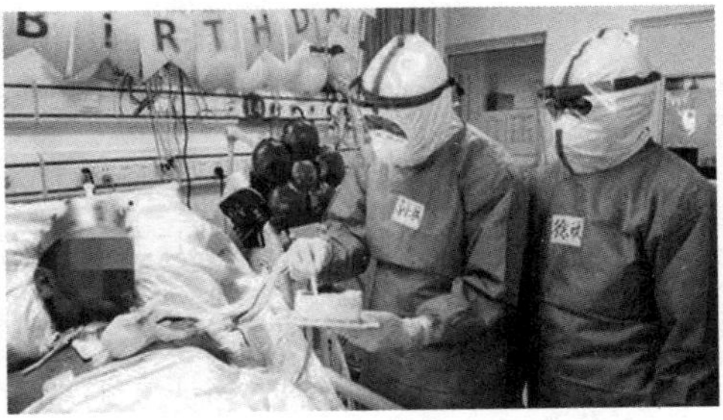
新冠肺炎患者得到悉心救护

世界卫生组织总干事谭德塞

　　更有甚者，早些年，部分国家和地区接连发生利用网络发动的大规模反政府示威游行，造成社会动荡乃至政权更迭。如，自2010年12月17日起，突尼斯街头一名小贩抗议警察粗暴执法而举火自焚的视频在脸书等社交媒体上迅速传播扩散，导致民怨沸腾，众多年轻人在网上抨击政府腐败、煽动聚集抗议，仅几个星期，反政府示威游行便蔓延突尼斯全国，迫使主政23年的本·阿里总统于2011年1月14日下台逃亡。仅隔20多天，在推特等社交媒体推波助澜下，在位30年的埃及总统穆巴拉克黯然谢幕，被捕受审。两年后，又是在时局不稳的埃及，执政刚满一年的民选总统穆尔西，也被军队高层通过脸书发表政变声明赶下台。此类“推特革命”“脸书革命”表明，网络组织动员已成为争夺人心、力量乃至政权的重要手段。

由此可见，互联网在深刻改变人们的生产生活方式，有力推动经济社会发展进步的同时，日益成为各种矛盾风险的策源地、集散地、传导器和放大器，成为关乎社会政治稳定、意识形态安全和个人切身利益的关键变量，任何公民、任何机构、任何领域都很难封闭于信息孤岛而置身网外、不闻网事、独善其身。

舆情应对是堂全民必修课

鉴于网络对政治、经济、社会、文化、生态、军事、科技等领域的革命性影响，习近平总书记深刻指出：互联网已经成为意识形态斗争的主阵地、主战场、最前沿，是我们面临的最大变量；没有网络安全，就没有国家安全；过不了互联网这一关，就过不了长期执政这一关。要坚持党管互联网，把网上舆论工作作为宣传思想工作的重中之重来抓，发挥网络引导舆论、反映民意的作用，坚决打赢网络意识形态斗争，牢牢掌握网络意识形态工作领导权、管理权、话语权；要坚持正能量是总要求、管得住是硬道理、用得好是真本事，科学认识网络传播规律，准确把握舆情生成演化机理，着力提高用网管网治网水平，使互联网这个最大变量变成事业发展的最大增量；要加快推动媒体融合发展，优先建好移动传播平台，推进网上宣传理念、内容、形式、方法、手段、载体、渠道等创新，增强舆论引导时度效，构建网上网下同心圆，广泛凝聚社会共识，巩固全党全国人民团结奋斗的共同思想基础；各级领导干部要解决好“本领恐慌”问题，主动适应信息化要求、强化互联网思维，自觉学网、懂网、用网，不断提高对互联网规律的把握能力、对网络舆论的引导能力、对信息化发展的驾驭能力、对网络安全的保障能力，真正成为运用现代传媒新手段、新方法的行家里手，推动建设一支讲政治、懂网络、敢担当、善创新的网信铁军。

习近平总书记的重要指示高屋建瓴、切中肯綮，体现了对互联网发展大势和我国舆论生态、媒体格局、传播方式深刻变化的高度重视和准确把握，彰显了党中央与时俱进的执政智慧和战略抉择，指明了网络舆论工作特别是舆情应对关系人心和力量争夺，关系意识形态安全、国家安全和政权安全，关系党和政府的威信与形象，已然成为推进国家治理体系和治理能力现代化的题中应有之义，成为领导干部和社会人士必备的能力本领之一。

然而，面对去中心化、多元化、碎片化、移动化、社交化、互动化、可视化、圈群化、智能化的网络传播，特别是突发敏感、复杂多变、无界难控的网络舆情，不少地方官员仍然缺乏忧患意识、底线思维、驾驭本领，存在畏惧情绪、敌视心理、鸵鸟心态，视之为洪水猛兽，避之唯恐不及，显得应对乏术、失策失当、进退维谷：要么封锁消息、堵塞言路，要么反应迟缓、错失良机，要么不闻不问、装聋作哑，要么畏缩躲闪、消极观望，要么慌不择路、急不择言，要么无知无畏、自以为是，导致小事闹大、大事闹炸，惊动上级、追究责任，影响稳定、损害形象。许多机构和个人也仿佛得了“网络恐惧症”，一旦遭遇网上负面舆情，总是六神无主、张皇失措，眼睁睁看着“舆情烧身”而望洋兴叹、徒唤奈何。

事实证明，在危机四伏、不见硝烟的网络舆论战场，无论机构还是个人遭到负面信息攻击，都不能麻痹大意、掉以轻心，不能自失主张、自乱阵脚，不能口无遮拦、授人以柄，不能被动接招、为其左右，而是要高度重视，敢于面对，快速反应，精准施策，稳妥化解，最大限度降低负面影响，减少各种损失。尤其是重大突发事件舆情应对，关乎社会政治稳定，考验应急处置能力，更要有科学合理、务实管用的策略技巧，做到成竹在胸、处变不惊、应对得当，避免引发次生舆情，造成舆论被动，干扰事件处置。

舆情应对要把握好时度效

作为新闻舆论工作的组成部分，网络舆情应对必须遵循习近平总书记在党的新闻舆论工作座谈会上的重要指示：“把握好时度效。”“抓住时机、把握节奏、讲究策略，从时度效着力，体现时度效要求。”对此，时任广东省委常委、宣传部部长慎海雄（现任中宣部副部长，中央广播电视总台党组书记、台长兼总编辑）表示，落实总书记的重要指示精神，关键要在方法上做到“信息灵、反应快、处置得当”。这是慎海雄成功指挥深圳滑坡事故等重大突发公共事件舆论战役的宝贵经验，已经成为广东乃至全国各地各部门应对突发敏感网络舆情的共识和追求。

作为实践性很强的应用型学科，网络舆情应对研究的生命力和价值在于探索规律、经世致用，能观照现实、回答问题、指导实践，助力应对主体把控纷繁信息、主导舆论议程、凝聚社会共识，收到“灭火”“平事”“复形”之效。正如东汉思想家王充所言：“为世用者，百篇无害；不为用者，一章无补。”笔者以此为训，遵循“时度效”三原则，坚持目标导向、问题导向、效果导向，不唯上，不唯书，只唯实，力避凌空蹈虚的空洞理论、刻板陈旧的生硬教条，多讲鲜活生动的典型案例、行之有效的实战技巧，努力让读者看得懂、学得到、用得上，真正练就网络舆情应对的“几把刷子”。

笔者与人合著的新书

但须明白，实情决定舆情，网下决定网上，网上影响网下；事件处置是第一位的，舆情应对是第二位的，两者相辅相成、共损共荣。故此，舆情应对不是避风头、保官帽、护面子，而是回应群众关切、促进事件处置、助力矛盾化解、维护社会稳定。如果网上负面舆情平息了，而网下矛盾问题依旧、追责问责缺失，那么舆情应对技巧就形同扬汤止沸、敷衍舆论、掩饰责任的诡术，给更大的矛盾冲突和舆情危机埋下隐患，令舆情应对失去应有的目的和意义。

应时所需，近年来国内有关网络舆情研究的著述竞相问世，不少专家学者的精品力作脱颖而出，在帮助党政机关、企事业单位、社会团体和各界人士增强舆情风险意识、认识网络传播规律、掌握舆情应对本领、平息负面敏感舆情、维护党委政府形象、保障公民合法权益等方面，发挥了不可替代的重要作用。

走笔至此，读者可能会质疑笔者的写作动机：一介名不见经传的“门外汉”，明知名家大作在上头，何故班门弄斧凑热闹？哪来的勇气和底气？

实不相瞒：一则受人“怂恿”，有点忘乎所以，不知天高地厚；二则毫无“野心”，不求理论深度，但期生动实用。

何人“怂恿”？多年前，笔者应邀为广东省委党校领导干部培训班讲授网络舆情应对技巧，剖析实例时强调：在人人发声时代，一味封堵负面信息只能激化舆情，只有尊重网络传播规律，发挥舆情监督作用，疏堵结合、以疏为主，及时发声、巧妙引导，回应诉求、解决问题，才能真正平息舆情。不少学员听后说：“你长期在宣传舆论战线当记者、做研究、搞管理，所讲内容熔新闻传播学、社会心理学、公共管理学于一炉，集记者眼光、专家视野、官员角度于一体，说事论理，针对性强，生动实用。如能编成培训教材，不愁没有知音。”笔者当时知趣地视之为礼节性的“恭维话”，并未上心。后来经常获邀授课，频听类似建议，学员评分也不俗，终于心动飘然，斗胆出书了。

说无“野心”，乃因笔者自知才疏学浅，眼界、学识远不如专家学者，网络舆情应对研究的广度和深度难以望其项背，实在“憋”不出一家之言，岂敢不自量力，亦步亦趋，贻笑大方。故只想冒昧“晒”出自身实践体悟，望能对读者有所裨益。

读者掩卷之际，若能赐评“生动实用”而非“拾人牙慧”，笔者也就可放下忐忑、抚案而笑了。

曾胜泉

2015年3月初稿

2021年1月定稿

“只要把网络防住了，就基本上没事。”眼看诸多事因网络聚焦而失控，不少人被网络举报所困扰，“网络恐惧症”患者禁不住发出如此慨叹。

然而，“防住网络”恐怕只能是一厢情愿、天真幼稚的幻想，折射出网络监督的常态化和杀伤力。

1 第一章 网络监督方式

1994年4月20日，通过美国Sprint电信公司的一条64k国际专线，北京中关村地区教育与科研示范网络实现了与国际互联网的全功能连接，开启了中国互联网追赶世界潮流、创新驱动发展的大幕。

如今，我国早已成为移动互联网应用和网民规模全球第一的网络大国。截至2023年6月，全国拥有活跃App260万款、网民10.79亿，互联网普及率76.4%，其中短视频用户10.26亿，腾讯微信、新浪微博月活用户分别为13亿、6亿，微信公众号1388万个，网民人均每周上网时长29.1小时。查查智能手机、上上社交网站、搜搜热点信息、刷刷微博微信、看看短视频微电影等，成为人们家常便饭的同时，也让人们拥有更多媒介去记录日常生活、分享人生际遇、表达思想情感，使人们独立思考的能力、网上发声的信心不断增强。

特别是全民追捧的微博、微信、移动客户端、手机浏览器等传播主平台，以及小红书、B站、知乎、抖音、快手等新一代社交媒体平台，具有传播速度快、信息源头多、言论尺度宽、传受互动强、影响范围广等特点和优势，使公众意见表达变得高度便捷自主，让每一个网民不仅能随时随地参与公共事务和热点话题的讨论，还可设置议题，制造舆论，求取声援。用互联网反映诉求、发表意见、组织行动，已成为网络社会的常态。网络已跃升为最大的思想文化集散地和社情民意“晴雨表”，关乎社会稳定和政治安全，我们再也不能忽视网民的情绪与呼声，不可小觑网民的智慧和力量。

试想：如此庞大的网媒数量和网民群体支撑的中国海量信息舆论场，在充分发挥“速度快、容量大、互动强、链接广”等传播优势，灵活运用“点对点、点对面、面对面”等交流方式的时候，该有何等强大的传播力和动员力！

无疑，我国新兴媒体已经使新闻生产的主体结构、传播媒介的形态功能、受众对象的接受方式发生了革命性变化，其传播力、影响力、竞争力已然超越传统媒体，成为新闻信息的最重要源头、

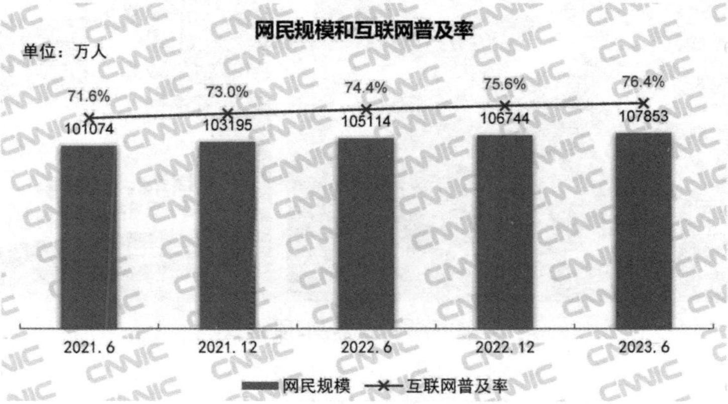

来源：CNNIC中国互联网络发展状况统计报告（2023.8）

意见表达的最便捷工具和社会动员的最有效平台。而舆论监督，这种传统媒体强化权威性与公信力的重要手段，更是被网民移植到网络空间，运用得如鱼得水，发挥得淋漓尽致。可以说，网络已成为公众表达意见诉求、维护自身权益、监督机构和个人行为的有力武器，让人们彻底跳出了过去“找记者曝光”的维权路径。

网络监督成本低、阻碍小、传播快、覆盖广、不受时空限制，容易在较大范围内产生社会影响，令其比传统媒体的监督报道更快捷高效，既可为纪检监察机关提供大量举报线索，又能促使职能部门及时回应、积极作为，从而获得较为充分的维权效果，不断增添“上访不如上网”的成功范例。

如，2019年4月11日，西安一女子因新买的奔驰车发动机漏油，多次找涉事4S店交涉无果，便将自己在4S店爬上车头引擎盖哭诉维权的视频发上网，迅速引起几亿网民持续关注和职能部门介入调查，最终迫使4S店退车赔偿、停业整顿以及奔驰官方公开道歉。此事产生示范效应，兰州、长沙、佛山、丹阳、上海等地接连出现女车主坐引擎盖或车顶维权事件。其中，发生于2021年4月19日上海国际车展现场

女车主坐引擎盖/车顶维权

的特斯拉女车主站在车顶维权被拘留风波，受到国际舆论广泛关注，被称为“超越模仿的登峰造极之作”。

又如，2020年7月，浙江大学对被判缓刑的强奸犯学生努某某给予留校察看处分，立即在网上引发强烈质疑：“强奸犯为何不开除学籍？”“这样的处罚是不是太轻了？”“是否有意袒护？”面对网民质问，浙大回应称努某某“有犯罪中止、主动自首及受害者出具谅解书等从轻情节，适用留校察看的惩戒措施”。但绝大多数网民仍然不依不饶，以《新京报》披露的努某某“曾给女网友下药，并猥亵多名女生”为证据予以反驳，迫使浙大开展后续调查，最终认定该生确实存在多项违纪违规情况，给予其开除学籍处分。舆论普遍认为，这是一起鲜活典型的网络监督事件，对其他领域正确对待舆情具有参考价值和指导作用。

网络舆情生成规律表明，很多事件经网民接力传播，从话题出现到舆情扩散，往往只需一两个小时，令涉事者猝不及防，陷入被动窘境。尤其是网络实名举报，极易引起网民的好奇心和知情欲，能迅速引爆舆情。因为实名举报意味着众目睽睽之下“你死我活”的对决，且常伴有男女私情、官场内幕、贪腐秘闻等吸睛元素，强烈的戏剧冲突感足以激起网民围观热议。对举报内容的求证也颇具悬念，网民或急盼结果，或踊跃发声，给被举报人和相关部门带来舆论重压，使舆情在真相大白、尘埃落定前保持高热。

调查显示，当今重大突发事件和热点敏感问题，大都由网络新媒体率先爆料而引发社会关注，博得传统媒体跟进报道、推波助澜，最终促成事件的妥善处置或问题的公正解决。即使传统媒体最早披露的事件，也须经网络传播扩散，才会产生广泛的社会影响。在多数情况下，热点事件始于网络，盖棺定论终于网络。

如今，人人皆媒，民意上网，网络监督备受中央和地方倚重，其地位和作用日益凸显，网络舆情事件也相伴易发频发。可以说，只要互联网时代没有过去，网络舆情应对就必然是党政机关、企事业单位、社会团体和官员、企业家、管理人员、社会名流等无法回避的必修课。难怪不少过来人忠告："小事一上互联网，瞬间可能变大事！""不懂舆情脱困术，可能就要吃大亏！"

兵法云：知己知彼，百战不殆。要找到网络舆情战的致胜秘诀，必先了解网民常用的五种监督方式——

一、发帖举报如家常便饭

53岁的陈沛霖做梦也没想到，三婚还能娶个美女博士入洞房，怎奈自己艳福不长，竟被网帖"请"进牢房！

2009年6月，一篇题为《全国人民沉浸在地震哀痛期间　湛江一名年过半百的副院长摆奢华婚宴迎娶妙龄女博士》的网帖，令默默无闻的广东湛江市坡头区人民法院副院长陈沛霖一夜之间"蹿红"，成为各大网站的头号新闻人物。

帖文称，2008年5月13日，即四川汶川"5·12"大地震次日，陈沛霖在广州白天鹅宾馆举行豪华婚礼，迎娶20多岁的妙龄女博士，宴请近300名宾朋，收取大量红包。“婚礼花费至少几十万。陈沛霖送给第三任妻子一辆价值过百万的保时捷轿车，并在广州买了一套豪宅作为新婚爱巢，仅装修就花了100多万。”“陈沛霖是一个正科级干部，每月工资仅3000多元，哪来这么多钱买名车豪宅？”

当地纪委闻讯，随即核查网帖举报内容，发现了陈沛霖涉嫌贪污受贿的蛛丝马迹。

嗅到被纪委盯上的风声后，陈沛霖在人前强作镇静、若无其事，独处时却忧心如焚、坐卧不安，犹如惊弓之鸟，惶惶不可终日。

因果有报应，伸手必被捉。2010年2月6日陈沛霖被刑拘，13日被逮捕；2012年1月中旬，肇庆市中级人民法院审理认定陈沛霖受贿649万元，判处无期徒刑。

陈沛霖出生于湛江市坡头区南三镇一户普通农家。20世纪80年代，他离家闯荡，成为一名建筑“包工头”。90年代初，他摇身一变，当上“吃皇粮”的镇干部，一年后调入坡头区法院。但三十出头的他紧跟“官员下海”潮，不久又离职经商。1997年，他重回坡头区法院，不到一年就被提拔为副庭长。2000年，他荣升执行局局长，很快又坐上副院长宝座，受到越来越多物质与金钱的围猎，逐渐走上以权谋私、权钱交易的不归路。

据媒体报道，陈沛霖担任法院执行局局长期间，迷上“雁过拔毛”的敛财手法，凡是他过手的执行案件，债权人、被执行人均被索取利益，不然就百般刁难。这种“吃了原告吃被告”的恶劣行径，严重损害了法官队伍形象。

陈沛霖的教训告诫为官者，还是清清白白做人、干干净净做事为好，千万不能在退休前抱着“有权不用，过期作废”的歹念或为讨好美人而不惜贪赃枉法，以免像陈沛霖那样被一篇网帖扯出受贿丑闻，落得个竹篮打水一场空、晚节不保毁名声的可悲结局。

陈沛霖落马后网上出现的相关漫画

此后不久，某市有一位领导，本想为其独生子举办大型婚礼，在省城一家著名五星级酒店摆上几十桌豪宴，请周边几个城市的亲朋好友庆贺一番。一位获邀的好友劝其吸取陈沛霖的教训，还是低调简朴操办为好。但独生子娶亲毕竟是家中大事，且女方家也要求隆重嫁女，婚礼太寒酸会得罪亲家。于是，这位领导灵机一动，计上心来，采取“化整为零”的策略，分期分批在亲朋集中的4个城市办了4场小规模的喜宴，虽然场面不如大型婚宴那么豪华气派、热闹壮观，但该请的人先后都请来了，正常的人情礼节尽到了，更重要的是没惹是非、平安无事。

不过，随着中央八项规定的深入执行，这种“化整为零”的变通手法行不通了，毕竟不排除有的官员借机收取非正常人情往来的礼金乃至贿赂。只有向纪检监察部门报备，宴请人数控制在备案范围内，拒收变味的红包，才是无惧拍客、心安理得的正道。

眼下，绝大多数领导干部在操办宴席时，都能做到遵规守纪，低调从简。但仍有一些官员不长记性、放松约束，甚至明知故犯、以身试纪，可悲地重蹈陈沛霖的覆辙。就连陈沛霖的家乡，还有个别干部心存侥幸，步其后尘，落入“纪”网。

据南粤清风网（广东省纪委监委官方网站）通报，2013年10月，湛江经济技术开发区国税局副局长杨某为儿子摆办婚宴28席，收受礼金9.36万元，被免职处理；同年9月，湛江徐闻县文体局文化市场综合执法队队长廖某开设乔迁酒席12桌，收取礼金1.62万元，受到党内严重警告、行政降级处分。

这些顶风违纪被查处通报的反面典型，再次告诫广大党员干部：务必落实习近平总书记提出的“严以修身、严以用权、严以律己”的要求，自觉抵制歪风邪气，心存敬畏、手握戒尺，慎独慎微、勤于自省，遵守党纪国法，做到为政清廉。否则，不干不净，寝食难安，随时有可能暴露于网络聚光灯下，落得个丢官革职乃至身陷囹圄的可耻下场。

由于网帖举报轻而易举，如家常便饭，因此越来越多网民精于此道、屡试不爽，越来越多官员突遭举报、“中箭”落马。国家发展改革委原副主任、国家能源局原局长刘铁男，是首个倒于网帖举报的部级官员。其下台颇具悬念性和戏剧性——

2012年12月6日，知名媒体人、《财经》杂志副主编罗昌平在其微博和博客向中央纪委实名举报刘铁男存在伪造学历、与商人合谋骗贷、与情人反目后威胁对方等问题，随即被网民疯传热议，引发轩然大波。

事发4小时后，国家能源局新闻办负责人对《新京报》记者表示：“上述消息纯属污蔑造谣。我们已联系有关网络管理部门和公安部门，正在报案、报警。将采取正式的法律手段处理此事。”

惊闻官方“严正表态”，不少网民替罗昌平捏了一把汗，猜测有关部门很快就会抛出“查无实据”的“权威结论”，最终以“诽谤”“诬告”罪名将举报人关进大牢。

2013年5月12日，网民忐忑不安地苦等了半年后，终于如释重负地等来了中央纪委的权威发布：刘铁男涉嫌严重违纪，正在接受组织调查。这消息如一枚重磅炸弹，即刻在舆论界和网民中炸开了锅。

刘铁男受审现场

有网评指出：媒体人实名举报刘铁男腐败，能源局新闻办发言人回应称“纯属污蔑造谣”，如今刘铁男被查落马，该发言人“辟谣”成大笑话，倒是“将采取正式的法律手段处理此事”的表态，由国家职能部门兑现了。该发言人是否已沦为刘铁男的“家奴”，值得商榷，但确实有一些部门的新闻发言人制度已异化为阻碍舆论监督的门槛。不少记者反映，有了新闻发言人后，对一些部门的采访比过去更不方便了。

笔者认为，不论上述评论是否客观公允，但刘铁男被举报事件从“辟谣澄清”到“证实被查”的大反转，不能不使人质疑一些部门新闻发言人作用的异化，不能不令人担忧政府部门公信力的缺失。而失信的代价，往往是不可逆的。

据检方披露，刘铁男案是典型的家族式腐败，其单独或与其子刘德成共同受贿高达3558万余元，其妻及情妇亦涉案。他于2014年9月24日上午在河北省廊坊市中级人民法院出庭受审时痛哭流涕、忏悔反省，坦承自己对违纪违法心存侥幸或明知故犯。这位打一个招呼就能换来1000万元回报的贪官还当庭表示，为了“戴罪立功”，他已将自身教训转化成“研究成果”，提出了“审批权应大量下放”等防腐建议。同年12月10日，刘铁男被判处无期徒刑。

有道是殊途同归，试图“戴罪立功”的刘铁男未能如愿，实现“举报立功”的罗昌平也在9年后落入法网。2021年10月6日，正当国人跟随电影《长津湖》致敬抗美援朝志愿军之际，身为网络大V的罗昌平却在个人微博发表羞辱性言论，将长津湖战役志愿军“冰雕连”称为“沙雕连”（“沙雕”是网络用语，意同“傻子”），立即遭到广大网民愤怒声讨，要求追究其法律责任的呼声响彻全网。面对舆论挞伐巨浪，他于7日晚匆匆做出简短的公开道歉。但为时已晚，8日下午海南三亚市警方对其实施刑事拘留，随后检察机关提请以“侵害英雄烈士名誉、荣誉罪”追究其刑事责任。至此，反贪成名的罗昌平“人设”崩塌，最终付出获刑七个月的法律代价。

二、视频曝光似铁证如山

多年来，网上视频曝光事件接二连三，看点迭出，直令网民眼花缭乱，大呼“热闹”“过瘾”。其中较为生动典型、具有警示教育意义且事实真相争议最大的，恐怕还是较早发生、影响深远的深圳海事局原党组书记林嘉祥涉嫌猥亵11岁女童事件。

2008年10月30日，深圳南山区新梅园酒楼一段监控视频被上传网络。视频中，一名涉嫌猥亵女童的高大肥胖男子站在酒楼大厅中间，面对女童父母的质问，竟气势汹汹，狂妄叫嚣：“我就是干了，怎么样？”“我级别和你们市长一样高。敢跟我斗，看我怎么收拾你们！”

该视频随即引起众多网民关注和转发。有网民按图索骥，很快搜索出那名吵架男子的真实身份：林嘉祥，58岁，现任深圳海事局党组书记、副局长、纪检组长。

该男子身份一经曝光，立即招来大批媒体记者跟踪追击。笔者综合2008年11月2日多家媒体的报道如下：

受害女童的父亲陈先生告诉记者，10月29日晚，他一家人在深圳南山区新梅园酒楼吃饭。20时40分许，女儿陈小（化名）说要上厕所，走出了包房。没多久，包房的门被猛地推开，女儿慌慌张张地冲进来，“她脸上就是那种很害怕的表情，上气不接下气，全身止不住地颤抖”。陈先生赶紧上前询问，得到的回答令他大吃一惊，气愤难平。

陈小哭诉，经过酒楼大厅时，有一名穿白衬衫的男子问她洗手间在哪里，她指明方向后，该男子还是不清楚，陈小就好心为他带路。快到厕所门口时，这名身材高大、体格强壮的男子突然双手紧紧掐住她的脖子，将她往男厕里拖。陈小惊恐万分，但被掐住脖子，想叫也叫不出声。眼看就要被拖进去了，情急之下，她猛力挣扎，侥幸挣脱了身，急速跑回家人吃饭的包间。

听罢女儿诉说，陈先生怒不可遏，立即冲出房门，找到这名已返回大厅吃饭的男子，与之论理。谁知，在大庭广众之下，这名浑身散发浓浓酒气的男子居然语出惊人：“我就是干了，怎么样？要多少钱你们开个价吧。我给钱嘛！”“你知道我是谁吗？我是交通部派来的，级别和你们市长一样高。我掐了小孩的脖子又怎么样，你们这些人算个屁呀！敢跟我斗，看我怎么收拾你们！”

网上有关林嘉祥与女童父母争吵的视频及林嘉祥参加活动的照片

“我当时都快气晕了，怎么会有这样的人呢？”陈先生气愤地说，“尽管这名男子身旁有位女伴一直好言相劝，但他始终不依不饶，凶神恶煞，气焰嚣张，直到警方闻讯赶来，才悻悻然跟着警方离去。”陈先生同时赶到派出所。面对警方盘问，该男子只说自己姓林，当晚喝多了，其他情况一概不肯透露。

经深圳市公安局立案调查，酒楼监控探头摄录的视频图像中未发现林嘉祥有猥亵之举，认定其涉嫌猥亵罪不成立，仅为酒后行为不当，按治安案件处理。

但警方同时表示，林嘉祥作为党员领导干部和国家公务员，醉酒后对未成年女童做出双手搭肩膀靠脖颈处的不当动作，使陈小有被“掐”的感觉，受到惊吓，心灵也遭到伤害，属于在公共场所举止失当、行为不检，且在被陈小的父母质问过程中态度恶劣、出言不逊，社会影响很坏，建议由有关部门做出处理。

11月3日，交通运输部党组鉴于此事造成了恶劣社会影响，决定免去林嘉祥党内外职务。

对此，有网民认为，既然没有证据显示林嘉祥猥亵女童，就不该免其职，如此处理对他不公平。

不知是否出于对林嘉祥的同情与爱护，有人给出了与多数媒体报道迥然不同的版本——

林嘉祥当时的确喝多了酒，但未完全喝醉，只是有点晕头转向，一时弄不清洗手间的方位，刚好碰到一位活泼可爱的小女孩也上厕所，便请她顺便带路。小女孩抬头一看，只见这位高个子叔叔和蔼可亲，就高兴地答应了。

到了厕所门口，林嘉祥作为长辈，为了表示感谢，便下意识地轻轻拍拍这位小女孩的肩膀。应当说，轻拍女孩肩膀部位是合适的，因为男性对女性表示感谢或有好感，最礼貌、最得当的肢体语言，就是轻手拍拍对方最坚实硬朗、最无异样感觉的肩膀。不过，林嘉祥身高1.79米、体重103公斤，可谓身材魁梧，加上有点醉意，头脑可能不完全清醒，以致出手轻重失去控制，在他看来也许是聊表谢意、轻如鸿毛的温柔一拍，但对一个年仅11岁、娇嫩弱小的小女孩来说，可能就是用力过猛、重如泰山的霸凌之举，她承受不了，顿时感到这位外表亲切慈祥的好叔叔其实是“老色鬼”，想趁机欺负她，占她的便宜，揩她的油。于是，她惊恐万状，慌忙跑回餐厅包房，向父母哭诉。

结果，林嘉祥与对方父母激烈争吵的情景被酒楼监控探头全程实录，又被人传到网上，酿成舆论风暴。

上述版本符合一定情理，因为一个人在半醉半醒之中，整个身体会显得特别沉重，出手往往“势大力沉”，而其本人意识不到，仍然感到“轻飘飘”。

事实上，警方也未能证实林嘉祥有调戏女童的行为。遭人谴责、致其丢官的，恐怕还是网上疯传的那两句惊人之语。

第一句：“我是交通部派来的，级别和你们市长一样高！”

据小道消息，这句话是林嘉祥在表明自己身份为交通部深圳海事局党组书记，但小女孩的父母似乎没听过这个单位，也不知道有党组书记官衔，仍然不断追问他在哪个单位、担任何职的情况下，为了尽快让对方明白其单位和职务，才临急说出的通俗类比。而网上曝光的视频中，没有显示小女孩的父母追问林嘉祥什么单位、职务的话语，只出现林嘉祥类比市长职级的回答，自然会让网民觉得他居高临下、以权压人。

第二句："我就是干了，怎么样？要多少钱你们开个价吧。我给钱嘛！"

据称，这是林嘉祥被小女孩的父母一口咬定有调戏、猥亵行为的前提下，一时激愤冲动冒出的气话。林嘉祥是单位的主要领导，假如他长期养尊处优、居高临下、说一不二，养成了恃权自重、不可冒犯、绝不服输的作派，遇到自认为被冤枉受委屈的事情时，比如这次，他坚信自己没有调戏小女孩，就不愿忍气吞声，难免会气愤不已地抛出此类"横话"。就像一群人住在集体宿舍，如果其中一位被冤枉偷了别人的东西，又没有第三方目击者可帮忙作证澄清，在自己有理也说不清的情况下，很可能随口撂下"我就是偷了，怎么样？"之类的气话狠话。但网传视频中，小女孩的父母只相信自己女儿所言，直指林嘉祥有猥亵行为的说法没有出现，图像上只打出林嘉祥承认干了、愿意赔钱的字幕。这样，网民就会误认为林嘉祥真的干了，企图用钱了断。

对一个领导干部来说，林嘉祥这两句话无疑是致命的，给人的直觉就是他坚信"官大压死人""有钱能摆平"。如此傲慢之态、狂妄之言传到网上，自然会激起极大民愤，引发舆论一边倒的批判谴责。交通运输部党组正是迫于巨大的舆论压力，才不得不"挥泪斩马谡"，迅速对林嘉祥做出免职处理。

官帽落地、千夫所指，对于再过两年即可安然退休的林嘉祥来说，已是悔之晚矣！

此事令林嘉祥感到很没面子，连上街也怀疑有人在背后指着他的脊梁骨说："这就是调戏小女孩的老色鬼！"他经过深思熟虑，认为自己再无颜面在深圳待下去了，便做出一个艰难而又无奈的选择：申请提前退休。组织给予理解、同情和支持，批准了他的请求。于是，他告老还乡，回到原籍山东烟台，盼望过上没人打扰、清静自在的晚年生活。没想到，老家的日子也不得安宁，不少本地网民揪着不放，骂他“把山东人的脸丢尽了”，并“力荐”他为烟台“十大恶人”，令他在父老乡亲面前再也抬不起头来。

看来，这辈子要过上清静日子，对林嘉祥来说可能已是奢望。因为将来一旦有新的关联性事件发生，就容易被舆论钩沉比较、旧事重提，撩起网民评说。

对林嘉祥的遭遇，上级有关领导公开“打抱不平”。据报道，2009年3月全国两会期间，广东珠江经济电台记者就此事采访全国政协委员、时任交通运输部海事局常务副局长刘功臣，问他有何看法。他表示，网络是可以杀人的，能把黑的说成白的、白的说成黑的。林嘉祥就是个倒霉蛋，当时喝酒喝多了，拍了一下小女孩的肩膀就出事免职了。网络有操纵民意的作用，林嘉祥就是受部分“仇官仇政府”的网民煽动，在网络舆论的疯狂围攻下无奈丢了官。他直言，目前国内整治网络乱象的力度还远远不够，并称“现在的公务员也是弱势群体”。

刘功臣的说法报道后，遭到网络舆论的猛烈抨击。多数网民将其言论解读为“官官相护”“利益同盟”。也有部分网民认为，其言虽有同情、维护林嘉祥之意，但也不无道理，如“网络有操纵民意的作用”“整治网络乱象的力度还远远不够”等观点，已被诸多网络恶意炒作事件所证明。

笔者无意为林嘉祥鸣冤叫屈，也不敢断言哪个版本更接近事实真相。笔者只是认为，尽管警方认定林嘉祥涉嫌猥亵罪立案理由不成立，只认定他“酒后行为不当”，按治安案件处理，但在公众心目中，其不当言行已经严重损害了干部队伍形象。

在某种意义上，把林嘉祥事件归因于“喝酒惹的祸”，似乎并不为过，也更能警醒贪杯之人切莫“醉酒乱性”。如2013年8月1日被视频曝光的上海市高级人民法院法官集体招嫖丑闻，4名法官均是接受吃请、酒后招嫖，其中3位海量者兴冲冲完成性交易，结果被开除党籍和公职，而另1人不胜酒力，临阵退嫖，得以留党察看，保住饭碗。看来，在饭局上，酒桌败将虽感一时难堪，但有时也会获得意想不到的好处。当然，抱此侥幸心理并不可取，想要珍重身体、不误前途，还是不贪酒色为上策。

视频曝光，关注度高，杀伤力大。如，中石油寰球工程项目管理（北京）有限公司总经理胡继勇出差期间与女下属牵手逛街、辽宁省铁岭县国土局副局长陈立岩与情妇开房大谈自己如何腐败、重庆市北碚区委书记雷政富性丑闻、上海市高级人民法院陈雪明等4名法官集体招嫖、河北省兴隆县孤山子镇党委书记梁文勇豪宴上辱骂百姓“给脸不要脸”等视频一经曝光，无不引起社会舆论强烈反应，涉事者均受到相应法纪处理（警告、记过、免职、撤职、开除、判刑等）。

迄今为止，视频曝光案件中，全网关注度最高的是中石油寰球工程项目管理（北京）有限公司总经理胡继勇与女下属牵手逛街事件。2023年6月7日，胡继勇在成都出差期间与公司女员工董思槿牵

胡继勇与董思槿的牵手照和工作照

手逛街，举止亲密。这一幕被街拍摄影师拍下后发上抖音，立即引发全网疯传热议，冲上热搜榜首，风头盖过高考。当天，胡继勇即被免职，董思槿也被停职。随后，两人双双被“人肉”起底，隐私不断曝光，多日霸榜热搜。众多媒体纷纷评论称，胡继勇作为一名央企领导，在中央巡视组巡察期间闹出“牵手门”事件，完全无视法纪，胆大妄为，必须严惩，给公众一个交代。7月7日，胡继勇被开除党籍、公职，董思槿被解雇。

而惊动层级最高的，要数上海法官集体招嫖事件。上海为此召开全市法院系统领导干部大会，时任中共中央政治局委员、市委书记韩正在会上严厉批评4名法官集体招嫖给上海法院系统、政法系统乃至整座城市抹黑，要求法院系统“认真吸取教训，严字当头，警钟长鸣”。最高人民法院发出案件情况通报，要求各级人民法院整顿作风，严肃纪律，坚决清除队伍中的腐败分子和害群之马，坚决防止类似事件再次发生。《人民日报》评论指出，法官形象关涉“法治信仰”，“法官嫖娼令法律失去尊严、司法蒙羞、正义受损”。《南方都市报》评论称，法官集体嫖娼击穿了法治底线，“我们不相信那些玩弄女性的法官，不会去玩弄法律”。

有关调查显示，网络视频曝光的案件逾八成均能查实。正所谓“有图有真相，八九不离十”。看来，无论是领导干部，还是平民百姓，都应谨慎行事，洁身自好，不留把柄，求得心安。

但有图未必有真相，眼见未必为实。因为，视频发布者动机各异：有的制造话题、引流牟利，有的栽赃陷害、打击报复，有的爱慕虚荣、渴望成名，有的恶搞取乐、发泄情绪，不一而足。

如，2012年8月8日下午，一网民在百度贴吧发帖称，安徽省合肥市庐江县委书记王民生参与集体淫乱，并贴出不雅艳照，随即引发众多网民围观热议。当地警方迅速介入侦查，翌日便证实帖文张冠李戴，并通过该县网宣办官微辟谣澄清：不雅照应为长沙网早前曝光的《昆明三对夫妻群P聚会》照，与该县负责同志没有任何关系。当天傍晚，事件始作俑者在百度庐江吧发出道歉声明，祈求受害者原谅。有关县委书记的不实舆情随之消散。此事的快速发酵表明，百度贴吧这种传统网络社区，已经成为众多网民的互动交流平台，其现实影响力不可低估，监管难度也不容忽视。

又如，2012年9月4日，湖南怀化市辰溪县委常委龚宗文拟任县政协主席之际，被不怀好意者贴出与“情人”激情相拥的大幅“艳照”，引起网民疯传、热议。当晚，怀化市委网宣办便在网上发布核查结果，证实“艳照”是曹颖、印小天主演的电视剧《律政佳人2》的剧照，与这位县官无关。网民得知真相后，在谴责造假者胆大妄为的同时，也同情这位无辜“躺枪者”，并称赞他长相堪比才貌双全的晋代美男潘安，戏言“都是美貌惹的祸”。

多年来，利用移花接木手段伪造淫秽图片敲诈官员的现象时有发生。受害者中，身正不怕影斜，敢于报案的有之；拈花惹草太多，弄不清艳照真假，担惊受怕、花钱消灾的亦有之。

据网上报道，为整治造假艳照敲诈乱象，湖南省双峰县在公共场所悬挂打击标语：“全社会行动起来，掀起一场打击利用PS技术

网传湖南省双峰县打击利用造假淫秽图片敲诈乱象的标语

合成淫秽图片敲诈的‘人民战争’！”该标语颇有“此地无银三百两”的味道，饱受网民诟病，被讽为“不打自招”“天下奇观”。

对此，有评论称，网民以网络监督为武器，对那些贪污腐化的官员打一场“人民战争”；有的地方则高举法律利剑，对那些拼接艳照勒索官员的行为打一场“人民战争”。两类“人民战争”，目标不同，武器各异，战果俱佳，意味深长。

三、人肉搜索像人民战争

2001年某月某日，一男性网民在猫扑论坛贴出一张美女照，吹嘘该美女是自己女友，引起不少网民关注和搜索。很快，该美女被查明是微软公司的形象代言人陈自瑶，其个人信息被公布于网上。自此，一种名为“人肉搜索”的互联网搜索行为诞生了。

人肉搜索是指集合网民力量，利用网络搜索，调查、曝光某人身份或某事真相，引来网民围观热议甚至谴责谩骂。这意味着某人一旦被“人肉”，就等于中了无数网民的集体埋伏，陷入四面楚歌、无处可逃的困境，任何蛛丝马迹、隐私秘闻都可能在网民接力挖掘、聚焦放大下纤毫毕现，令其陷入灭顶之灾：好人名誉受损，贪官难逃法网。

“人肉”例子不胜枚举。最早最典型的“人肉”落马官员，莫过于南京江宁区房产局原局长周久耕。

周久耕遭“人肉”，缘于一句话。

2008年12月，周久耕在一次房地产工作会议结束后面对南京主流媒体记者集体采访时表示，“将联合物价部门查处低于成本价卖房的开发商”，并宣称这是“对老百姓负责”。

这句话错了吗？

从反垄断和反不正当竞争、维护市场公平竞争和价格秩序的法理角度看，这句话完全正确，无可非议。如同广州广交会期间，对酒店客房价格实行最高限价或制定行业指导价，过高或过低都不允许，因为一味涨价宰客或压价拉客都会破坏公平交易规则，扰乱市场行情，损害实力较弱的竞争对手的利益。

但有些话不宜公开讲，只能内部说，做到“内外有别”。换言之，在什么场合说什么话、到什么山上唱什么歌，应当心中有数、区别对待，防止泄露内部敏感信息，引发舆情事件。比如，对限制酒店房价飙升的调控措施可高调对外说，但“查处低于成本价卖房”恐怕就只能关起门来讲，以免刺痛城市低收入群体的敏感神经。众所周知，多年来房价持续飞涨，居高不下，社会底层群体谈房色变，不少人已成为买不起房的无房族或供楼“压力山大”的房奴，都巴不得房地产商深明大义，削减利润，让更多工作生活在城里的人买得起房，安居乐业。

记得那时候网上流行此类段子：“房改把你的腰包掏空，教改把你的父母逼疯，医改提前为你送终。”亦有网民说得更直白：“住世界上最贵的房，读世界上最贵的书，看世界上最贵的病。”这些段子虽言过其实，但也折射出部分网民对我国房改、教改、医改举措和成效的不满情绪。

我国城乡和区域发展不平衡，仍有部分家庭买不起房、读不起书、看不起病

在这样的时代背景和现实语境下，周久耕公开表示“将查处低于成本价卖房的开发商”，难免会让不少无能力购房的网民感到不近人情、有违常理，让他们禁不住想弄清周久耕到底是不知现实的残酷和百姓的艰辛，还是自身思维异常、胡言乱语，甚至成了“脑子进水”的神经病。

想到这里，有的网民就急于打探周久耕究竟是“何方神圣”，欲一睹其“庐山真面目”。于是，煽动发起“人肉”行动，非把其隐私翻个底朝天不可。

很快，南京一位网民在网上搜到周久耕出席会议的一张照片，只见照片中的他长得方方正正、精精神神，怎么看都不像是一个脑子有问题的“神经病”。这位网民心想，一位相貌堂堂、智力正常的房产局长，却说出有违常识情理、伤害百姓感情的话，不把他“人肉”到底决不罢休。

“哟，这可是咱们南京最贵的香烟——1500元一条的九五至尊啊！”这位网民紧盯着照片中周久耕左手握着的那包烟和右手夹着的那支烟，不禁惊叫起来。

这个发现随即被发上网，吸引众多网民围观热议。

但有不少网民认为，大城市一个区级房产局局长，月薪少说也有万把块，每月花两三千元买一两条九五至尊牌香烟，应当绰绰有余，要是再省一点，只花150元买一包独自享用，就更显微不足道。故此，如果仅拿高价

周久耕（右二）被“人肉”的照片

烟说事，根本就动不了周久耕一根毫毛，他只需回应说“用工资买的，我喜欢”，就足可让质疑者哑口无言、难再纠缠，而他照样毫发无损、安然无恙。

于是，又有网民把目光移向香烟右边，落在他左手腕戴的那块表上。乍一看，此表平凡无奇，一点也不显得光鲜、名贵，许多领导干部平时戴的表在外观上都比它更耀眼、气派。但网民可不会傻乎乎地光看外表，他们就像不愿放过任何蛛丝马迹的职业侦探一样，立即拿来高倍放大镜一照：啊，这可是世界顶级名表江诗丹顿，价值过10万元！

他们犹如当年哥伦布发现新大陆那样惊喜万分、欢呼雀跃，连忙将这一“重大发现”上网“示众”，供人“赏鉴”。

这真的是价值逾10万元的名表吗？

据知情人事后透露，这只表是周久耕在房产局隔壁的钟表店买的，是赝品、冒牌货，他很想过把名表瘾，仅花三四千块钱就到手了。但网民好不容易才有此“重大发现”，哪会管它是真是假，反正品牌标示的就是江诗丹顿，是世界公认的昂贵名表。对这样一位触犯众怒的官员，谁还会有心帮他核实澄清呢！

网民对天价表热议一番后，又冷静地算了一笔账：一个房产局干部工作二三十年，积蓄少说也有几十万，买一块10万元的表，给自己珍藏欣赏或在人前显摆一下，虽属奢侈消费，但还是力所能及的个人权利。换言之，佩戴价值10万元的表，并不能证明周久耕涉贪或巨财来源不明，对其仕途构不成任何威胁。

那么，怎样的“人肉”证据才足以摘掉周久耕的乌纱帽？

不少网民不约而同地想到：作为官员，最忌讳的就是被曝不正当男女关系问题。因此，想要将周久耕拉下马，最有效的手段就是设法挖到他搞婚外情、包二奶之类的风流韵事，然后向纪检监察机关举报；一旦被查实，其官帽将随之落地。

于是，有“好事者”自带干粮和微型摄像机，像偷拍隐私的狗仔队那样，埋伏在周久耕家附近，守株待兔三天三夜，虽未发现他带妻子以外的女性回家，却意外拍到他开凯迪拉克豪车上下班。

这位网民如获至宝，心想：领导干部超标准使用豪车，起码要挨个纪律处分。随即将豪车“晒”上网，再引网民热议。

但网民仍不罢休，继续接力“人肉”，不断斩获“战果”：周久耕之弟是南京有名的房地产开发商，其子是颇有实力的建筑材料商；他那位年轻漂亮的妻子曾在公开场合说过，周久耕生活品位很高，浑身穿戴都是名牌。

不论上述“证据”是否一一属实（未见权威部门公开对此做出回应），但网上骤然掀起一场针对周久耕的造词运动和弹劾风暴：“周至尊”“久耕托市”“天价烟局长”“最牛房产局长”等封号齐齐飞向周久耕，批评谴责不断，罢官呼声四起。

当地纪委迅速介入，最终查出周久耕受贿110多万元，移交司法后被判刑11年。

对此，有网民认为，法院显然是迫于舆论压力，对周久耕做出入狱11年的重判；同样受贿110多万元的某县级法院院长，却享受判三缓四的优待，免了牢狱之灾。

笔者不敢妄断网民的看法是否成理，但周久耕一案的判决无疑是权衡犯罪事实、性质、情节和社会危害、舆论影响等多种因素的结果。特别是网上基于所谓“民意”的道德审判，与现实中基于法律的正义审判容易发生冲突，给司法部门的定罪量刑造成极大挑战。当然，从法律角度看，法官在审理社会关注的敏感案件时，同样要坚持“以事实为依据，以法律为准绳”的原则，以过硬的专业素养、丰富的审判经验、良好的职业操守，心无旁骛地做出公正判决，而不能为了平息民愤或舆情，刻意附和、迎合甚或献媚讨好媒体和公众。媒体也不能越俎代庖，打着舆论监督旗号，在案件判决前作出定性、定罪或猜测、判断诉讼胜负的报道和评论。当事人亦不可为了影响案件判决，在网上炒作不实信息，误导社会舆论。

前事不忘，后事之师。从此，很多领导干部都不敢公开戴名表、穿名牌、抽名烟。即便是很便宜的假名牌，他们也不敢轻易穿戴示人，担心被网民拍摄上网引发舆情后回应解释不清而惹麻烦。因为网民可不管你穿戴的东西是不是赝品，等到你费尽九牛二虎之力澄清事实时，你已承受了很大的社会舆论压力，对你的名誉损失已经造成，不可能完全挽回了。就算纪检监察部门最终还你一个清白，但你已成了网络名人，被许多网民记住了，将来一不小心卷入某事，就可能再次被“人肉”起底，能否与上次一样平安无事，恐怕谁也不敢打保票。

然而，网络探照灯无处不在、无孔不入，对人肉搜索可谓难以预料、防不胜防。网上舆情显示，周久耕事件后，仍有不少领导干部一不留神步其后尘，或虚惊一场，或被查落马，搅得网上热点不断、网民目不暇接。

陕西大荔县委书记孙云峰，就被无辜扯上周久耕钟爱的“天价烟”，吓出一身冷汗。

2012年6月25日，该县政府网发布了一条题为《孙云峰等领导慰问包联村贫困老党员》的新闻，其中一张摄自慰问座谈会现场的配图显示，县委书记孙云峰面前的桌子上，摆放着水果、瓜子、茶杯和一包九五至尊牌香烟。

26日，不少门户网站争相转载四川新闻网记者石俊荣采写的报道——《陕西大荔县领导慰问贫困老党员会场惊现天价烟》，网民纷纷跟帖批评，认为“慰问贫困党员，抽这样的烟太奢侈”。

28日，大荔县委宣传部负责人回应称，这包烟既非县领导自带，也非村委招待，而是村党支部书记拿来的，只剩下两三根；县领导知情后，已严厉批评了村支书。得知此烟为周久耕垂青的“天价烟”

孙云峰（右）无辜扯上“天价烟”

后，村支书也非常紧张，连忙解释说：“这烟是战友给的，我也不知是什么烟，自我感觉好抽，就拿来让领导们品尝一下。”

孙云峰“被优待”一事提醒领导干部，出席宴会、茶话会之类的活动时，必须眼明心细，一旦发现接待标准过高，就要铁石心肠、不顾情面，敢于制止或拒绝，以免连累仕途。据2014年12月26日中央纪委监察部网站通报称，湖北省人大常委会副主任王建鸣违规参加超标准公款宴请，给予其党内警告处分，责令退赔相关费用。有网评指出，此类客随主便或不拘小节的“无心之失”，很不值得，但也极易触犯。

四川有一位副县长则因穿戴不慎虚惊一场。据报道，这位县官穿着其妻在意大利购买的名贵皮鞋参加剪彩活动，被现场群众拍摄上网后引起网民热议，害得其妻连忙辩称这双皮鞋是用她的私房钱买的。但网民觉得如此解释苍白无力，立即在网上喊话：“试问县长夫人，夫妻的钱能分清彼此吗？你敢肯定你的私房钱不是夫君给的吗？”县官夫妇自感难以说清，只好沉默以对。

网上出现的关于公众监督官员抽“天价烟”的漫画

无独有偶。2015年1月2日，在造成5名消防员牺牲的哈尔滨火灾事故现场，哈尔滨市委常委、秘书长石嘉兴身穿价值不菲的深蓝色羽绒服听取汇报，引发网络围观。有网民指称，该羽绒服为法国名牌蒙克莱，售价人民币万元以上。石嘉兴得知自己被网民称为“万元羽绒哥”，并被质疑“财路来源不正”后，连忙回应媒体称，羽绒服是其女儿从国外买的，价格相当于人民币几千元。他同时表示，由于自己一时穿着不慎，引发了不该有的舆情，客观上给党员干部的形象带来了不该有的负面影响，为此深感惭愧。

栽倒在自己一笑上的陕西安全生产监督管理局原局长杨达才，堪称是一个出人意料、令人唏嘘、催人警醒的反面典型。

2012年8月26日，杨达才在造成36人死亡的延安惨烈车祸现场嘻笑的情景被记者拍摄上传微博，顿遭网民愤怒声讨和人肉搜索，曝其拥有名表11块，其中江诗丹顿18K玫瑰金表估价20万~40万元。

随后，杨达才被众多网民冠以“微笑局长”“表哥”称号，一夜之间“蹿红”大江南北。

当地纪委随即介入调查后，网民踊跃接力“人肉”，连续披露杨达才使用名贵眼镜、皮带、手镯，仅一副眼镜就值13万元，且在20多家银行有存款。

杨达才佩戴名表江诗丹顿

微笑于现场，折戟于网络。杨达才最终被开除党籍和公职，获刑14年（查实受贿25万元，另有504万元巨额财产来源不明）。

有网民认为，如果杨达才不在惨烈的车祸现场露出笑容，也许就不会落到如此地步。

杨达才落马前在微博上辩称，现场向他汇报情况的同志方言口音很重，不太好懂，自己微笑是想让对方放松紧张情绪，尽量把普通话说得标准、清晰一些，以便他听清情况，准确决策。

然而，他万万没有想到，笑错地方竟致丢官坐牢！

不过，从杨达才在法庭上被判入狱时仍忍不住要笑来看，现实生活中的“杨表哥”很可能抑制不住其“招牌式的微笑”。若果真如此，也不能怪父母给他这张“天生的笑脸”，只能怪自己荣升厅座后忘了整一副庄重得体的脸孔，以保一劳永逸。

说到这里，笔者想起了1993年美国著名杂志《纽约客》刊登的一幅漫画：两只狗并排坐在电脑前，其中一只用爪子敲键盘，另一只好奇地看着它。被看的那只狗对“同伴”说：“在网上，没有人知道你是一条狗。”那时，互联网和信息技术尚不发达，匿名隐身者隐私外泄的风险较低，这句话被奉为至理名言。

如今，信息技术日新月异，社交网络连接彼此，人肉搜索轻而易举，不少人特别是公众人物犹如置身于透明的“金鱼缸”，已无多少隐私可言。美国那句名言也时过境迁，变成了“在网上，人人都知道谁是一条狗，且知道是公狗还是母狗，喜欢吃什么狗粮”。

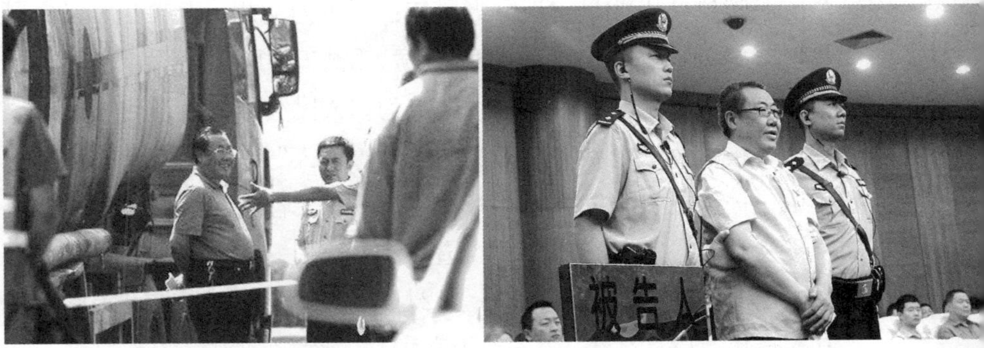

无论在惨烈的车祸现场，还是威严的法庭上，杨达才均展露同一副自然、轻松的笑脸

所谓“隐身”“放言”“为所欲为”，只是一厢情愿罢了。

被讽为“网络菜鸟”的江苏溧阳市卫生局原局长谢志强，误把微博当QQ，在微博上与有夫之妇调情相约到宾馆开房，引发网民疯狂围观，丢尽了脸面。他在接受记者采访时，居然无知无畏、洋洋得意地反问：“你看得到我微博上的文字吗？呵呵！”

我们在为谢局长的丑态和无知捧腹喷饭之余，可曾想过，在我们的背后，也可能有一双窥探的眼睛，时刻在注视着我们的一举一动。正所谓“你在桥上看风景，看风景的人在楼上看你”。

是的，无论公众人物，还是普通百姓，一旦被网民盯上，都可能遭遇“人肉”。为白血病女儿网筹252万元的深圳媒体人罗尔就被“扒皮”。2016年11月25日，罗尔在其微信公众号发布千字文《罗一笑，你给我站住！》，以催人泪下的笔触叙述了一个父亲对5岁绝症女儿的疼爱、苦涩与无奈，意外获得5万元打赏。罗尔的朋友、深圳小铜人金融服务有限公司创始人刘侠风为帮助罗尔筹款，在其旗下公众号“P2P观察”转发此文，宣称“读者每转发一次，小铜人就会为罗一笑捐赠1元”，迅速引爆朋友圈。一时间，大批网民涌进罗尔的微信号，两小时就捐出200多万元！但罗尔做梦也没想到，怀疑募捐真实性的网民悄然发起“人肉”行动，让这个卖文救女、溢满大爱的温暖剧情于30日出现巨大反转：罗尔为女儿买有少儿医保，只需付3万多元医疗费，而他拥有3套房、2辆车和1家广告公司！真相大白，网民大呼上当，罗尔则瞬间成为“人民公敌”，遭到网民口诛笔伐，被斥为“消费大众善良的卑鄙媒体人”“隐瞒实情的诈捐骗子”……人民日报官微为此喊话：“真相，你也给我站住！”新华社发文呼吁：“‘猎取善良’透支社会信用，必须被叫停！”迫于舆论压力，罗尔公开致歉，并于12月1日将252万元捐款原路退回至用户零钱包。12月24日，罗一笑不幸病逝，遗体被捐献给红十字会。

人肉搜索牵涉个人隐私，触及法律和道德问题。它是一把“双刃剑”，用之得当，可充当正义的化身，让不轨之徒无处遁形；用之不当，则会侵犯他人姓名权、隐私权、肖像权和名誉权，沦为网络暴力。现实生活中，滥用人肉搜索伤及无辜的网暴现象频繁发生。

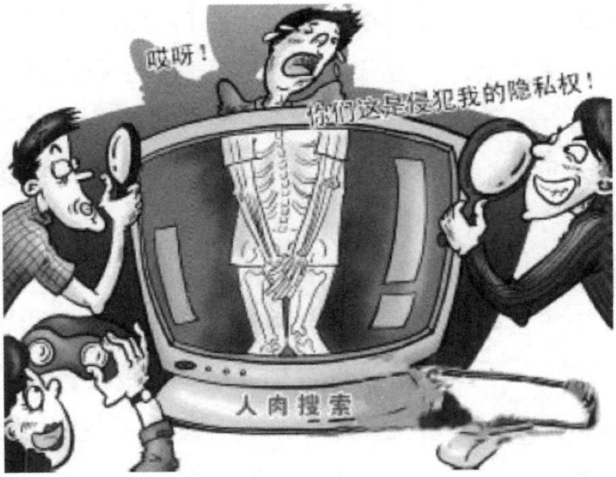

网络漫画：滥用人肉搜索，就会伤及无辜

2012年11月，重庆北碚区委书记雷政富不雅视频曝光后，个别网民四处搜索视频女主角，竟将一位曾赴重庆旅游留影的漂亮女子误作色诱雷政富的赵红霞，传得街知巷闻、沸沸扬扬，严重伤害其名誉、干扰其生活。无奈，这位无辜“躺枪者”只好在赵红霞案开庭时从上海赶到重庆，现身庭外，引来记者，洗白冤情。

广东汕尾陆丰市女高中生安琪，因不堪“人肉”而投河自尽，更是令人震惊和唏嘘！

2013年12月2日，当地一服装店女店主怀疑安琪偷窃，将她试穿衣服的监控视频截图发到微博上，称她是小偷，求人肉搜索。很快，她的姓名、所在学校、家庭住址、个人照片等隐私信息均遭曝光，令她成为同学亲朋嘲笑疏远、众多网民批评辱骂的对象。

12月3日20时24分，安琪在连发“第一次面对河水不那么惧怕”“坐稳了”两条微博后，纵身跳入冰冷的河水中，结束了年仅18岁的生命。女店主随后被警方以涉嫌侮辱罪刑拘，最终获刑1年。

这起网络暴力事件引发舆论广泛关注和热议。有网帖感叹：“你的世界本来是一片海阔天空，‘人肉’让你这位花季少女走到了世界的尽头。一路走好，希望天堂里不再有人肉搜索。”中央人民广播电台评论指出：“遵守道德标准，保护公民隐私，是互联网不可逾越的良心和底线。”

令人担忧的是，侮辱漫骂、造谣诽谤、侵犯隐私、道德绑架、贬低歧视等网络暴力行为屡禁不止、愈演愈烈，呈现情绪化、扩大化、群体化趋势，连急需抚慰与关怀的对象也不放过。如，2022年3月21日东方航空飞行事故发生后，在空难救援、家属安置问题牵动千万人心的同时，不少与事故直接相关者却遭受非人辱骂和无端指责——有遇难者家属发布视频缅怀亲人，却被一些网民批评“蹭热度”；有退票乘客分享亲身经历，竟被质疑吃“人血馒头”……对此，舆论呼吁依法严打网暴，让那些抱有“法不责众”侥幸心理的“按键伤人者”付出代价；网络平台则要履行管理主责，明确网暴内容判定标准，完善算法识别与人工审核机制，及时发现并处置网暴信息及相关话题板块和群组账号，引导广大网民依法理性上网，自觉抵制网暴行为，共建良好网络生态。

四、微博直播引万众围观

微博是基于用户关系、通过关注机制分享简短实时信息的泛众化社交媒体平台。它具有四大特性：一是广泛性，由点到面的“广场式”传播，能触达众多网民；二是快捷性，“滚雪球式”的裂变传播，瞬间即可广而告之；三是互动性，成员之间可互相关注、转发、评论、点赞、私信等，讨论交流方便高效；四是话题性，热搜精选热门公共话题，能帮助用户快速了解哪些话题正在引发热议，便于他们第一时间参与讨论。它已成为公众获取新闻信息、举报不公现象、关注社会热点、发表意见建议的主要平台和网络舆情事件的主要策源地。

江西宜黄拆迁自焚事件，开启我国公共事件微博直播之先河。此事虽已过去多年，逐渐淡出公众视野，但从网络监督的操作手法及其重大社会影响来看，至今仍极具代表性和警示性。

2010年9月10日上午，江西省抚州市宜黄县凤冈镇钟如奎家的三层住宅楼，面临常务副县长李敏军率领100多人强拆，他的母亲罗志凤、妹妹钟如琴和大伯叶忠诚在自家楼上用汽油自焚抗争，烧成重伤，被送医院抢救。几天后，叶忠诚伤重而亡，尸体被县长苏建国带人从医院抢走。

9月16日一大早，钟家九妹钟如九和她的四姐钟如翠赶到南昌昌北机场，准备赴京上访申冤。不料7时许，宜黄县委书记邱建国带领44名官员赶来截访。姐妹俩几次被抓住又逃脱，最后只得躲进登机口附近的

江西宜黄县凤冈镇钟如奎家楼房面临强拆，其大伯、母亲、妹妹自焚抗争

女厕所，用手机向一直关注并同情她们家遭遇的《凤凰周刊》记者邓飞求援。直到邓飞急速赶到后，被困近40分钟的姐妹俩才开门出来获得自由，但赴京上访之行告吹。

其间，在邓飞的指导下，姐妹俩用手机将现场情况通过邓飞的新浪微博账号全程直播，让众多网民看到了官员截访、妹妹晕倒、医生抢救、姐妹俩躲进女厕、女民警拼命敲门以及机场派出所称接到通知禁止姐妹俩登机等全过程。

这一场“机场围堵战”，被网民视作电影《保持通话》的现实版，引起媒体广泛关注，迅速推动此事成为全国公共热点。一时间，人们纷纷谴责涉事部门和责任官员，更为处于事件旋涡中的钟家人的命运担忧和疾呼。

《人民日报》对此评论称：当女厕充当起公民讨要说法的最后屏障，我们惊讶于一些地方干部法制观念的淡薄及其对公民人身自由的漠视。新华网评论指出：不顾民众死活、藐视法治原则、背离执政基础的暴力拆迁、强制拆迁，激起了公愤，触犯了社会的容忍底线，挑战最高的宪法原则，必须坚决予以制止，如果我们容忍和默认，宜黄事件将发展成违宪恶例。

钟家九妹钟如九从邓飞的直播中看到了微博的非凡力量，随即开设微博账号，持续发布事件进展。其中一条微博写道：

> 今天去看了我妈和姐姐。姐姐的精神还不稳定，看到她烧得不成形的脸和脖子，我的心都碎了。妈妈手术后戴上了呼吸机，情况好像不太乐观，我真的很担心！县领导在这样的情况下，还在查我家的户口，还想找我们的茬。他们根本就没认识到自己的错误，根本就是表里不一。

该微博对亲人伤势的描述令人揪心、引人同情，对官员行为的谴责尖锐直白、毫不留情，可谓笔锋犀利、言简意赅，极富感染力和冲击力！在网民助力下，伤者被转到北京治疗。

钟如九与邓飞的微博彼此呼应、同频共振，吸引了一批意见领袖和众多草根网民的关注与声援，网上舆情议题旋即转为问责官员，最终促使中央领导批示查处。

很快，宜黄县委书记、县长、常务副县长等多人被免职。

免职者中，宜黄党政两位主官可谓“同名同命”：县委书记叫“邱建国”，县长叫“苏建国”，两人同年上任，同日下台，又同时复出，分任抚州市金巢经济开发区管委会主任、抚州市公路局局长。如此有趣的巧合，恐怕在我国政坛绝无仅有！

记得20世纪80年代，笔者陪同人民日报社高级记者徐建中到广东惠东县采访，恰好接受采访的县委书记名字也叫徐建中。记者徐建中对此巧合异常兴奋，干脆将专访报道题目定为《徐建中采访徐建中》，一时传为佳话。而像江西宜黄政坛那样，党政一把手都取名“建国”，更是闻所未闻。

两位主官被免职后，当地有官员发帖为他俩打抱不平，辩称“强拆问题全国普遍存在”，更妄言“没有强拆就没有新中国”。

这一“强拆”谬论，立即遭到人民日报社、新华社、中央电视台等中央主要媒体的猛烈轰击。《人民日报》评论指出：发展非“强拆”理由，“强拆”显然是开错了药方。我们应该认真学习科学发展与和谐社会的要义——任何发展，都是为了人民的幸福和尊严，都不能容忍对人民群众合法权益的损害。

因这次微博直播大获成功，《凤凰周刊》记者邓飞一夜之间从默默无闻的“小记”骤升为全国鼎鼎有名的“大V”。

不久，邓飞发起“微博打拐”行动，在得到众多网民响应和公安部表态支持后，于2011年5月29日倡议网民集资5万元悬赏搜寻人贩子吴正莲，相关微博12小时内被转发7万次。

接着，邓飞又联合500多名记者和数十家媒体，在微博上发起为贫困地区农村小学生捐助“免费午餐”行动，获得社会热烈反响和国家有关部门大力支持，为国务院常务会议研究制定农村义务教育学生营养改善计划做了先期探索。

邓飞的这些义举，被舆论称为民间力量与政府携手解决转型期中国社会复杂问题的成功尝试。而作为便捷、高效的信息传播和社会动员工具，微博同样功不可没。

微博也伴随突发事件和公共议题的传播而迅速发展。2009年8月，新浪微博正式上线。2011年，微博用户数量从上一年的6311万暴涨至2.5亿，堪称“微博元年”。这一年的温州“7·23”动车追尾事故，外界最初获知的信息，就是新浪用户“袁小芜”从车厢内发出的求救微博；救援情况播报、义务献血动员、意见领袖评论、网上舆论走向等，均由微博主导。事故处理期间，微博相关信息量逾3亿条，远超其他传播媒介。

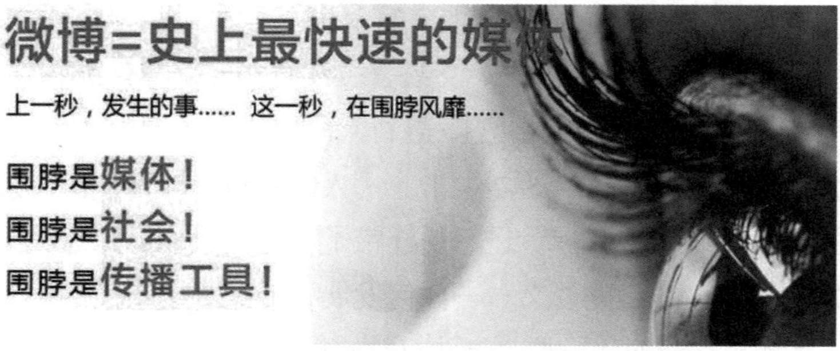

微博俨然成为传播最快速的媒体

微博兼具社交和媒体属性，实现了传播主体全民化、传播时效即时化、传播内容多元化、传播方式多样化，展现出巨大的传播力和影响力。任何人只要用手机上网，就可以随时随地、简便快捷地发布微博信息，实现网络直播。与美国推特等社交平台相比，我国新浪微博的功能更齐全、操作更方便，既可发布信息、关注、转发、评论、搜索，又能发私信、长文、图片、音视频和链接网页，已彻底颠覆了传统媒体和记者、编辑垄断话语权的格局，让广大网民可通过微博快速发声、制造舆论、影响民意、发起行动，从而实现社会动员和群体参与。如范冰冰“阴阳合同”事件，即引爆于2018年5月28日原央视主持人崔永元个人微博，迅速发酵成轰动全网的关于明星税务问题的重大公共舆情，参与围观、讨论的网民达数亿之众。

事实证明，突发事件信息更多源于微博，社会大众评论更多出自微博，大V的声音更能获得网民关注，更易调动网民情绪，形成“登高一呼、应者云集”的广场式聚合效应；网民也不再满足于微博讨论，而是热衷于走向现实，关注和推动事件发展，“网上发起、网下实施”已成常态。故此，微博堪称信息发布、议题设置、舆论动员的强大武器。

同样不容忽视的是，“用户匿名更大胆”的特点，使得微博上虚假信息、谣传猜测、过激言论、恶意炒作、低俗之风、造假照片屡禁不止，网络审判、网络暴力、非法营销充斥其中，对社会稳定、社会诚信、个人名誉、个人隐私的危害不可低估。正如推特前CEO迪克·科斯特洛谈到部分网民造谣传谣、发泄情绪、中伤他人、挑起骂战时所言：“喷子太多吓跑了核心用户。”

在某种意义上，微博可谓私人通讯社，每个用户都可以用自己的信息和观点去影响别人，进而影响社会。这一特点极易导致思想混乱、共识撕裂、群体对立，危害社会稳定和政治安全。如2011年广州增城市新塘镇“6·11”外地人与本地人的族群冲突事件中，“四川籍摆摊孕妇被保安活活打死”的恐怖谣言，经由微博传播扩散后，迅速点燃众多外省籍务工人员的怒火，驱使他们赶抵现场聚集声援，甚至有人在微博上造谣称“新塘四川商会会长宣布打死一个警察奖励50万元”，企图激化矛盾、扩大事端。特别是2013年3月间，“军车进京，北京出事”的可怕谣言在微博上变着花样流传，一度在国内外造成极其恶劣的政治影响，直至查明来源、抓获造谣者，才彻底打消公众的疑虑与担忧。微博杀伤力之强大、监管之艰难，由此可见一斑。

如今，公众通过微博参与公共治理，就某一事件表达意见、提出建议，推动问题解决，已是不可逆转的时代潮流。如，2020年2月7日，率先在同学微信群发出“冠状病毒”预警的李文亮医生因感染新冠病毒去世后，众多民众在微博上表达痛惜、敬意和哀思，对他此前被警方传唤训诫表示强烈愤怒，呼吁公安机关还李文亮以公道清白。微博话题“李文亮医生去世”阅读量19.9亿次、讨论量138.5万条。直到当地公安机关根据国家监委调查组的建议，撤销对李文亮的训诫书并追究有关人员责任，网上不满情绪才终告平息。又如，2011年3月间，南京为建地铁移走很多法国梧桐树，黄健翔、孟非、陆川等名人联合反对，在微博上发起“拯救南京梧桐树行动”，获得大批市民声援。南京市政府迫于巨大的舆论压力，只好宣布停止移栽梧桐。可见，涉及社会公平正义、公共权力行使的微博话题，往往能吸引网民广泛参与，迅速成为舆情热点，应对不当会影响社会稳定、损害政府形象。

而从埃及、突尼斯等国社会动荡、政权更迭的情况看，脸书、推特等社交媒体已成为搞乱思想、涣散人心、颠覆政权的组织动员工具。自2010年12月17日起，突尼斯西迪布吉德市一名26岁小贩抗议警察粗暴执法而自焚身亡的视频在脸书上疯传，蓄积已久的民怨沸腾爆发，众多年轻人不断在推特上曝出本·阿里总统家族骄奢淫逸、政府官员贪污腐化的猛料，散布煽动示威游行的激进言论，仅几个星期，反政府街头抗议运动便从地方蔓延至首都，演变成不可收拾的全国性骚乱，导致2011年1月14日主政23年的阿里总统被迫下台，逃亡沙特。仅隔20多天，即2月11日，在推特推波助澜下，在位30年的埃及总统穆巴拉克黯然谢幕，被捕受审。两年后的2013年7月

埃及开罗刑事法庭，前总统穆巴拉克坐在铁笼中接受庭审

4日，又是在动荡不安的埃及，执政刚满一年的民选总统穆尔西，也被军队高层利用脸书发表政变声明赶下台。事实一再证明，社交媒体的力量小可杀人，大可夺权，乃至覆国。

颇值玩味的是，社交媒体这把“双刃剑”，亦可用以巩固政权。2016年7月15日晚9时，土耳其部分军人在首都安卡拉和该国最大城市伊斯坦布尔发动军事政变，率先攻陷国家广播电视台，通过一位女主播宣布军队已经接管政权，并废除了埃尔多安的总统职务。因度假正在外地一酒店休息的埃尔多安闻讯，赶在军人到来之前悄然转移到安全地点，成功躲过了特种兵的追捕和战斗机的轰炸。他灵机一动，借用美国有线电视新闻网（CNN）一位记者的苹果手机，通过视频通话软件FaceTime录了一段视频，号召民众走上街头，抗议政变，捍卫民主。该视频随即通过CNN Turk的现场直播迅速传开。一时间，大批民众涌上街头，挥舞国旗，高喊反对政变的口号，阻止军人接管政府。16日凌晨5时，军队彻底缴械投降。这场8小时的军变，导致逾290人死亡，其中100多人为政变者。外交学院世界政治研究中心主任施展教授指出，埃尔多安通过新媒体发号施令，实现了一种脱离时间与空间约束的社会政治动员。这一举措令政变者始料未及、方寸大乱。笔者认为，在移动互联的自媒体时代，控制了广播电视台不等于控制了舆论话语权；从舆论战的角度看，土耳其政变的惊天大逆转，可谓是新兴媒体打败了传统媒体。正如2016年11月美国第58届总统选举中，社交媒体支持的商人特朗普出人意料地击败了传统媒体力挺的政客希拉里，被国际舆论称为“社交媒体的胜利”。

迄今，在阿拉伯联盟22个成员中，已有19个国家发生了较大规模的“推特革命”“脸书革命”，造成政治动荡、经济衰退、难民激增。这表明社交媒体已成为西方阵营贩卖“民主、自由、人权”、激化目标国社会矛盾、煽动“颜色革命”的主战场。难怪美西方反华势力一直妄图通过互联网来“扳倒中国”，扬言“有了互联网，对付中国就有了办法”。

在欧洲，社交媒体的挑拨煽动也令一些国家的执政者吃尽苦头。如，始于2018年11月17日的法国“黄马甲运动”，由一位司机在脸书上发布一段视频引发，抗争诉求从最初反对上调燃油税政策转向反对政府推行的改革方案，甚至要求总统马克龙下台、重新选举国会。这场网上发起的街头游行示威运动，迅速演变为席卷全国、持续一年的暴力骚乱，打砸行为四处蔓延，导致1300多名警察、宪兵和消防员受伤。2023年6月27日，法国又因警察在巴黎西郊执勤时枪杀一名17岁非裔少年而导致多个城市爆发骚乱，到7月4日已造成1.2万辆车、300家银行网点被烧毁，2500多栋建筑物受到破坏，800多名警察和宪兵受伤，4000多人被捕。鉴于这次骚乱的组织、策划都是在网上遥控指挥，法国总统马克龙于7月4日果断命令遭受骚乱的城市“暂时中断社交网络”，一时间推特、脸书等社交平台全都无法访问，让骚乱者失去与外部世界的联系，找不到

法国警察枪杀一名非裔少年，引发巴黎等多个城市持续骚乱

组织、接不到指令，顿时没了主意，立即作鸟兽散。法国断网息乱的经验证明：对于互联网这把“双刃剑”，管得住才是硬道理。

日益普遍的网上动员、网下抗争现象，让西方国家进一步认识到，广覆盖的社交媒体和无监管的信息自由流动，在激化矛盾点、制造共鸣点、触发引爆点的过程中具有至关重要的作用。美国等西方国家的网民普遍认为，社交媒体最激动人心的一个特点就是，它能够使人们参与到具有重要社会意义和政治意义的公共议题的讨论中来。因此，如何对微博等社交媒体带来的跨国信息流动和全球传播进行合理有效的导控，防止其“放大效应”导致“茶杯里的水花”骤变为“现实社会的风暴”，确保本国舆论安全和政治稳定，已经成为各国政府必须面对的重要命题。

可见，微博影响力巨大，且不易监管，其未来走向如何，涉政风险多大，尚难预料。

特别是在5G、大数据、云计算、物联网等前沿信息技术的助力下，人工智能的创新应用将把互联网带往何处，更是“未知远远大于已知”。如，2020年初新冠肺炎疫情暴发后，人工智能与大数据等技术手段结合运用，在疫情监测、病毒溯源、数据筛查、信息推送、便民服务、物资调配等方面为疫情防控提供了有力支撑。有不少地方，利用大数据分析病例源头、活动轨迹，为科学精准防控打下坚实基础。又如，2014年7月世界杯淘汰赛阶段，微软大数据团队准确预测了赛事最后几轮每场比赛的结果，包括预测德国最终夺冠。微软纽约研究院经济学家、世界杯模型设计者大卫·罗斯柴尔德说：“我设计世界杯模型的方法与设计其他事件的模型相同。诀窍就是在预测中去除主观性，让数据说话。”他将预测的成功归因于微软在世界杯进行过程中获取的大量数据。再如，2022年11月30日美国CpenAI公司发布人工智能聊天机器人ChatGPT，引发全球社会各界广泛关注，两个月内吸引活跃用户破亿，成为人工智能发展的一个重要标志，对各行各业意味着巨大的机遇。目前，人工智能正用于商业、农业、制造业、金融业、影视业、交通运输业、医疗服务业、教育培训业以及宏观经济管理、社会治安管理等领域，必将引发学习、工作和思维的变革。

五、微信转发致裂变共振

姑且不论云计算、大数据、人工智能的未来能量，就在眼下，微博管理难题尚待破解，微信又悄然兴起，风靡神州，成了大多数人的手机装机必备，其信息传播、舆论动员功能同样不可小觑。

微信除了具有发送文字、表情、图片、语音、视频及群聊等基本功能外，还拥有摇一摇、搜一搜、扫一扫、朋友圈、公众号、视频号、小程序、直播、查看附近的人、视频语音通话等创新功能。比之广播式的微博，微信传播更精准高效，其发展势头和社会影响已然超越微博。特别是人际关系圈群化的朋友圈和微信群，可以及时互动交流，极易产生情感呼应，达成观点认同，实现组织动员，引发海量传播。如，2016年北京发生的和颐酒店女生遇袭事件、魏则西事件、雷洋事件等，都一度刷爆朋友圈和微信群，大量带有偏激情绪的观点和意见瞬间喷发疯传、裂变共振，汇成一股强大的舆情冲击波，迅速将这些偶发孤立个案推变成举国关注的重大公共事件。又如，2018年10月，广东顺德个别网民为反对“绿色工业服务中心项目选址杏坛麦村”，通过微信群号召线下聚集抗议，导致部分群众在杏坛广场聚集，并在附近游行。可以说，微信群已成为各种维权群体联系沟通、发起行动的常用工具。

截至2023年6月，微信拥有月活用户13.2亿，平均每天发送信息450亿次。如此惊人的普及率和影响力，恐怕国内很难有其他社交软件能超越。而微博用户的活跃度有所下滑，不少用户以前一天花3个小时刷微博，现在只是睡前刷刷。这表明，许多网民开始从“广场式”的微博平台转向“熟人社交”为主的微信平台。

事实证明，简便的操作界面和完善的服务体系，使微信成为中国人生活、工作和支付的重要方式，越来越多的人喜欢在微信群、朋友圈与大家分享资讯、交流情感、展示自我，有的甚至患了“微信依赖症”，表示“不敢想象没有微信的日子”。如，北京大学学生程欣说，无论是联系同学还是获取班级信息，都是通过微信，而一旦“断网”，就仿佛“与世隔绝”，心情特别烦躁、郁闷。又如，2013年7月22日，上海腾讯微信机房光缆因市政道路施工被挖断，造成微信发生上线以来最大规模连接故障，波及全国多个地区几亿用户，近90万网民在微博上参与“微信挂了”的话题讨论，纷纷吐槽故障突袭下的不安与焦虑，仿佛微信“罢工”，他们就寸步难行了。连世界首富马斯克都称赞微信“什么都可以做到”，甚至认为“中国人可以活在微信里”。

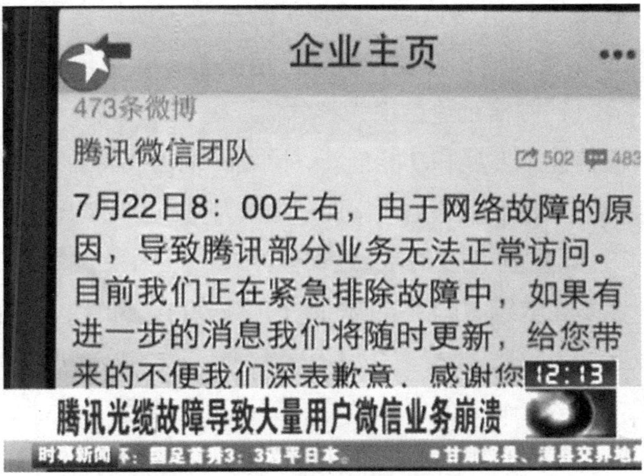

2013年7月22日，腾讯光缆故障导致大量微信业务崩溃

与此同时，部分网民借助微信传播谣言、色情、欺诈、侵权、暴恐等违法不良信息的行为有所抬头，一些别有用心的人通过微信放大社会矛盾问题的现象时有发生，境外敌对势力利用微信进行意

识形态渗透破坏的活动明显增多。

比之微博，微信谣言更具有欺骗性和煽动性。与微博开放式的关注传播不同，微信群和朋友圈是熟人社交，用户之间构筑了“强关系”，可谓“躲进小楼成一统”，在私密隐蔽空间形成闭环交流，信任度更高，感染力更强，能更快产生共情共鸣，实现深度讨论和高效动员；不同群圈呈现出“处处皆中心”的多信源、多角度传播模式，对同一事件的看法往往存在分歧，而权威声音很难触达那些自弹自唱的封闭群圈，且舆情在破圈出群之前一直处于隐匿状态，从而加大了舆情导控难度。如，2014年8月上旬，“上海收治埃博拉病毒携带者”“出疆人员要办无违法犯罪证明”“北京通州出现地震云”“北京西四环又现不明枪声”“暴恐分子扮成干活的人敲门施暴”等谣言，一度在微信群、朋友圈病毒式传播、裹挟式转发，影响甚广，危害极大。可见，微信群圈的特殊信息生态、亲密私人交往、高度情感认同、快速扩散渗透，使谣言更缺乏鉴别和求证，更容易被相信和转发，辟谣澄清更难；如果任由群圈谣言泛滥，乌烟瘴气，微信难免会沦为“危信”。

随着微信技术发展和功能创新，网络舆情生态将更加复杂多样。以2019年1月上线的新版微信增加的功能为例：“时刻视频”便于网民实时拍摄视频并在朋友圈或微信群发布，一旦平台对视频的监测出现疏漏，极易让敏感、刺激的画面瞬间“病毒式”扩散；“看一看”通过好友推荐和算法推荐，在原有公众号、微信群、朋友圈“小联动”之上，升级为涵盖微信、微博、资讯APP功能的“大联动”舆论场，对舆情生成传播和应对处置可能带来的影响不容低估。

故此，对微信的应用和管理，我们同样不能掉以轻心。早在2014年5月27日，国家互联网信息办公室联合工业和信息化部、公安部等部门，开展为期一个月的移动即时通讯工具专项治理行动，就是一个集中打击利用微信平台发布违法有害信息的有力举措。这一行动表明，自媒体不是法外之地、舆论飞地，不能突破法律红线、挑战道德底线、伤害公序良俗。同年8月7日，国家互联网信息办公室发布《即时通信工具公众信息服务发展管理暂行规定》，用文明法治为微信等平台和用户立规矩，可谓驱散谣言雾霾的“及时雨”。腾讯也坚持自查自纠，对违法违规公众号采取警示整改、限制功能、暂停更新、永久关闭等处置措施。特别是自2020年7月24日起，腾讯坚决响应国家互联网信息办公室开展的自媒体网络传播秩序专项整治行动，严厉打击造谣传谣、曲解政策、操控评论、搞“标题党”、恶意营销、炒作绯闻，以及传播淫秽、色情、欺诈、赌博、暴力、凶杀、恐怖、邪教等违法违规信息，并禁止被永久封号者“换号重生”，使微信空间日渐清朗。

★★★

上述实例表明，在网络媒介化社会中，任何事件信息都可能瞬间传遍全网，某些原本并不起眼的信息和节点会被有意无意地突出和放大，以致成为事件舆论舆情的聚焦点、转折点和引爆点，往往令涉事主体猝不及防、被动挨打。

可以说，网络监督是全天候的探照灯、聚光灯和显微镜，始终保持着曝光各种问题的高压态势和舆论压力，任何人都应谨言慎行，且要有“说不定什么时候被网络揪住”的心理准备。各级党政领导干部和企事业单位负责人，唯有加强学习、修身养性、端正三观，知敬畏、存戒惧、守底线、走正道，手中紧握法纪的戒尺，知晓为官做事的尺度，切实把中央八项规定精神和“三严三实”要求内化于心、外化于行，处处“见善如不及，见不善如探汤”，不惹事、不怕事、善处事，方能以“身正不怕影斜”的心态，坦然面对网络监督，正确对待批评意见，真正赢得群众信任和支持。

［阅读延伸］

网络举报势不可当

近年来，网络监督案件中，实名举报党政官员和国企高管的比例明显上升，落马者为数不少。这与以习近平同志为核心的党中央“有贪必肃、有腐必反”的决心和恒心有莫大关系。

2013年1月22日，习近平总书记在十八届中央纪委二次全会上指出，要坚持“老虎”“苍蝇”一起打，“不论其职务多高，只要触犯了党纪国法，都要受到严肃追究和严厉惩处，绝不是一句空话”。

2014年1月13日，习近平总书记在十八届中央纪委三次全会上再次强调：“以猛药去疴、重典治乱的决心，以刮骨疗毒、壮士断腕的勇气，坚决把党风廉政建设和反腐败斗争进行到底。”

2015年1月13日，习近平总书记在十八届中央纪委五次全会上又一次表明：“党风廉政建设和反腐败斗争永远在路上。”“查处腐败问题，必须坚持零容忍的态度不变、猛药去疴的决心不减、刮骨疗毒的勇气不泄、严厉惩处的尺度不松，发现一起查处一起，发现多少查处多少，把反腐利剑举起来，形成强大震慑。”

言如黄钟大吕，行如闪电霹雳，“打虎”成效卓著。党的十八大以来的5年，中央纪委国家监委共立案审查440名省军级以上党员干部及其他中管干部；十九大以来的5年，共有92名省部级以上干部被查处。他们当中，既有省市大员，也不乏实权部委高官，甚至有1名正国级（十七届中央政治局常委周永康）和6名副国级（中央政治局原委员、中央军委原副主席徐才厚、郭伯雄，全国政协原副主席苏荣、令计划，中央政治局原委员、重庆市委原书记孙政才，十八届中央书记处书记、原国务委员兼国务院秘书长杨晶）。“打虎”力度之大、效率之高、数量之多，史无前例、举世关注，大快人心、大得人心。

如，2014年7月29日傍晚6时新华社发布“中共中央决定对周永康严重违纪问题立案审查”的消息，12月22日晚8时中央纪委网站发布“令计划涉嫌严重违纪接受组织调查”的消息，6月30日傍晚发布“徐才厚、蒋洁敏、李东生、王永春被开除党籍”的消息，2017年7月24日傍晚6时新华社发布“中共中央决定对孙政才同志涉嫌严重违纪问题立案审查”的消息，均随即引起网上持续热议，被广大网民认为“惩治腐败没有例外”，“消除了党、国家、军队内部存在的严重隐患，确保党和人民赋予的权力始终用来为人民谋幸福”，“彰显了党中央全面从严治党的坚定决心、顽强意志、空前力度，推动党风政风为之一新、党心民心为之一振”。2020年底，国家统计局调查显示，95.8%的群众对全面从严治党、遏制腐败充满信心，这比党的十八大前2012年的调查提高了16.5个百分点。

2015年6月11日，天津市第一中级人民法院依法认定周永康犯受贿罪、滥用职权罪、故意泄露国家秘密罪，三罪并罚，判处无期徒刑

这表明，中国共产党勇于直面问题、自我革命，敢于猛药去疴、刮骨疗毒，以“得罪千百人，不负十四亿”的使命担当持续反腐；党纪面前人人平等，党内没有特殊党员；反腐无禁区、全覆盖、零容忍，“打虎”无上限，没有“铁帽子王”；任何人不论权力大小、职务高低、党龄长短，只要触犯党纪国法，都要严肃查处，因此不能心存侥幸，计算“不出事”的概率，不能藐视法纪，产生“进了保险箱”的幻觉。同时告诫为官者：要切实加强党性锤炼和作风陶冶，恪守“当官发财两条路”的为政之道，崇尚“干部要廉洁干事”的职业追求；如果贪欲膨胀、以权谋私，迟早都会丢官帽，甚至进牢房。

鉴于网络举报线索在不少官员贪腐案件的查处中发挥了重要作用，中央纪委为了充分调动群众监督的积极性，丰富举报渠道，于2013年9月2日在中央纪委监察部网站开设了“我要举报”专栏，“举报直通中南海”终于成为现实。

2014年4月8日，该网站（现已更名为“中央纪委国家监委网站”）又开通“四风”（形式主义、官僚主义、享乐主义和奢靡之风）问题监督举报专区，每周一次点名道姓通报曝光各地违反中央八项规定精神的典型案例；同时推出“每月e题”栏目，引导网民揭批公款送礼、公款吃喝、公款旅游等“四风”问题，晒出种种变换“马甲”、大玩“魔术”的腐败“隐身衣”。

“我要举报”专栏和“每月e题”留言板均出现大量举报信息和相关评论。据统计，仅一个月时间，“每月e题”栏目中网民爆料及所提意见建议就有500余条，令顶风违纪、问题难掩者闻风丧胆，使打“擦边球”、穿“隐身衣”的隐形变异者惶恐不安。

2015年1月1日，中央纪委官网全新改版，并推出移动客户端，使举报更为方便快捷。

这一切，充分体现了时任中共中央政治局常委、中央纪委书记

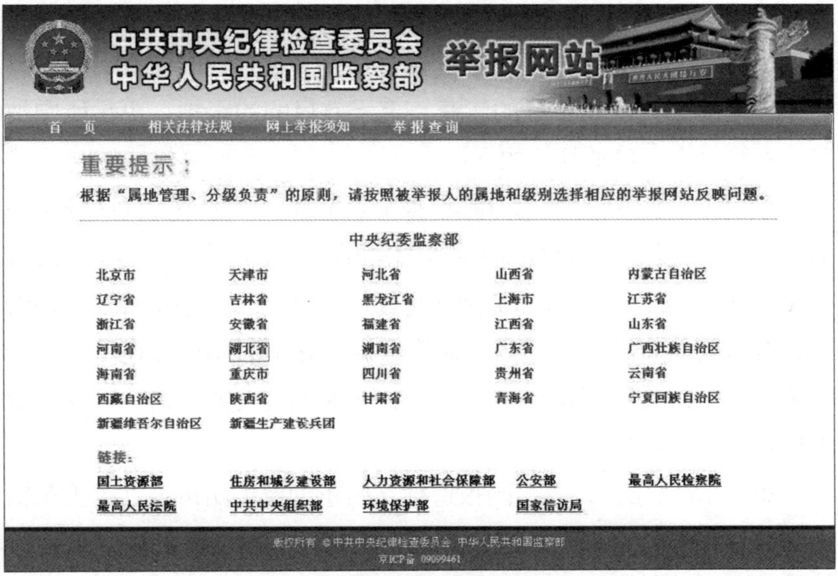

中央纪委开设的举报网站

王岐山在中央纪委监察部网站调研时作出的指示："要加强与群众的交流互动，了解、收集社情民意，畅通监督渠道，发挥好监督作用。""没有群众的支持，网站就没有生命力。"

可以说，中央纪委创办的举报网站，为网络实名举报提供了官方正规途径，实名举报终于有了全国统一的网络平台，网络反腐自此迈上新的台阶，成为制度反腐的有力辅助。

各地纪检部门旋即响应，充分利用新媒体技术，广泛动员社会力量参与反腐，使反腐行动真正获得有普遍社会感召力的神圣性。如，2014年4月底，重庆网络问政平台发布"五一"小长假反腐征集令，号召网民通过微博、微信、移动客户端等渠道，曝光各种隐形变异、曲线敛财、翻新升级的新型腐败和隐性腐败。湖南、湖北、广东等地纪检机关纷纷出台"实名举报3个月内必须答复"等措施，着力形成从中央到地方的规范化实名举报网络。

眼看纪委反腐、纠风马不停蹄，一机在手的众多网民也争当拍客，发起了“随手拍帮帮纪检委”行动。这种轻而易举的捎带脚之事，屡有令人意想不到的斩获。至于有目的的跟拍，更是所向披靡，立竿见影。略举几例如下：

2014年5月10日，《南方都市报》报道称，深圳市龙岗区横岗街道劳动站站长陈平，因对前来办事的群众“态度蛮横”，在4月21日至30日之间8个工作日内，被两名男性网民利用长焦相机持续跟踪偷拍，取得其公车私用、迟到早退等证据，并于5月8日晚在奥一网发帖曝光。区纪委随即调查核实后，对陈平予以诫勉谈话，责令其做出检讨、补交用车费。

2014年7月18日，央广网报道称，山东烟台市团市委书记王东锴于4月7日在办公室收受红包被人偷拍的视频在网上曝光后，烟台市纪委立即对其予以停职并立案调查。后经山东省委批准，王东锴被免职，收缴违纪所得。

烟台市团市委书记王东锴收受红包被人偷拍

此前，2013年8月1日上海市高级人民法院4名法官被爆在夜总会集体招嫖丑闻，便是不服案件判决的当事人用一年多时间跟踪“取证”的结果。

众所周知，宪法明文规定公民对国家机关及其工作人员有批评、建议、申诉、控告和检举权。因此，无论跟拍者动机如何，公民监督作为宪法赋予的合法权利，恐怕也只看证据、问结果，而不必苛求什么动机。

相较于单枪匹马的公民监督，媒体监督更是职责所在、威力强大。如，2014年初，《南方都市报》记者连续跟拍深圳市机关事务管理局秘书处处长傅贤达，发现其“每逢周末都驾驶公车去打高尔夫球”，便在该报持续披露此事，直至该官员受到党内警告处分，补缴公车私用产生的费用。

随着《中国共产党纪律处分条例》的深入执行，网民和新媒体对党员干部的全方位监督举报已成常态化，因违反政治纪律特别是“妄议中央大政方针，破坏党的集中统一”而遭举报、被查处的官员也时有所闻。据悉，2015年11月中央纪委通报北京市委副书记吕锡文涉嫌严重违纪、接受组织调查时首次采用“妄议中央”的表述。这对党员干部和网络举报者都是一个新的重要提醒。

可以说，趋于全天候、无死角的全民监督大幕已经拉开，在当前和今后很长一个时期，网络实名举报仍会在正风反腐常态下保持活跃，通过新媒体曝光问题官员的网民将越来越多。这给党政部门和官员如何面对网民举报和监督，带来更加严峻的考验与挑战。

当然，党员干部只要守住理想信念、宗旨意识的总关口，在权力使用、人际交往中站稳立场、端正三观，始终做到心中有党、心中有民、心中有责、心中有戒，堂正做人、干净做事、坦荡为官、克己奉公，就能正气浩然、腰杆挺直，不怕举报、无惧监督；纵然疑雾障目，也能拨云见日，就算被谣言所伤，自有清风疗愈。

谁在进行网络实名举报?

商人26.9%、媒体人23.1%、同僚或下属23.1%、情妇15.4%、普通民众11.5%——这是网络实名举报者的身份类别和占比，来自2013年9月22日法制网舆情监测中心发布的《网络实名举报案例分析研究》。该研究深入分析了26件网络实名举报典型案例，梳理出六个明显特征，从中可以窥见网络实名举报的基本类型、特点和趋势。笔者结合相关案例，逐一解读如下：

1. **超七成举报对象为党政官员**。从举报对象看，个人（包括党政官员、国企高管）占比高达84.6%，机关单位仅占15.4%。其中，党政官员占76.9%，占比最高。如陕西省安全生产监督管理局局长杨达才、重庆市北碚区委书记雷政富、国家能源局局长刘铁男、四川省委副书记李春城等，均因实名举报而落马。

2. **近八成举报对象被指涉经济问题**。从举报内容看，76.9%的被举报者被指存在经济问题。大致分两种情况：一是被举报对象的贪腐、滥用职权等行为损害了举报人的经济利益，遭到“复仇式”举报。如，2013年8月上海法官集体招嫖事件的举报人陈玉猷，在其作为被告的一宗装修合同纠纷案败诉后，发现原告及其律师均系上海高院法官赵明华的亲属，便决定进行跟踪调查，最终获得赵明华等4名法官招嫖的录像证据。二是个人财产明显超过法定收入遭举报。如，陕西省安监局局长杨达才因佩戴多块昂贵名表而遭举报，大连市行政执法局局长蔡先勃拥有豪宅、名车而被举报等。

3. **性丑闻成为举报的重要内容**。被举报官员中，22.7%的举报内容涉及性丑闻，如嫖娼、包养情妇、重婚等；官员的情妇也成为不可忽视的举报力量。这类举报通常附有不雅艳照、淫乱视频等“吸睛猛料”，社会关注度和举报成功率较高，因而举报人多选择官员性丑闻作为举报的切入点。如，上海法官集体招嫖事件的举报人，手握被举报者的大量贪腐材料，但唯独曝光其招嫖行为并获得巨大反响，可见性丑闻在实名举报中的“分量”。又如，2012年11月20日，披露重庆北碚区委书记雷政富与情妇淫乱的帖文（附有图片、视频）在一网站首发，随即被《南方都市报》离职记者纪许光重新“包装”发上微博，迅速燃爆全网，63小时后雷政富被免职并立案调查，最终因受贿316万余元被判刑13年。这些年，因前妻、前夫、前儿媳举报而落马的贪官也时有所闻。

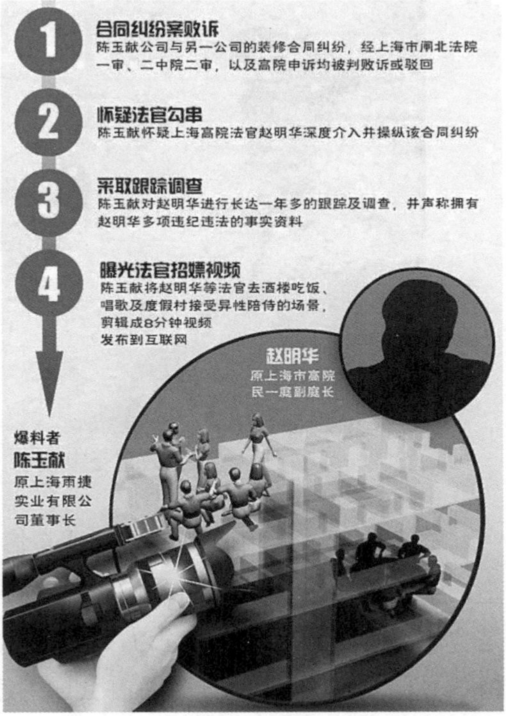

2013年8月，上海法官集体招嫖事件始末

该特点吻合2013年12月27日中国社科院廉政研究中心发布的《中国反腐倡廉建设报告》分析结果。该报告对5年间39起典型网络反腐案例分析称，网络举报主要集中在生活作风、奢侈消费、弄虚作假、权钱交易等方面，48.7%的官员落马缘于艳照曝光或情妇举报。如，2011年4月因受贿罪获刑14年的青岛市中级人民法院原副院长刘青峰，就因3名律师情人中的一位吃醋而被举报。

雷政富受审现场

鉴于官员“利用职权玩弄女性，搞权色交易”的现象屡禁不止，中央纪委加大了对官员通奸的惩处力度。对一般人来说，通奸是“你情我愿”的婚外性行为，纯属道德问题；而这种“错位的感情”一旦发生在官员身上，往往会成为违法乱纪的催化剂，使通奸异化成“权色交易”行为。如，2014年“七一”前夕，中央纪委集中通报的5名手握大权的通奸官员——海南省原副省长冀文林，中央政法委办公室原副主任余刚，齐鲁工业大学党委原书记徐同文，武汉市委原委员、新洲区委原书记王世益和鄂州葛店经济开发区管委会原主任、党工委原书记陈伯才，都沾上“权色交易”。

闻所未闻的是，2014年11月26日中央纪委监察部网站消息称，山西省晋中市委原副书记张秀萍、高平市原市长杨晓波严重违纪被开除党籍和公职，两人都存在“与他人通奸”的违纪情节，成为首次被纪委公开通报“与他人通奸”的女官员。2022年9月8日云南省纪委监委通报富滇银行原副行长曹艳丽被“双开”的消息中，则有“搞权色、钱色交易”“与他人发生不正当性关系”的违纪事实。她被网民称为“好色放荡的‘偷人’财神”。

与他人通奸的张秀萍（左）、杨晓波

据统计，自2014年6月5日中国出口信用保险公司原副总经理戴春宁的违纪情况通报中出现“与他人通奸”的措辞以来，至同年12月初，至少有32名中管干部因“通奸”被中央纪委通报。其中，职务最高的就是“与多名女性通奸并进行权色、钱色交易”的中共中央政治局原常委周永康。

虽然我国刑法及相关法律并没有对通奸做出定罪，但在《中国共产党纪律处分条例》中有相应的罚则，对与他人通奸造成不良影响的，视程度可给予警告、严重警告、撤销党内职务、留党察看、开除党籍等处分。这表明，纪在法前，党纪严于国法。

“与他人通奸”（现已修改为“与他人发生不正当性关系”，扩大了处分的范围），之所以被写入《党纪处分条例》，是因为在现实生活中，寡廉鲜耻、道德败坏的贪色官员层出不穷，而那些有求于官员的人，除了送钱送物，还会“进贡”美女。被称为“五毒书记”的湖北天门市委原书记张二江，就被成群“贡女”所“累倒”。据他交代，他共有107名“贡女”，从1989年任丹江口市市长起至2001年7月被查落马的12年间，平均每月玩弄1名女性。她们当中，有党政机关干部、企事业单位职工、保姆和“三陪女”。这些“贡女”与其说与张二江通奸，不如说是与金钱和权力“通奸”。

如，张二江任丹江口市市长的第二年，就与宾馆服务员姚某有不正当性关系，为她办理了“农转非”户口，调动了工作，还送她上武汉大学成教班“包装”深造，每年为她支付学费和食宿等费用。1994年，张二江的妻子留学回国，姚某提出分手，不再保持情人关系，张二江不同意。为掩人耳目，张二江托武汉某公司董事长将姚某安排在其公司上班。同年12月，张二江在武昌购买一套住房，添置空调、炊具等物品，供姚某居住。张二江到武汉时在此房与姚某幽会，姚某亦利用节假日回天门约会张二江。

有“五毒书记”之称的张二江在庭审现场

奇怪的是，无论有多少官员被情妇拉下水，并在情妇倒戈后哀叹“红颜祸水”，都仍有不少后来者飞蛾扑火般奔向情色沼泽，最终遭遇“美女劫”。据专家考证，中国惩罚通奸的规定最早见于《尚书》：“男女不以义交者，其刑宫。”这种割掉“作案工具”的刑罚十分恐怖，但仍不能阻止男女间的情性私通。春秋时代，宫刑一度升级为死刑——“夫有二妻则诛，妻有外夫则宫”，同样也阻吓不了公侯贵族们的通奸“性趣”。自古以来，中国都有严惩通奸的法纪规定和谴责通奸的社会环境，但都只是威慑而非杜绝了通奸行为，通奸、包养情妇、嫖娼狎妓等仍是一些官员不想戒或戒不了的嗜好。有媒体报道，2000—2008年受审的41名省部级高官中，36名供认拥有情妇，分为享乐型、互利型、利益代言型。相信随着纪检部门对通奸行为惩处、通报力度的加大，震慑警示、教育引导作用的增强，权色交易现象将大为减少。

也许正是瞄准了部分官员贪恋女色的“软肋”，近年来不法分子色诱敲诈官员事件时有发生。继重庆北碚区委原书记雷政富等多名厅官被有夫之妇赵红霞色诱上床视频曝光后，2014年2月24日又一起“党员领导干部生活作风腐化堕落串案”被湖南衡阳市纪委公开通报：2010年5—11月间，犯罪团伙嫌疑人李毅、唐国清、李旭、漆建国、姜艳春（女）、龙明珠（女）等，通过打电话勾引领导干部发生性关系，并用针孔摄像头录像，再对其敲诈勒索。

被色诱敲诈的官员中，已有6人受到撤职等处分。他们分别是衡阳市卫生局原局长赵安民、常宁市政协原副主席尹文、衡山县政协原副主席康俊良、耒阳市林业局原局长段定华、耒阳市旅游局原局长石东升、耒阳市发改局原党委书记刘洪汉。据称，敲诈团伙精心选择目标，色诱对象多为50岁左右的领导干部，认为“这些人比较容易上钩，也比较有钱”。

2014年7月，此案又爆出案中案，传言破案民警涉嫌以所缴淫乱视频继续敲诈有关领导。衡阳市纪委秘书长、新闻发言人龙亚春证实确有5名民警被“双规”，并表示这起串案“涉案人员较多，金额较大，是个大案，而且要办成铁案”。

据2016年4月6日《新京报》报道，该犯罪团伙6男6女均因敲诈勒索罪被判1年管制至14年徒刑不等的刑罚，他们共色诱或敲诈55人，涉及湖南、湖北、江苏、浙江四省，大部分是官员，其中张家界市的杨某丙被勒索付款近22万元。

4. 举报者以商人、媒体人、官员下属为主。据监测，网络实名举报者的身份主要包括商人、记者等媒体人、同僚或下属、情妇、普通民众等五类。其中，商人占比高达26.9%，媒体人、同僚或下属次之，均占23.1%，形成“三足鼎立”之势。不同身份的举报人实名举报的特征如下表所示：

不同身份举报人实名举报特征

序号	身份	举报动机	典型案例	主要举报内容	舆情特点
1	商人	经济利益斗争	翟振锋案 赵海滨案	户籍问题、财产来源不明等	官员财产问题成关注点，财产来源引媒体深度挖掘。
2	记者等媒体人	职业自觉、获得关注、受人委托等	刘铁男案 雷政富案	涉及面广	舆论关注度高；依托媒体平台，深谙传播技巧，舆论影响能力强；有一定基础受众，舆情引爆快。
3	同僚或下属	利益分配不均或个人恩怨	郑北泉案 李春城案	渎职、腐败等	“官场斗争”吸引舆论眼球，内部人员举报内容翔实准确。
4	情妇	感情破裂或利益分配不均	衣俊卿案	生活作风问题、腐败等	涉及情与性，能迅速吸引眼球。
5	普通民众	现实利益受损或不满贪腐	袁振国案 王术君案	多涉及征地拆迁、诉讼、政府人员滥用职权等	数量多，举报情况趋同，影响不大；网络表达受困，若无媒体、律师介入，难以形成巨大舆论影响；成功案例不多。

官员贪腐多涉及官商利益勾结。当利益分配不均时，商人便可能反目成仇，举报官员；情妇的举报一般缘于感情破裂；而同僚或下属由于掌握内情，举报的成功率较高。如，2012年12月，四川省委副书记李春城接受调查的消息传出当天，成都市金牛区委常委、统战部部长申勇就在微博上举报李春城买官卖官行为，为中央纪委随后介入调查提供了大量佐证。

网上还有为数众多的“草根阶层”实名举报，只是受各种主客观因素制约，较少有成功案例。但此类举报作为原始爆料来源，经记者、律师、意见领袖等挖掘加工后重新投放网络，很可能形成社会公众广泛关注的舆情事件。

5. *逾两成举报者被拘留或通缉*。据统计，在举报的后续过程中，23.1%的实名举报人被警方以涉嫌造谣、寻衅滋事等为由拘留或通缉。这与实名举报虽无直接关系，但还是引起网民的疑虑和担忧。如，广东陆丰“房爷”赵海滨的举报者黄坤意，因涉嫌打架斗殴被警察网上通缉。黄坤意是陆丰市原政协委员，拥有上亿身家。他于2013年1月发帖举报该市公安局党委委员赵海滨以假身份证经商办企业，拥有192套房产。赵海滨最终被查处。黄坤意则被警方追逃。由于警方对他的处理缺乏充分公开透明的解释，被舆论质疑为“打击报复举报人”。此外，一些举报人受到死亡威胁、人身攻击的新闻，也引发公众对实名举报人处境的忧虑。

6. **网络实名举报事件近九成有回应，逾七成有结果**。截至2013年9月，在法制网舆情监测中心统计的网络实名举报事件中，88.5%的举报事件已由官方做出回应，73.1%已有处理结果，回应率与处理率总体较高。免职、双规（2018年3月20日颁布的《监察法》已将“双规”改为“留置”）、拘留、批捕为被举报人所受的常见处理方式。15.4%的举报事件虽已作出表态性回应，但没有公布明确的查处结果，尚处于舆情热议阶段，若迟迟不公布结果或舆情引导不当，很可能引发次生舆情。

该研究认为，近年来网络实名举报舆情事件频发，主要原因有二：一是党的十八大以来，党中央“有贪必肃、有腐必反”“‘老虎’‘苍蝇’一起打”的反腐决心和辉煌战果，为社会监督和舆论监督注入了强心剂；二是举报人寄望于网络曝光引起舆论关注、制造社会影响，从而达到举报目的。利用网络将举报人、被举报人和举报内容公之于众，无疑是明智理性的策略之一，因为在舆论聚光灯下，任何打击报复举报人的行为难免投鼠忌器。

该研究指出，在激烈的媒体竞争中，不排除一些媒体人从报道新闻转而制造新闻，甚至把自己作为新闻主体，通过介入反腐事件，吸引大众对其本人的关注，打造个人或媒体的品牌。雷政富性丑闻实名举报人纪许光，利用个人微博高调反腐，就曾被原爆料人和媒体同行质疑为“抢功”“动机不纯”。此外，在“流量为王”“注意力就是生产力”的网络环境里，还有一些职业爆料人为了提升自身的网络知名度和社会影响力而参与实名反腐，并痴迷于披露非常态、戏剧性的隐私秘闻，以此吸粉引流。

现实中，确有一些人借实名反腐捞取个人名利。但不可否认，也有不少媒体人举报问题官员纯粹出于伸张正义。如，举报并导致国家能源局局长刘铁男落马的《财经》杂志原副主编罗昌平，揭发并促使华润集团董事长、党委书记宋林下台的新华社记者王文志等，均被当时舆论视为反腐记者的代表。正如王文志接受《新京报》等媒体采访时所言："自己是一个有正义感的记者。想勇敢一回，尽一个公民的义务。"为此，他在举报信中所用的落款都是"中华人民共和国公民王文志"，而非其供职单位和记者身份。

据2014年5月1日《南方周末》发表的《宋林的"敌人"们》一文称，王文志是在2013年7月5日《经济参考报》刊发其采写的《华润电力项目致数十亿国资流失　一煤矿成放羊场》一文后，冒着风险转战网络、举报宋林的。此举触及"职务行为与个人行为""公义与私利"如何区分等问题，引起新闻界同行广泛关注和热议。《东方早报》原调查记者简光洲认为，最初是以职务身份接触的，如果再去举报，"就会出现身份混淆"。

简光洲于2008年9月11日率先推出重磅报道《甘肃十四名婴儿疑喝三鹿奶粉致肾病》，直接说出"三鹿"两字，引发中国奶制品行业"地震"，导致多名高官先后下台、众多奶农损失严重，也间接保护了无数婴幼儿的生命安全和健康成长。他和他所供职的《东方早报》的诚实和勇气，体现了传媒的公共价值和监督力量。他一举成名天下知，被众多网民称赞为"一个有良心的人，一个有良知的人，一个有正义感的人"。

现已转行的简光洲说，自己也有过举报经历，举报虽属个人行为，但很多信息的获取要靠记者职务，人们也习惯注意举报者的身份。他认为，记者应先尝试职务行为，报社发不了稿子，再考虑举报等途径。“一旦决定要报道，就要从证据到写作把内容做确凿。报道和举报都应该出于公益。”

北京外国语大学国际新闻与传播系教授展江则认为，举报人在个人微博上举报，跟供职单位并无太大关系，举报的行为也应与其他行为区分开来。如果有违反职业道德、社会公德甚至违法乱纪的行为，“大可由法律来惩罚他，让社会行业来批评他”。

展江从效果上看好记者实名举报的做法。他以2008年《瞭望东方周刊》记者孙春龙举报山西娄烦矿难瞒报事件为例说，目前新闻界还没有发现记者举报的重大腐败或渎职事件中有严重不实的情况，而且都产生了较为积极正面的影响。举报人的举报只要依法依规、有益社会，就是一件应该认可的事情，与其纠缠举报者的职务身份，揣测举报背后的动机，不如抛开利益冲突因素，更相信“举报是出于公义”。“记者对自己的职业是有事先的风险评估的，他们比一般人更有把握确信他所了解的事实，有更加专业的判断力。”“非但不要限制，反而要奖励举报人。”

《南方周末》就“记者参与网络反腐问题”，对国内一线调查记者进行了问卷调查，结果显示：

从效果上看，半数以上调查记者认为，职业媒体人的网络爆料对反腐的作用整体有限，反而因记者身份增加了网络爆料的阻力，甚至变得不可行，故缺乏推广的基础；

从专业上看，大多数调查记者认为，记者参与网络举报的做法不符合职业规范，因为记者扮演社会的观察者、事实的报道者角色，不能作为新闻的直接参与者推动事件的发生发展，而网络举报人则明显违反了这样的职业规则；

从操守上看，多数调查记者认为，网络爆料行为应与个人利益之间进行“切割”，不能谋求私利，以免损害个人行为操守或所在媒体的职业声誉。

诚然，网络举报是一把“双刃剑”。它在一路高歌猛进、捷报频传的同时，也暴露出不可忽视的种种问题和隐忧。一方面，由于缺乏有效的法律约束，误伤无辜的不实举报频频出现；另一方面，一些网民沉醉于“网络反腐”带来的快感之中，往往忽略了程序正义，使相关部门在查处过程中对满足公众知情权和保护个人隐私权之间难以权衡。

为此，有关专家呼吁尽快出台《举报法》等相关法律，引导和规范群众依法、理性、有效举报，保护举报者人身安全和隐私权，惩戒诬告陷害行为，为被诬告者澄清正名。

经过近30年快速发展，我国已全面进入移动互联网时代，逾10亿手机网民可以随时随地参与网络内容的生产、传播和讨论，日益影响着社会、政治、经济、文化、生态等领域。每当发生重大敏感事件，都会触动网民社会心态，引发围观热议。

2 第二章 网民社会心态

当前，我国社会正处于急速转型期，阶层结构、利益关系深刻调整，价值取向、思想观念更加多元，人们的民主意识、法律意识、权利意识、参与意识、监督意识空前高涨，网络舆论的活跃性、话题性、敏感性、情绪性、偏激性、对抗性日益增强，突发事件网络舆情危机易发高发。从现实情况看，突发事件一旦刺痛了某些网民群体的敏感神经和脆弱心理，激起了他们的“正义感”“同理心”，唤醒了他们的“刻板印象”“标签思维”，就会感同身受、群情激愤、抱团声援，在极短时间内形成网上舆情风暴，甚至酿成网下群体行动，发生诸如上访、游行、示威、罢工、罢市、静座、堵路、围攻执法人员、冲击党政机关等事件，威胁社会稳定和政治安全。

换言之，网络舆情由网民的社会心态所驱策，直接反映一种集体情绪，已成为一股重要的社会力量。因此，做好网络舆情应对，必须号准网民的社会心理脉博，了解网民对舆情事件的认知、态度、看法、观点、期待、情绪和行为倾向，增强处置策略的针对性和实效性。正如著名媒体人吴晨光主编的《源流说》一书所言：“对舆情的处置，本质上是对社会情绪的处置。”

笔者通过分析大量网络舆情案例，参考有关专家研究成果，梳理归纳出网民参与网络舆情事件的五种典型社会心态。

一、仇官仇富心态

改革开放以来，我国经济发展取得了举世瞩目的巨大成就，跃升为全球第二大经济体，居民生活水平大幅提升，但居民收入差距却居高不下，基尼系数长期处于世界银行界定的警戒线0.45以上，甚至超过一般发达国家，居于世界前列。对此，有网民调侃说：“世界上最远的距离，就是咱俩一起出门，你买苹果6代（手机

iPhone6），我买6袋苹果。”网民的黑色幽默，折射出贫富悬殊的社会现实和由此带来的认知失衡。

曾几何时，那些靠权力寻租的既得利益集团日渐坐大，造成资源配置不均和收入分配不公，导致贫富分化和官员贪腐加剧，不少中低收入群体的被剥夺感和不公平感明显上升，驱使他们把自己对现状的不满情绪发泄到他们认为衣食无忧的公务员和富裕阔绰的有钱人身上，从而形成集体仇视心理。或者说，网民普遍不满财富高度集中在少数官员和商人手中，逐渐滋生了仇官仇富心态，以致有的网民极端地认为“官员都贪得无厌，富人都为富不仁”。

当今“后真相时代”，无论何种突发事件，只要涉及官员和富人，都会在网上快速传播，引起热议，驱使许多网民和意见人士习惯性地“选边站队、扶弱抑强”“立场先行、预设结论”，先入为主地给当事人“贴标签”“立靶子”，不顾事实地质疑否定、苛责谩骂，导致“群体极化”“舆论极端”，放大事件性质和负面影响，加剧仇恨对立和矛盾冲突，消解主流舆论，撕裂社会共识。“逢官必闹”“逢富必究”已成为引爆网络舆情的一大心理动因。

2010年10月16日晚，河北保定市北市区公安分局副局长李刚的儿子李启铭，在河北大学校园驾车撞倒两名女大学生，导致一死一伤。面对拦车的学生和保安，李启铭不但不自责致歉、关心伤者，反而态度冷漠、气焰嚣张，放言“有本事你们告去，我爸是李刚”，随后扬长而去。此事瞬间成为网上舆论焦点。

从常理看，人们本应同情关怀惨遭横祸的受害者，同声谴责道德沦丧的肇事者，但众多网民却将攻击矛头引向李启铭之父李刚，对其发起一场声势浩大的“人肉”行动。

结果，李刚不但隐私外泄，更遭到不少网民的猛烈指责乃至非人道的辱骂，迫使其现身中央电视台，公开向全社会鞠躬道歉，表示“依法处理，绝不袒护”，才使汹涌舆情得以缓解。

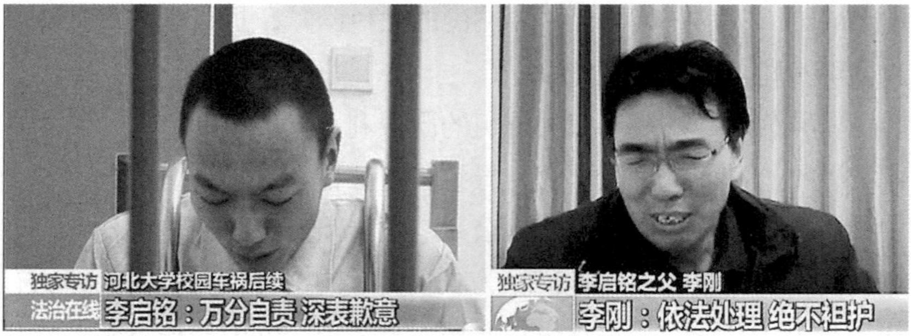

“我爸是李刚”事件相关当事人

一位令人敬畏的堂堂公安局长，无奈受到儿子交通肇事致人死亡案件的牵连，遭遇网络霸凌和心理伤害，在国人面前丢尽老脸！

人们不禁要问：究竟是不肖之子“坑爹”，还是网民“仇官仇富”伤及无辜？

对此，网民“桃花岛”发帖称，“我爸是李刚”的嚣张态度，拉开了中国人“拼爹”的序幕。大量“官二代”“富二代”用他们的“豪言壮举”昭告世人：“人生最重要的不是你所朝的方向，而是取决于你是谁的精子。”

此话低俗露骨、有失偏颇，但从古至今，谁也无法否认家庭出身的重要性。这正是李启铭敢用父亲权势威胁拦车者的底气所在。

现实生活中，仰仗老爹权势的何止李启铭一个！山西永和县副县长冯双贵次子冯源，就是步李启铭后尘的又一反面典型。

2011年6月中下旬，一则“山西永和县副县长冯双贵的4名亲属夜闯民宅，大打出手，将人捅成重伤”的帖子在网上广泛流传。帖文称，参与施暴的冯双贵次子冯源在殴打受害人过程中，面对受害人的质问不断叫器：“我爸是县长，在永和我爸就是国法！”其暴行和狂言激起众多网民的强烈义愤，谴责声、谩骂声响成一片。

有记者随即调查此事，证实帖文反映情况。结果，4名行凶者被批捕，副县长冯双贵也被取消“县委常委、常务副县长”的提名。这回，老子的招牌被儿子砸了，仕途也给误了。

常言道：子不教，父之过。难道李启铭、冯源之流的“坑爹”劣行都是“父之过”？不排除为官者忙于公务，疏于教子，甚至上梁不正下梁歪，但也不能把直接责任推给父辈，让其“连坐”。

随着群体性事件处置中警民冲突的频繁发生，仇警情绪也在网民中滋长蔓延，舆论界和学术界不时拷问警察形象。

有社科专家通过调研认为，群体性事件在表现形式和深层原因上有三个共同特点：一是群众利益长期受损，多年矛盾积蓄难解；二是处置方式不当，作风粗暴，滥用警力；三是信息不公开，导致政府公信力缺失，矛盾激化。

在总结2008年贵州瓮安县“6·28”群体性打砸抢烧县委县政府大楼事件教训时，时任省委书记石宗源也把“随意动用警力”列为教训之一。2008年11月，时任国务委员、公安部部长孟建柱在第21期《求是》杂志发表文章，督促公安干警在处理群体性事件时，“必须讲究政策、讲究策略、讲究方法，坚持慎用警力、慎用武器警械、慎用强制措施，坚决防止因用警不当、定位不准、处置不妥激化矛盾，坚决防止发生流血伤亡事件”。

仇官仇富仇警情绪究竟到了何种程度？笔者不敢妄加评论。但现实情况是，谁在网上挑头骂权贵，谁就应者云集；连悲观厌世、报复社会的绝望者要卑劣无耻地伤害无辜，也专挑官员、富人的子孙后代下手！

如，2010年3月23日7时24分发生、造成小学生8死5伤的福建南平校园血案，凶手郑民生（中年男医生，作案诱因为失业、失恋，同年4月8日因犯故意杀人罪被判处死刑）就是经常路过南平实验小学门口，看到停满接送学生的名牌轿车，便推定这里的孩子大都是官员、富人的后代，想象他们的家庭非富即贵、幸福美满，而自己

福建男子郑民生持刀在校门口砍杀，致学童8死5伤

却生活无着、情场失意，以致妒忌、仇视心理与日俱增，最终做出“对他们下手以解恨”的毫无人性的极端报复行为。

事发后，南平市委书记雷春美赶到医院看望受伤学生。这时，一名中年妇女突然闯入，下跪高喊：“我的8岁女儿被强奸，这事你们管不管？要是不管，我也去杀人了！”话音刚落，这名妇女即被工作人员架走。

这个意外插曲随即引出一篇在网上疯传的帖文——《福建选出史上最年轻的县长——市委书记的儿子》，将27岁的福州团市委副书记雷连鸣推到了舆论的风口浪尖，把他于2009年下半年通过公开选拔考试获任现职，与南平市委书记雷春美联系起来，质疑他的升迁是一条“精心设计好的路线”。网民据公开资料分析：两人均为畲族、福建福安市人，而畲族有从母姓的习俗；在年龄上，51岁的雷春美与27岁的雷连鸣恰好为两代人。由此推测雷连鸣被选为福州团市委副书记，或与其母亲的政治背景有关（雷春美曾任共青团福建省委书记）。此帖迅速使网上议题从谴责屠杀儿童的暴行转为对“官二代”升官快的拷问。

2012年之前的几年间，23岁拟任山东新泰市（县级市）国有资产管理局副局长的女干部王然（参加工作1年4个月）、不足28岁担任山东团省委副书记的副厅级干部张辉（参加工作5年）、25岁拟任江苏泰州市团市委副书记的女青年孙靓靓（参加工作2年半）、27岁当选湖南湘潭县副县长的选调生徐韬（参加工作5年多）等，都因其异乎寻常的“火箭式”提拔，招致网民声势浩大的背景猜想。

更令人不可理喻的是，就连一些报复杀人的死刑犯，有时也会受到一些网民不分是非的同情与追捧。

2008年7月1日上午9时40分许，北京青年杨佳由于对一年前在沪骑租来的无证自行车被闸北警方盘查一事怀恨在心，突然闯入上海闸北公安分局办公场所，用利刃袭警，造成6死4伤。同年11月26日，杨佳在上海被执行死刑。但有的网民不是谴责杨佳的报复罪孽和凶残手段，而是为其犯罪行为开脱，发表合理化、悲情化言论，一味惋惜其年轻生命之早逝，甚至把他描绘成“维护正义”的“英雄好汉”“杨大侠”。就连某媒体的报道，也无视社会责任，模糊是非界限，不但配发鲜花簇拥的杨佳遗像，还居然以欣赏猎奇的眼光和幸灾乐祸的心态，细腻而冷血地描述他挥刀砍向警察脖颈时角度如何精准、刀法如何娴熟，令读者感到毛骨悚然、不可思议。

从微博对下列两起恶性案件的描述中，可进一步窥见个别网民仇官心理的严重程度——

2010年6月1日上午8时许，河南郑州一农民为阻止拆房，驾驶货车冲撞拆迁人员，导致4死15伤；同日上午10时许，湖南永州一当事人不满法院判决，手持微型冲锋枪冲进法庭扫射，打死3名法官。

两地网民随即在微博上互报消息：

永州网民：“郑州郑州，我是永州，我方法院失守，3法官竟被一刁民执行枪决，吓得我等众法官四处逃散，还好枪手自杀，不然脸可丢大了。你方情况如何？”

郑州网民：“永州永州，我是郑州，我方情况更惨，一拆迁小分队遭到毁灭性打击，竟被一无驾照的农民搞了突袭，撞

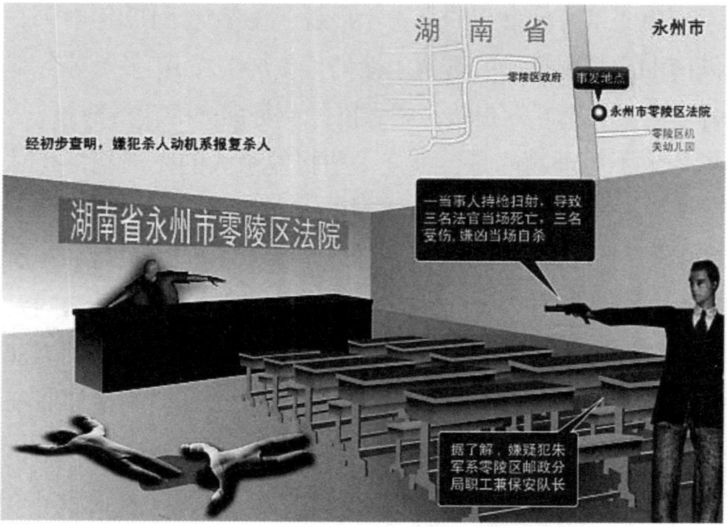

网上出现的相关事件示意图

得4死15伤，弟兄们士气受此打击，已无再战能力。”

这两则微博通篇没有半点同情怜悯、公道正义之心，极尽幸灾乐祸、调侃讽刺之能事！

部分网民对郑州开车撞人事件的跟帖，更令人触目惊心。如，网民“江山”称：“这就是现实中的保家卫国，谁让我无房住，我就让他的房子无人住。”网民“又见春风”称：“你不让活，我就让你死。毛主席说：‘人不犯我，我不犯人；人若犯我，我必犯人。’《游击队之歌》也唱道：‘我们生长在这里，每一寸土地都是我们自己的，无论谁要抢占去，我们就和他拼到底！’”

上述跟帖充斥着的仇官情绪之强烈，简直到了登峰造极、无以复加的地步，令人心绪难平、不忍卒读。

这也从一个侧面折射出官员群体在特定发展阶段的群众观感。2014年5月26日发布的中国社会科学院蓝皮书《形象危机应对研究报告2013—2014》显示，官员形象危机呈“多元高发”态势，群众认为2013年形象最差的官员群体依次为：城管、学校领导、医院领导、村干部、警察、国企领导和民政干部。在“群众对官员负面形象的厌恶排名”中，“贪”（30.7%）、“渎”（24.8%）、“假”（17.4%）分列前三位，“色”（16.6%）、“枉”（10.5%）次之。

近年来，每当有道貌岸然、大讲特讲“廉洁为官”的官员落马，有些网民就异常兴奋，在网上围观起哄，奔走相告，个别网媒也十分亢奋，跟风嘲讽，段子齐飞，甚至以“挖隐私、博眼球、蹭流量”为能事，热衷于挖掘落马官员的情色绯闻，形成“一人被查、媒体狂欢”的审丑怪状。

如，某地级市市委书记涉贪被纪检部门带走才几天，就有一家网站为满足部分网民的猎奇心和窥私欲，擅自发布未经权威部门查证的“事实”，称他是“裸官”：老婆孩子早已移居澳大利亚；指他为“淫官”：以传销方式玩过100多个女人。

接着，有网文以此为由头，详列官场权色交易的典型案例，证实确有一批女干部“从床上选拔脱衣而出”，并把安徽省宣城市原市委常委、副市长赵增军封为“最早提出从床上培养女干部的鼻祖”。据报道，赵增军（受贿152万余元，判刑13年）担任安徽省绩溪县县长时，对一位二十出头、刚出大学校门的美艳女下属垂涎三尺，便经常以汇报工作为由，把她单独骗到办公室，对她动手动脚占便宜，并许诺她“只要愿意献身，

赵增军受审

就能当上乡里一把手、县妇联主席”。赵增军说到做到，令这位以身求官的未婚女干部获得“火箭式”提拔，短短几年间先后当上乡党委副书记、书记和县妇联主席。赵增军荣升宣城市副市长后，此女又摇身一变，成为市人大官员。

又如，一些网民对重庆市北碚区委原书记雷政富等官员的性丑闻极尽嘲讽之能事，但对参与色诱和敲诈官员的违法女子赵红霞却称作“反腐英雄”，吹捧她“没有编制，没有财政拨款，没有固定办公场所，凭一人之力，扛反腐重任，已拿下11位厅官，战斗力远超地级市检察院”。

毫无疑问，将赵红霞称作“反腐英雄”，有违法治精神。因为她事先没有反腐动机，事后没有举报行为，只是为了获得所谓的“服装销售奖”，就胆大妄为地参与对官员的色诱和敲诈，怎么说都难称光彩，也难逃法律追究，最终被捕获刑2年就是证明。

个别媒体在反腐报道中也不分轻重，总是以“重色轻腐”方式来调侃、讽刺贪官，即对其贪污受贿等犯罪事实轻描淡写，而对其情色生活秘闻却浓墨重彩、大肆渲染，甚至道听途说、无中生有，以刺激眼球、扩大销量。

人民日报社旗下的《环球时报》曾发表社论认为，网民的异常心理与互联网放大孤立事件的负面影响有关，同时指责一些网络名人热衷于对仇官、仇警、仇富的鼓吹，大肆宣扬社会仇恨，以一些具体的不公平事件妄断“制度的罪恶、政府的罪恶”，“为社会情绪竖立宣泄的靶子”。

上述评论有一定的客观依据。网上舆情显示，每逢发生重大敏感事件，总有不少网民喜欢抱怨政府、指责体制、哀叹人心，仇视极端言论取代了是非观念和理性思考。但深究原因，网民仇官仇富心态的形成，也与部分官员不作为、乱作为、吃拿卡要、贪污受贿、腐化堕落、骄横跋扈等所作所为有关，与部分富豪勾结官员、非法敛财、傲慢张扬、缺乏爱心和社会责任感有关。难怪前总理温家宝直言，中国最大的危险在于腐败。故此，党的十八大以来，中央高悬反腐利剑，“老虎”“苍蝇”一起打，同时简政放权，减少权力寻租、官商勾结、行贿受贿的空间，深得民心，广受好评。

当然，也有不少网民表示，他们并非盲目仇官仇富，仇的是那些违法乱纪、胡作非为的贪官污吏，趋炎附势、靠权力和垄断发财、缺乏诚信和爱心的违法奸商，以及拿天价报酬却偷税漏税的不义明星。如，2018年5月28日中央电视台原主持人崔永元在网上爆料，揭露明星范冰冰及其公司采取“阴阳合同”等手段偷逃巨额税款。一时间，舆论哗然，网民声讨，举国关注。直到税务部门对这起偷漏税款高达2.55亿元的大案依法查处，范冰冰在微博上公开致歉并补税受罚8.8亿元，网上批评谴责之声才终告平息。

对于靠本领和勤奋发家致富的人，网民不但不妒忌、仇视，反而推崇、仿效。如，著名农业科学家、中国工程院院士、“世界杂交水稻之父”袁隆平，获得国家科技进步奖大笔奖金，并持有大量股权——2000年以他的名字命名的股票“隆平高科”上市交易，他占1.61%的持股比例，以开盘价25.72元计算，当年便拥有市值1.15亿元的身家。他也坦言，每月工资6000多元，还有股份分红、稿费、咨询费等“额外收入”，每年总收入30多万元。但网民不但从未仇视他，反而赞扬他“君子爱财，取之有道”，推崇他“靠科技创新推动社会进步，造福人类”的精神，希望他能评上诺贝尔奖。2021年5月22日，91岁高龄的袁隆平在长沙病逝后，上万人冒雨挥泪送别，上千万网民进入“网上悼念厅”寄托哀思。“仇富不仇袁隆平”，表达了广大网民对科学家的崇敬，对科技英雄的礼赞。

但也要提醒富翁们，既然社会上存在仇富心理，还是不要高调张扬为好。事实证明，在众口铄金的互联网时代，以秀豪华、显名牌等方式满足虚荣心的炫富者大多结局不妙。

2011年6月20日，新浪微博上一个名叫“郭美美Baby”的靓丽女子，以“中国红十字会商业总经理”身份，公开炫耀其名车、名包、名表等昂贵奢侈品，以及在别墅举行庆生晚会的豪华场面，结果招致公众对其财富来源和红会善款流向的强烈质疑，不但其个人隐私屡遭“人肉”曝光，还因其炫富与红会的公益性质形成鲜明对照，致使红会百年信誉蒙羞受辱，遭遇巨大的信任危机。

尽管从未有确凿证据显示郭美美和中国红十字会有直接关系，红会发布的调查报告也证实郭美美与红会及商红会无任何关系，但她带来的负面消极影响迟迟挥之不去，来自公众的质疑声讨久久不曾停歇。就连中国社会科学院的一位学者也在新浪微博发帖，要求红会公开公众捐款情况以及有关公司、基金会与红会的关系，主张“一日不公开，一日不捐款”。情绪裹挟了很多人的言行，红会的慈善形象和公信力严重受损，社会捐款一落千丈，募捐微博甚至收到了逾10万个“滚”字。2013年9月民政部发布的《2012年度中国慈善捐助报告》显示，2012年全国各级红十字会系统接收社会捐赠21.88亿元，与2011年相比减少6.79亿元，同比下降23.67%。

直到3年后的2014年7月9日晚，郭美美因涉嫌在巴西世界杯期间开设赌局被北京警方抓获，其以“商演”为幌子从事性交易、被所谓的“干爹”深圳富商王某长期包养、编造“澳门豪赌欠2.6亿”虚

郭美美炫富照

郭美美被刑拘

假信息炒作赚钱、为增加炫耀资本将新浪微博个人认证由“演员”更改为“中国红十字会商业总经理”等事实真相，才一一浮出水面。靠欺世盗名、投机取巧、出卖肉体而“名利双收”的郭美美，最终落得个因果报应、鸡飞蛋打、身败名裂的可耻下场。2015年9月10日，郭美美因犯开设赌场罪，被北京东城区人民法院判处有期徒刑5年。正是拜金炫富这种畸形价值观，毁了郭美美的青春年华。

其实，自古以来，仇官仇富心理一直存在，炫富摆阔者几乎没有好结果。如，在洛阳大演百戏招待西域商人长达一月之久的隋炀帝，落下了用巨额国财赚取面子的骂名；在朱元璋面前豪爽表示“愿每军犒金一两”的江南首富沈万三，到头来被发配到云南充军，客死他乡；在逛街时佩戴26斤金饰炫耀的越南36岁土豪陈玉山，引起当地警方注意，于2019年4月10日因涉嫌贩毒被逮捕；留学澳大利亚的女网民“北极鲶鱼”（网名），于2023年3月22日在微博上发帖称“我家有9位数，想在哪个国家就在哪个国家”“爷爷脸上写了四个大字‘感觉贪了’”，导致其退休16年的爷爷——深圳市原交通局货运管理分局局长钟庚赐在网民紧盯不放下，最终被纪检监察部门开除党籍、降低退休待遇、收缴违纪违法所得，被网民戏称为“鲶鱼钓出大鱼，孙女坑了爷爷”。

当然，官员不同于商人，其薪金必须与当地经济状况相适应，一般在当地社会成员工资收入的中线上下浮动，可基本维持体面的生活，但绝无一掷千金的实力，也就没有炫富的资本。如果官员摆阔抖派，抽贵烟、戴名表、坐豪车……时时追求鹤立鸡群，处处讲究与众不同，不但与其身份相悖，令人生厌，还可能“抖”出权力寻租的“庐山真面目”，结局可想而知。

二、不信任心态

网民的不信任心态，主要包括“习惯性质疑”“习惯性批评”“习惯性反对”“习惯性不信”等思维定式，具体表现为质疑官方信息、解构权威定论、挑战主流话语、消解意识形态。突发事件发生后，许多网民往往任由主观臆断压过客观事实，甚至不问真相，有错推定，一味指责，认为责任全在政府部门，并与此前引发众怒的类似事件相关联，小题大作，上纲上线，仿如正义的化身。对基层政府的回应，也存在根深蒂固的逆反心理，总是先入为主，怀疑一切，一概否定；而对谣言猜测、小道消息、内幕揭秘，则懒得求证、不辨真伪、轻信盲从，甚至热衷于添油加醋、造谣传谣、扰乱视听，还美其名曰“以谣言倒逼真相”，导致民间舆论场频现“劣币驱逐良币”“宁信谣言不信政府”的乱象，使政府正面引导和辟谣澄清效果大打折扣。

2015年5月2日，黑龙江庆安县火车站发生枪击事件，醉酒阻拦乘客进站、抢夺警棍连砸警察的中年农民徐纯合，在执勤民警口头警告无效后被当场击毙。此事迅即引起社会高度关注，“警察枪杀平民”“一家老小赴京上访遭截访，才与警察发生冲突”等谣言刷爆网络，导致不少网民指责警察滥用公权，攻击信访维稳制度，甚至用极端言论煽动官民对立情绪。直到5月14日，中央电视台公布枪击现场监控视频，显示死者曾多次抢防暴棍袭警，甚至举起亲生女儿抛摔民警，公众才相信“徐纯合暴力抗法，被民警合法开枪击毙”的官方说法。当然，这一信任危机的产生，与当地警方拖了12天才公布监控视频有很大关系。其实，即使一时未能公开视频，但只需迅速“晒”出徐纯合一家五口从黑龙江庆安到辽宁金州走亲戚

2015年5月14日，央视公布黑龙江庆安枪击案现场视频。监控录像显示，死者徐纯合曾多次抢防暴棍袭警，暴力抗法，期间曾用6岁女儿抛摔民警

的火车票，就足以令“赴京上访遭截访”的谣言不攻自破。

长期以来，由于一些地方政府公信力下降，不少网民对基层政府的行政行为特别是执法司法的公平性、公正性持怀疑态度，对地方政府涉及民生、环保等方面的某些政策措施或建设项目报以抵触情绪乃至对抗行动，对官方就敏感案事件的情况通报产生质疑。有人把这种“不信任”现象调侃为“老百姓”变成了“老不信”。在“老不信”们看来，社会信用体系的建设者、维护者能否讲信守诚、率先垂范，都还是一个有待检验的未知数。因为活生生的现实告诉人们，反贪局长贪污腐败、纪检干部违法乱纪、执法人员徇私枉法等现象层出不穷，败坏社会诚信；且落马官员有不少是“两面人”，嘴上说一套、实际做一套，为升官发财、出人头地，无所不用其极。

如，执法犯法、靠案吃案的最高人民法院原常务副院长沈德咏落马前，对外一直呈现出学者型官员形象，出版10余部论著、文集及法律工具书，理论造诣和法律素养深厚，且在一线亲自指挥薄熙来、周永康、令计划、苏荣等重大案件审判，司法实务业绩非凡。可这光鲜的背后，竟藏着“公器私用，纵容默许亲属、秘书利用其职务影响力充当司法掮客”等见不得人的肮脏勾当。这位担任最高

网络漫画：我陪你去揭发我

法院副院长达18年之久的国家首批大法官，于2018年6月卸任之际曾通过最高法院全体干警的办公平台发布《离职告别书》，自称："在这所大院，前后20年，我始终如一、问心无愧，真实地做了一回自己。""我在这个岗位上已经坚守了18年，尤其是在常务副院长的位置上坚守了创纪录的10年零2个月，这是一个难度不小、风险不低的岗位，我自认为基本上做到了立足岗位、守好本分、尽力而为，没有贪渎擅权，没有媚上欺下，没有揽功诿过。"2015年8月，他曾以"浅谈共产党人的人格力量"为主题，为最高法院全体干警上了一堂党课，强调"要涵养正气，为人堂堂正正，为官清清白白，自觉按原则、按规矩办事"。2023年8月4日，这位曾是最高法院历史上最年轻的副院长，因受贿罪被宁波市中级人民法院判刑15年。判决显示，他从江西省高级人民法院党组成员岗位上开始敛财，历经江西高院、最高法院、中央纪委、全国政协等4个单位，为有关个人和单位在案件处理、职务晋升、工程承揽等方面提供帮助，收取现金、黄金制品、车辆等财物，共计折合人民币6456万余元。他的秘书、配偶、女儿也均涉案。

与此同时，社会上吹牛说谎、坑蒙拐骗、弄虚作假、欺上瞒下之事时有发生。如政绩造假、统计造假、学术造假、考试造假、履历造假及就业率、收视率、发行量、点击量造假屡见不鲜；病历造假、户口造假、指纹造假、公章造假、体检造假、条码造假、农药造假司空见惯；瘦肉精、苏丹红、孔雀绿、吊白块、三聚氰胺、福尔马林等有毒化学品登堂入室，入食进口……不容否认，造假之风已渗透到各行业各领域，造假之多、谎言之盛、欺诈之频、手段之鄙，用“触目惊心”来形容实不为过。

人与人之间也少了基本的信任，互相猜疑、提防，连学雷锋做好事、见义勇为挺身救人等善行义举，也时常被一些旁观者另眼相看，疑为动机不纯。你要是与他人谈人格、讲良心，很可能被反问：“人格、良心能值几个钱？！”当人格、良心被置之度外，当人满脑子、满眼睛只有钱与权的时候，人的贪欲、人性之恶就会像被打开的潘多拉盒子，魑魅魍魉纷纷粉墨登场。

民众对政府的信任指数如何？2013年12月25日中国社会科学院社会发展战略研究所发布的《中国社会发展年度报告（2013）》显示，民众对中央政府的信任度最高，农业户籍人口和非农业户籍人口的信任比例分别为76.6%和76.7%；对城管、派出所等基层执法机构的信任度较低，农业户籍人口对城管的信任比例为23.3%，非农业户籍人口为23.5%。已故著名政治学家史天健曾在2002年的一次全国性调查后，得出如下数据：中国只有38.2%的人信任基层政府官员，72.7%的人信任地方政府，却有高达92.9%的人信任中央政府。究其原因，主要是一线执法人员容易与民众产生矛盾冲突，而中央和省市政府能够及时回应并较好解决民众诉求。

读者也许注意到，多年来，凡事闹起，被打砸烧的多半是当地政府机关，而周围的商场、银行、店铺等极少遭到破坏，闹事者矛头所向明确、专一。有关调查显示，事发地群众普遍对村、乡、镇干部评价很低，对省级评价较高，对中央评价最高。这种“上级比下级好，中央比地方好”的心理认知，是底层群众聚集维权的观念基础，影响着民众对聚集事件政治风险和成功机会的判断，以及对诉求方式和行动策略的选择。而当事人为了引起社会关注，往往以悲怆、哀戚的弱者形象示人，试图占据“道义高地”，博得他人同情与声援，惊动上级过问与处理。就连有的电商为了打开农产品销路，也居然策划“悲情戏”，编造果农贫困无助的窘况，骗取广大网友的善意和怜悯，赚取透支社会爱心资源的昧心钱；有的网红则赶赴灾区救援现场做直播，将受灾群众的惨状当卖点，用虚情假意、别有用心的噱头吸粉引流，骗来善心割韭菜，不仅令受灾群众心寒，也损害了爱心人士和慈善机构的声誉。

与此同时，人与人之间的不信任情绪已发展到部分人群的相互敌视和对抗。各地不断发生的广场舞噪音扰民纠纷，就是这种敌视心态的真实写照：

2013年10月，浙江温州新国光商住广场600多位住户，因不堪广场舞噪音扰民，在各种招数“败退”的情况下，凑起26万元购买远程定向强声扩音器，用强音“还击”广场舞噪音；

2014年4月初，北京朝阳大悦城物业管理人员为阻止市民占用广场跳舞，在东北侧广场撒满大量渣土碎石；

2014年5月25日晚，广西北海市男子李某与家人发生争吵后，觉得对面广场的跳舞音乐太吵影响其情绪，一怒之下持刀冲到广场，将3名跳舞者砍伤，随后被民警抓获；

2014年6月3日晚，甘肃兰州市东方红广场城管执法人员，为了让中考、高考备考学生有一个安静的复习应试环境，劝说200多名广场舞爱好者在考前几天和考试期间暂停跳舞或调低音量，却遭到大妈大叔们的无礼围攻。

此前，对抗广场舞噪音的招数有鸣枪、放狗、泼粪等。

对于广场舞噪音扰民现象，网上评论几乎是一边倒的反对声，跳舞者的霸道、不讲理已成了网络恶搞文化的一个典型元素，但再怎么反对、谴责，跳舞者依然我行我素。故此，人们看到的往往是矛盾双方互不相让、互不妥协，对抗不断升级、矛盾不断激化，然后是管理者的无力和无奈。

漫画：广场“武”（新华社发，蒋跃新作）

近年来，广场舞活动日益普及，社会对其评价褒贬不一。应当说，广场舞有益老年人身心健康，其流行合乎情理，由此引发的纠纷本质上是权利之争，居民和跳舞者的合法权利都应得到尊重，不能为了一方权利就剥夺另一方权利。同时，解决广场舞扰民问题是一个系统工程，需要德治、法治、技治相结合。在当前尚无统一制度管理的情况下，双方不妨本着公共意识和妥协态度，商量出一套权利边界明确、彼此认为可行的管理方案，如划定场地、规定时间、限定音量等。据报道，浙江温州在广场开设了“中央音控系统”，将广场分成若干跳舞、唱K区块，禁止自带音响设备，每个区块配置适当音响，音量大小一律由音控室调控，从源头上解决了随意更换场地、调高音量等问题。广东则采取法律手段，将“开展歌舞、健身等活动时，遵守环境噪音管理有关规定”，写入2021年9月1日起施行的《广东省文明行为促进条例》，用具有刚性约束力的法规整治广场舞噪音扰民行为。

特别是城管在执法过程中，时常因与群众之间互不信任、相互敌视而引发以暴制暴行为，饱受社会舆论指责，甚至被妖魔化。

据媒体报道，2014年4月19日，浙江温州市苍南县灵溪镇城管整治占道经营时，将一名拍照监督的过路群众打致吐血，引发众人围堵城管执法车辆。冲突过程中，有5名城管人员被打伤，其中2人伤情危重，出现休克。参与挑头滋事的15名嫌疑人，以及殴打他人的3名城管，均被拘留。

这次城管打人与被打事件，再次刺痛社会敏感神经，引发舆论广泛热议。有评论指出，秩序从来不是施暴的理由，自由也不是抗法的借口；城市管理与公民权利，不是非此即彼的对立。正如《人民日报》发表题为《走出“街头愤怒”的权利误区》的评论称：

> 这类事件的上演，令人心情沉重。少数城管人员的粗暴执法、抗拒监督本已是有错在先，由此导致的更大范围的非理性行为，更将应有的文明意识和法治思维赶出场外，形成了一个戾气循环的怪圈。这样的彼此伤害，加剧了公众对城管固有的负面印象，也给城管从业者心灵蒙上阴影，甚至可能让其在今后的执法

网络漫画：城管一出声，小贩撒腿就跑

过程中心态失衡、进退失据。

同样令人心情沉重的，还有听闻此事之后一些人的反应。听说城管被打，且有错在先，有些人的第一反应不是从法理人情的角度反思事件的起因，更不是寻找如何弥合分歧、化解矛盾的对策，而是顿感欢欣鼓舞、扬眉吐气，认为这再次证明了城管部门的“邪恶”，“打得实在是好！”可是，通过以牙还牙、以暴制暴的方式，聚众围堵、殴打执法者，捍卫出来的所谓“正义”，真的就是“替天行道”吗？当芸芸众生的正义之气，在愤怒情绪下演变成拳脚相加的群殴，当平静的街头，最后要看谁的拳头更硬谁才“有理”，我们真的敢拍手称快吗？

放置在“公民”这一身份面前，没有任何人是“活该被打”的——不管是监督拍照的市民，还是被民众怒火伤害的“临时工”，都是有血有肉、活生生的个体，也都有着不可剥夺的合法权利，这些权利，并不因为他们的身份不同而改变。从这个角度来看，如果有“不该”两个字，苍南事件里头有太多的不该：城管不该对拍照监督的无辜路人施加拳脚；少数市民不该不问真相传播“城管打人致死”的谣言；即便情绪再激愤，也不该用“暴打”来惩罚犯了错的城管……遗憾的是，所有的“不该”都没有在法治的边界面前戛然止步，而是被情绪所裹挟，环环相扣地叠加在一起，最后导致了令人扼腕的悲剧。

在信任度依然有待提升的当下，要走出“街头愤怒”的权利误区，需要城管与市民共同努力：一方面，城管应该明白，长期的任务重压和职业焦虑，并不能成为粗暴执法的理由；一个服务于民众的部门，面对社会抱怨情绪，首先应该积极反思，制定出有效的政策，解决矛盾，拯救公信，让民众相信执法者的自我纠错能力和勇气，让大家相信法治的程序足以摆正失衡的天平。另一方面，城管与市民都要换位思考，认识

> 到城市是我们共有的家园，与摊贩们的养家、城市生活的便利一样，优美的环境、井然的秩序也是广大市民的生活必需，双方应学会站在彼此的立场想问题；遇事拳脚相加、随意挥洒戾气，突破文明规则，甚至挑战法律底线，最终伤害的只能是社会的共同利益与自己的根本利益。总之，唯有政府与民众双向认识的升华，才能期待“城管打人与被打”的循环不再上演，才能让我们生活的城市更加文明、更加和谐。

那么，应当如何走出社会信任的困境?

首先，政府要增强依法行政的公信力，建设阳光透明政府，提高信息公开质量，为公民参与公共决策提供充分的信息依据；要建设有限权力政府，把属于公民的权力还权于公民，属于市场的权力还权于市场，属于社会自我管理的权力还权于社会，构建权力归位的多元化协同治理格局，形成政府与社会之间相互制衡、相互信任的良好合作关系。据美国爱德曼国际公关公司发布的调查结果显示，2021年中国民众对政府的信任度高达91%，居全球第一。

其次，官员要维护政府公信力，打造三种形象：以公共利益为目标定位的公益形象，以公平正义为工作原则的公正形象，以承担社会责任为言行准绳的公德形象。只有这样，才能有助于民众“不理解、不信任心理通病”的早日治愈，有利于公共服务、社会治理的正常开展，有益于突发事件、敏感问题的舆情引导。

最后，网民要提升网络素养，摒弃“习惯性不信”“选择性相信”等不良心理，学会冷静理智、客观辩证地看待问题，一事当前，先问事实，再断是非，不先入为主、偏听偏信，不信谣传谣、随波逐流，不盲人摸象、以偏概全，不轻率站队、妄下结论，不固化成见、撕裂共识，多求证、重均衡、讲专业、慎发言，共同打造建设性的互动交流平台，涵养全社会的民主素养和公共精神。总之，网民要用同理心和现实感来看待公共事件，尊重事实、理性发声，不能一味地附和别人的意见和观点，更不能无视道德和法律，恶炒带偏舆情，甚至造谣惑众，鼓动社会对立。

当然，在多元化的网络时代，敢于质疑是一种社会进步。因此，面对网络舆情，政府部门不能简单地把质疑之声当作“刁难”，把质疑的网民当作“刁民”，只有认真审视网民的质疑反对声，将及时、真实、透明回应作为政府的基本义务和网民的基本权利，才能为社会信任打下坚实基础。

三、民族主义心态

民族主义起源于西欧，是一种有广泛影响的社会思潮和意识形态，通常是指以维护本民族利益和尊严为出发点的思想与行为，是某一民族国家与外部世界发生碰撞后国民的情感表达与意志汇聚，既表现为强烈的民族认同感、归属感、自豪感，也体现于对待民族利益的政治主张与行为方式。它是一把“双刃剑”，既可与爱国主义高度重叠，凝聚全民族团结一致、同仇敌忾的强大力量，推动民族解放与平等，又会因滥用而陷入民粹主义的泥潭，沦为唯我独尊、孤傲偏执、自私狭隘、排他仇外的单边保护主义和极端利己主义，助长美国式的霸权霸凌霸道行径，催生国际经贸摩擦和政治军事争端，影响相关国家的经济发展和外交关系。

如，2014年7月20日，麦当劳、肯德基、必胜客、汉堡王等知名快餐连锁店，被曝使用供应商上海福喜食品公司提供的过期变质肉，激起不少中国网民狂热的民族主义情绪，一时间，抵制洋快餐似乎成了人们的必然选择。然而，盲目排斥洋快餐并不能解决食品监管问题，将狭隘的民族主义情绪置于食品安全问题之上，反而会忽视真正的食品监管问题，无益于食品安全问题的解决。因为洋快餐出问题，反映的是本土监管不力，无论如何与民族主义无关，并不会因你有强烈的爱国情感和抵制行动，问题食品就危害不到你。

又如，因日本右翼势力挑起的否定侵华历史、与我钓鱼岛领土主权之争而诱发的打砸日货商店、冲击日本使领馆等过激行为，虽由民众朴素的民族尊严和爱国情感所驱使，但不利于推进对外经贸合作、展示负责任的大国形象，终将损害我国外交关系和外贸利益，故不能将此类激进行为一概贴上“爱国”标签而放任自流。须知，表达爱国情感要保持理性和定力，守住法律底线和群己权界，决不能被激情绑架而意气用事。这才是“爱国主义”的正确打开方式。

诚然，在事关国家主权、安全、发展利益及侵华历史等大是大非的重大原则问题上，我们必须旗帜鲜明、立场坚定地维护国家利益和民族尊严，决不允许日本抹杀历史真相、侵犯我神圣主权。近年来，日本当局和右翼势力对华言行愈发强硬，公然将钓鱼岛“收归国有”，否认南京大屠杀等犯罪事实，甚至篡改历史教科书，重现已被日本政府摒弃的“皇国史观”，莫不遭到中国人民的愤怒声讨与强烈抗议。2014年4月吉林出版集团出版的《铁证如山——吉林省新发掘日本侵华档案研究》，记录了侵华日军强征“慰安妇”、使用活人为细菌战做实验、残酷奴役劳工、对中国军民施暴等罪证。该书用日军原始档案作证，以大量翔实记载说话，是对日本否认侵华历史的有力反击，也是以史为鉴、警示后人的家国记忆。

韩国不顾我国强烈反对，执意配合美国部署萨德反导系统，提供场地的韩国乐天集团及其在华企业遭到我国民众抵制，这是理所应当的爱国报国之举。因为该系统可在大气层内外拦截弹道导弹，能摄取情报和监控对手，入韩后探测范围将覆盖大半个中国，严重威胁我领空安全，其性质不亚于对台军售。2021年3月，国外多家品牌禁用新疆棉花事件发生后，我国众多网民用事实驳

国民众举行抗议活动，反对部署萨德反导系统

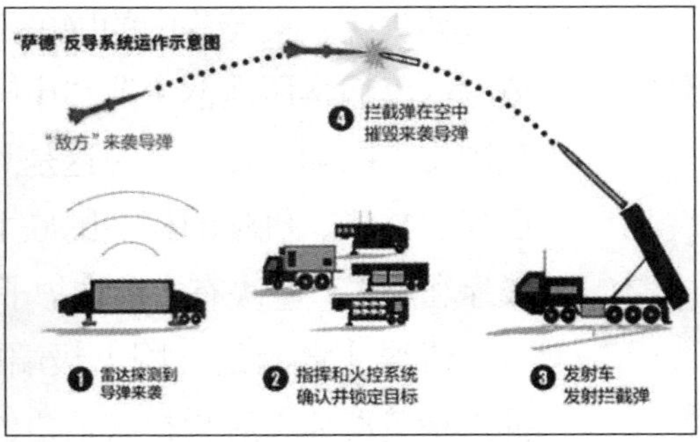

萨德反导系统运作示意图

斥有关“新疆强迫劳动摘棉花”的谎言，齐声呼吁抵制那些洋品牌，同样是“来而不往非礼也”的爱国行动。但较之此前的“抵制日货”，这两次回击十分理智，不见“打砸抢”现象，理性爱国、捍卫尊严逐渐成为文化自觉。

特别是2022年8月2日至3日，美国国会众议长佩洛西窜访台湾地区，激起全体中国人民的强烈愤慨和坚决反对。广大爱国网民与主流媒体一道，主动作为、敢于亮剑，全网全平台密集发声，揭穿窜访图谋、澄清客观事实、阐明中国立场、介绍反制措施，有力维护了国家利益和民族尊严，受到国际社会正义人士的普遍声援。值得一提的是，中央广播电视总台多语种主持人、评论员和网红，积极走向全球多个主流媒体的台前，通过视频连线、撰写稿件、接受采访、参与节目以及在海外社交平台发声等形式，强调中国立场，阐释中国采取反制措施的合理性和必要性，揭批佩洛西等美政客的虚伪嘴脸，向国际舆论场发出有理有节、有力有效的中国声音。

相较而言，民族主义在西方更有市场，且随着世界百年变局和世纪疫情交织叠加而走向极端化。如，2020年初我国抗击新冠肺炎疫情最吃紧的关头，西方不少社交媒体大肆冷嘲热讽，极尽幸灾乐祸、种族歧视之能事，公然将“新冠病毒”称为“中国病毒”；西方疫情失控，美英等国的网民又追随一些政客甩锅归罪于我国，大放“武汉病毒所泄漏论”“中国责任论”等污名化、政治化谬论；我国支援国际抗疫，又说这是“外交攻势”“图谋称霸”。对这种反华、恐华、仇华的极端民族主义言论，我国网民进行义正辞严的驳斥和反击，坚决有力地维护了民族尊严和国家形象。

值得注意的是，网上极端民族主义者时常与崇尚平民意识、批判精英群体、解构权威话语的民粹主义者合流，打着维护弱势群体、草根阶层利益的旗号，对某些负面敏感事件发表非理性、对立性言论，以贫富差距、身份悬殊等特征分辨“是非”，用“官二代”“富二代”“城管”“警察”“高管”等标签判断“对错”，将复杂的社会问题简单化、口号化，将一般的利益诉求扩大化、政治化，将正常的意见表达情绪化、集群化，导致网络舆论朝偏激、极端方向发展，甚至被敌对势力和别有用心者插手利用，趁机造谣传谣、煽风点火、扩大事态，把矛头引向党和政府，发动网上泛政治化炒作乃至网下群体聚集滋事，影响社会稳定和政治安全，损害党群干群关系。因此，处置此类舆情时，应提醒网民保持理性、节制愤怒，莫让“站队”取代“站对”，以免分化舆论、激化矛盾。

四、怀旧心态

怀旧是对过去的一种重构或思念、情绪或心结。作为一种正常的人类反应和特殊的心理现象，几乎每个人都会产生怀旧心理，适当怀旧也有助于内心平和；但正所谓过犹不及，如果沉湎于过去而否认现在和将来，就变成了心理病态。有的人因社会变迁、价值观改变或生活质量下降而产生失落感，不能积极调整心态、勇敢面对生活，而是逃避现实，陷入怀旧泥潭而无法自拔。更糟糕的是，一味怀旧会产生更大的挫折感和不适应，持续强化对过去的依恋，长此以往，恶性循环，个体与环境的隔阂便如同滚雪球一样不断扩大，形成病态的怀旧心理和行为方式，严重脱离当下生活。

时下，网民的怀旧心态主要表现为：不满当今社会存在的功利主义、浮躁心理和冷漠氛围，怀念20世纪五六十年代的坦诚团结与和睦相处，向往80年代的激情燃烧、浪漫主义和理想主义。有网络段子说："那时候天还是蓝的，水也是清的，猪肉是可以放心吃的，法庭是讲理的，结婚是先谈恋爱的，药是可以治病的，医生是救死扶伤的，拍电影是不需要陪导演睡觉的，公路是不收费的，上学是免费的，当官是为人民服务的……"这段子折射出一部分人的怀旧情绪。但以此比照当下社会现实，显然是不妥当的。

20世纪80年代，严格来说，应该是"文化大革命"结束后、改革开放逐步启动的1978—1988年这段时间，是全球化和商业化大潮逼近之前社会理想主义和思想启蒙运动的黄金岁月。著名媒体人马国川在《我与八十年代》一书中用"激情"一词来描绘那个年代的底色，认为"只有触动了灵魂，人们的眼神才会焕发出光彩。激情就是开启八十年代灵魂的钥匙"。著名作家查建英在《八十年代访谈录》一书中写道："八十年代的中国是一个人文风气浓郁、文艺家和人文知识分子引领潮流的时期。"简言之，20世纪80年代被认为是一个激情燃烧、浪漫理想的年代。

怀旧者多为中年人。他们经过半生拼博，普遍积累下比较稳定安全的财产，倾向于保住现有安稳生活，缺乏重新开始的动力乃至能力，不愿接受新的挑战，担心一旦出现变动，将来的收益可能弥补不了失去的东西，威胁现有的基本盘。于是，他们安于现状，不思进取，固步自封，乐得怀旧。若这种心态蔓延开来，整个社会就会弥漫着"接受平庸、放弃奋斗"的颓废悲观情绪，不仅会动摇中年人的进取心，也会传导给刚入职场的年轻人，损蚀他们为梦想拼搏的激情和斗志。当下流行的“佛系”“躺平”“摆烂”等消极心态，就是一种对未来没有预期、对上升缺乏欲望的“悬浮心态”，折射出部分青年面对各种压力和挫折时的迷茫、焦虑、无所作为，乃至看破红尘、悲观厌世。有社科专家指出，不排除这些心态背后有敌对势力的刻意推动，其目的无非是渲染某些现实的不可改变，解构和贬低积极向上、努力奋斗的意义，让年轻人慵懒散漫、不想干事，从而加剧阶层固化，造成社会断裂和共情鸿沟，甚至可能引发深层次结构性矛盾。因此，需警惕这种图谋成为“颜色革命”的“休闲版”。从国家长远发展看，此类提醒并非杞人忧天。因为，青年是国家和民族的希望和未来，青年兴则国兴，青年强则国强；如果青年人面对生活、就业、婚恋、生育、住房等压力，选择“佛系”“躺平”“摆烂”等方式来逃避，就不可能使他们肩负起应有的社会责任和国家担当。故此，把准当代青年的心态和呼声，加强对他们的关心关爱和价值观引导，激发他们为梦想而奋斗的力量，已成为赢得青年的重要而紧迫的命题。

社会学家普遍认为，人们的怀旧心理与社会主要问题紧密相关。国家行政学院教授竹立家将社会主要问题归纳为贫富分化问题、“三农”问题、腐败问题、失业问题和诚信问题。他认为，这五个具有颠覆性的社会问题，既是影响中国社会稳定和持续发展的“燃点”问题，也是我们“改革顶层设计”需要重点关注的问题，是“中国改革突围”的关键环节和突破口。只有这五大问题从制度安排上得到根本解决，我们才能获得一个稳定、和谐、可持续发展的价值和制度平台，才能有效解决教育、医疗、社会保障等公共服务问题。没有价值内涵和制度保证的经济增长，其发展结果有可能造就一个“失败的社会”，犹如快速行驶在路基不实的轨道上的高速列车，出轨是迟早的事。对此，我们要有忧患意识，保持清醒头脑，以改革创新激发社会发展活力。

在党中央高度重视保障和改善民生，努力促进全体人民共同富裕的新时代，随着竹立家教授担忧的“五个具有颠覆性的社会问题”的逐步解决，中国必将“获得一个稳定、和谐、可持续发展的价值和制度平台”，不断促进社会公平正义，不断完善公共服务体系，不断满足群众生活需要，使人民获得感、幸福感、安全感更加充实、更有保障、更可持续，从而使怀旧失望者越来越少。

五、弱势心态

弱势心态涉及多个主体。据调查，无论是扛着编织袋进城的农民工、拿着简历奔走在职场的大学生，还是月入上万的白领、生活稳定的公务员，都有不少人把自己归入弱势群体，贴上“弱者”标签，且这种心态有蔓延之势。

探寻这种弱势心态的心理根源，我们不难发现，人们最为痛恨和不满的，不是自身素质和技能的“无能为力”，而是在不公平、不公正环境下的“回天乏力”：曾几何时，有多少老实巴交的农民失地后生活没有保障而感到无可奈何，有多少劳苦功高的国企职工

网上反映社会不平等现象的漫画

下岗转岗丧失了生活来源而得不到应有救助，有多少勤勤恳恳的合同工接受的是比正式工少得多的工资，有多少没有背景的大学毕业生在“暗箱招聘”中目送拉关系走后门者胜出而自己黯然出局，有多少兢兢业业的公务员眼睁睁看着别人“又跑又送”突破了“天花板”而自己还在“原地踏步”……

这种种不公平现象造成的个人生存发展和社会地位的巨大落差，怎能不冲击善良民众的情绪心理？抱有弱势心态的人，如果处于求职受挫、苦累钱少、生活拮据、未来迷茫的困境，怎能不整天焦虑纠结、终日愁眉不展？他们当中，有多少人会感到失败、无助与绝望？有多少人会抑制不住愤怒情绪而报复社会？

社会心理学研究表明，人们觉得自己渺小和弱势，很多时候是因为面对那些自己无法控制的烦心事，使得迷茫感、焦虑感、无力感、不安全感、不稳定感等五味杂陈的弱势心态被成倍放大。

弱势心态蔓延是一种可怕的社会心理病变，如果越来越多的人都把自己当作被边缘化的弱势群体，就无异于越来越多的人对现实不满甚至产生怨恨情绪，而社会和谐稳定的基础就越不牢固。

毫无疑问，弱势心态的盛行与我国现代化、市场化、城市化的推进密切相关，既有合法竞争造成的弱势化，也有制度障碍导致社会不公形成的弱势化。而社会不公又多半是由于缺乏科学公正的人才评价体系和充分竞争的人力资源市场所造成。

不可否认，不同家庭背景的人，教育投入与产出的价值比例往往天差地别。同样是大学毕业求职，官员、富豪的子女更为容易，对寒门子弟很不公平。难怪“官二代”“富二代”“拆二代”“贫二代”“农二代”“打工人”等说法成为流行标签，“屌丝”“苦B青年”之类的自嘲充斥网络，“旭日阳刚”们的歌声总是充满无奈。而社会不公、阶层固化等话题，也不时伴随个案引发热议。

如，2012年4月18日，湖南湘潭市岳塘区委组织部通过区政府网站进行干部任前公示，其中不满21岁的“90后”女干部王茜拟任区发展改革局副局长，并上派到国家发改委办公厅跟班学习。因王茜本科学历和工作年限不符合相关规定，受到众多网民质疑诟病，如不足19岁就大学毕业、工作仅一年半就被拟提任区发改局副局长等。王茜也因此被网民戏称为“湘潭神女”。

网上有关“湘潭神女”的漫画

对此，湖南省有关部门高度重视，迅速查明：王茜是湖南省发改委重大项目办公室主任王达武之女，1991年10月出生，2008年高中毕业后到英国赫特福德大学（新加坡）学习，2010年10月被违规聘用为邵阳市城步苗族自治县发改局重点项目办工作人员，2011年11月调到湘潭市岳塘区发改局工作，2012年4月被区委违规确定为区发改局副局长拟任人选。结果，王茜的公务员资格被取消，副局长拟任决定被撤销；其父王达武被党内警告，免去主任职务；其他责任人也受到党纪政纪处分。

有网帖将“爱女心切”的王达武称为“湘潭神父”，评曰：“心急吃不了热豆腐，这回这个爹把闺女坑了！”中国社科院研究员张卓元认为：“一个靠‘拼爹’才能出头的社会，是没有希望的社会。上一代的资源优势必须通过公平的渠道进行传递，必须给底层的人看到向上流动的希望。”

2011年8月初，一位自称“做了15年老师”的网民发帖《这个时代寒门再难出贵子》，直击教育不公平现象，激发网上热议，引起社会共鸣。网帖称，现今成绩好的孩子更多出自富裕家庭。学生成绩好，除了家庭教养外，就是父母都舍得花钱买教育，送孩子去各种培训班，甚至请家教老师。教育资源分配不均，使穷孩子很难赶上去。就像日本动漫《银魂》所言：“与那些含着金钥匙出生的少爷们不同，有些人光是活着就已经拼尽全力。”

的确，父母一代的经济地位对子女教育的影响越来越大，一流大学中“寒门贵子”的比重逐年减少，各省高考状元也鲜有家境贫困的孩子。据《南方周末》报道，教育学者杨东平主持的“我国高等教育公平问题研究”课题组调查表明，中国重点大学农村学生比例自20世纪90年代中期以后不断下滑，到了2010年，北京大学、清华大学的农村学生占比已从2000年之前的三成降至一成。同样，城市普通家庭子女也难以进入一流高校。2004年，厦门大学教育学院课题组对全国34所高校生源状况的调查显示，与2003年相比，普通工人子女考入重点高校与普通高校的比例分别减少了7.9%和5.6%。

长期以来，我国教育投入总体上遵循城乡二元结构，农村学校的设施和师资远远落后于城市，农家子弟的高考分数很难与城里的同龄人比肩，致使草根寒门的逆袭之路举步维艰，贫困代际传递和阶层流动固化难以有效阻断。特别是自2001年以来全国大力推行撤点并校，农村学校由原来最多时的60多万所减少到20多万所，学校布局总体上出现“村空、乡弱、城挤”的现象，大多数“村小”被撤并，导致农村孩子上学远、上学难、上学贵，出现新的流失辍学和心理问题。即便没有被撤并的学校，其教学条件、师资水平、教育质量与城市相比，也有天壤之别。在城市，教育资源也并不均衡，优质资源集中在少数名校，成绩拔尖的或家中有权有钱有关系的孩子才能进入；大多数普通家庭的孩子，从“天价幼儿园”开始，就输给了富贵阶层。由此，马太效应日趋明显：出身越底层，上的学校越差；学校越差，越难找到好工作。

正因为存在种种不平等现象，处于社会底层的老百姓，尤其是切身感受过社会不公平现象的群体，往往不信任基层政府，存在严重的逆反心理。如，社会敏感事件发生后，政府新闻发言人如实发声，总有一些网民不敢或不愿相信，并将政府辟谣与“阴谋论”相联系，对官方信息作对抗式解读；相反，谣言传闻却说得有鼻子有眼，显得合情合理，成了所谓的“事实真相”，得以大行其道，混淆视听，蛊惑人心。

也正因弱势心态波及诸多群体，每当有反映社会不平等现象的文艺精品问世，总能引起广大网民的高度关注与强烈共鸣。如，2023年7月19日，沉寂多年的歌手刀郎发行新歌《罗刹海市》，立即在网上“火爆出圈”，短短20天时间内斩获300亿播放量，傲视群雄。这首歌之所以“爆红”，除了其独特风格和歌手深情演绎，还有一个更重要的原因，就是歌中描绘的美丑颠倒、价值错位等现象，反映的是人们对于公平正义、善良美好等基本价值的追求和呼唤。这是众多抱有弱势心态者的共同情绪，也是这首歌深受欢迎的关键所在。

也许与工作压力大有关，不少公务员也深感幸福指数并非人们想象的那么高，甚至把自己归入弱势群体。2011年5月8日《羊城晚报》关于官员自杀的专题报道称，公务员上升渠道单一，只有当官一条路，眼看其他同事升官了，自己却原地踏步，心理负担自然加重，加上工作压力大，得抑郁症自杀者明显增多。当然，也有一些官员涉嫌腐败，畏罪自杀（从法律上讲，主要线索断了，所有责任就都免除了）。特别是网络反腐风起云涌的当下，全天候探照灯无处不在，腐败“隐身人”更加难以藏身，惶惶不可终日。

据媒体不完全统计，2003年8月至2014年4月，我国被各级官方认定为自杀的官员达112人，涉及26个省份，其中省部级官员8人，厅级官员22人，处级官员30人，处级以下官员52人。

不少专家在探究官员自杀原因时，都提到了压力问题。在社会转型期，许多官员原有的领导模式、思维方式急需与时俱进，自身又面临晋升压力，加上日臻完善的督查、巡视、问责机制，给他们带来持续的心理紧张和负面情绪，进而影响身心健康。

“有些突发事件发生后，部分官员缺乏危机处理经验，让自身陷入了能力和心理的双重危机，不但要手忙脚乱地处理善后事宜，还要承受来自上级和社会的压力，这也可能成为官员自杀的原因。”北京大学政府管理学院教授李成言如此分析。

李毅中担任国家安全监管总局局长时，经常紧急飞赴各地指挥重大事故灾难处置。他曾对媒体坦陈心迹：“天不怕地不怕，就怕半夜来电话。”这也吻合多数官员的同感：压力太大。

《人民论坛》杂志曾调查全国100多名官员的心理状况，发现80%以上的官员特别是基层官员心理压力较大，存在一定程度的心理失衡、情绪低落和精神压抑。其中，64.65%的受调查者认为，官员压力主要来自“官场潜规则对个人政治前途的影响”，并由此导致少数干部心理失调，产生易怒、焦虑、抑郁等不良情绪，有的甚至万念俱灰、精神崩溃。于是，部分心碎绝望的官员，即使拥有光鲜的身份、体面的职业、稳定的收入，还是选择了纵身一跳或束颈上吊，扔下妻儿，抛弃功名，去了另一个世界。

无疑，不良心理会影响身体健康和工作绩效。故此，中央组织部于2018年8月下发通知，要求认真做好干部心理健康管理工作。各级职能部门既要建立多功能多层次干部心理健康服务机制，教育和帮助干部疏解压力、改善情绪、调整心态，以政德之心励己，以平常之心待己，以公仆之心律己，以包容之心慰己，以进取之心悦己，又要大力推进干部选拔、培养、管理、使用工作制度化、规范化、常态化，让讲政德、敢担当、善作为、出实绩的高素质专业化干部脱颖而出、得到重用，从而使每一位干部都相信规则能战胜潜规则、风骨远胜于媚骨，并切身感受到选贤任能的公正氛围，始终保持积极进取、乐观豁达、平和从容的阳光心态。

弱势心态呼唤社会公平正义。只有回应呼声，用科学的制度和合理的规则创造公平发展的空间、共建共享的平台，打破阶层固化，为社会成员拓展通过公平竞争实现生活改变和地位上升的渠道，并对因自身能力不足而陷入困境者提供基本的社会保障，才能让更多感到“无力无助无奈”的人们重新燃起希望，改变人生命运，走出弱势阴影。

人们有理由坚信，随着社会制度的日益完善，我国必将迎来一个更加遵规守法、公平正义的社会，将会有更多的人通过合法竞争、有序流动和社会救助，消除弱势心理，实现阶层跨越。

★★★

可喜的是，在长期网络舆论的浸淫和洗礼下，我国网民的社会心态日臻成熟理智，呈现出三大积极变化：政治认同感、民族自豪感、制度优势感以及自信心、凝聚力和向心力大为增强，在涉及国家主权及民族利益的问题上，立场态度和情感倾向高度一致；对舆情事件的看法趋向多元、开放、包容、辩证，发帖、跟评更加注重事实、讲究说理，客观冷静、理性平和、乐观向上的声音持续加大，极端化、情绪化的语言暴力大为减少，网络舆论场自我净化、自我平衡、自我纠错功能逐步彰显；人类命运共同体意识日渐提升，越来越多网民敢于对霸权主义、单边主义亮剑发声，并为应对全球问题建言献策。如，2020年7月下旬，我国要求关闭美国驻成都总领事馆，以反制美国此前关闭我国驻休斯顿总领事馆。一些国际媒体关注到，我国多数网民的反应，不同于以往中美关系出现重大波折时，通常用悲情方式来表达情感，这一次更多表现出泰然处之的态度，甚至有一些幽默感，让人感受到一种自信与从容。又如，2021年广州“5·21”疫情发生之初，经常喝早茶的“零号病人”郭阿婆成为疫情传播扩散的关键人物，但网上并未发生“人肉”她的情况，反而出现了“广州人不是在喝早茶就是在喝早茶的路上”的幽默调侃，折射出向上向好的社会心态。网民心态的可喜变化，根因于党的坚强领导和社会主义制度的独特优势，有赖于我国保持改革发展稳定的良好势头和成功应对中美经贸摩擦、香港“修例风波”、新冠肺炎疫情等一系列重大事件的突出表现，取决于我国综合国力和国际地位的持续提升，有利于疏导不良舆情，营造清朗网络空间。而从社会治理、国家进步的角度看，民众良好的社会心态也是一个国家重要的软实力。

令人担忧的是，在流量争夺战日趋白热化的市场竞争中，越来越多大型商业网站、资讯客户端、短视频平台追求技术至上、智能主导，倚重为用户画像、投人所好的“读心术”——个性化算法推荐，改写了信息传播的逻辑和规则，为众多用户构筑了内容窄化、结构失衡的“信息茧房”，使他们长期生活在“算法黑箱”操控的信息单一、观点相似的认知环境里，沉浸在自己“感兴趣”的事实或意见之中，容易导致认知固化、观点极化，只相信自己想要相信的信息，只赞成吻合自己意愿的观点，而对于不符合自己思想立场、价值追求和兴趣爱好的信息或言论，则选择性失语或反对，从而封闭在个人情绪和偏见的“隔离墙”之内、“回声室”之中。长此以往，这种“千人千面”“信息偏食”的内容消费形态，必然会扩大执迷人群，强化排他心理，滋长圈层隔阂，制造群体对立，撕裂社会共识，挑战主流意识形态的认知统合，对冲主流新闻媒体的舆论引导，不利于网络舆情应对和敏感事件处置。为此，既要督促互联网企业履行信息审核把关主体责任，反对“技术中立”，坚持“技术向善”，用主流价值导向驾驭算法，不断调整优化信息提取、匹配、推送的数据模型，辅以高效召回功能，让算法承载着正确导向和伦理规范，更好地分发优质内容，努力实现负责任、可信赖的算法，又要教育引导广大网民提升网络媒介素养，培养拨开迷雾、客观分析、甄别真伪、明辨是非的能力，始终保持清醒、独立和思辨，避免被破碎无序的个性化信息投喂而迷乱双眼、窄化视野、固执己见、扭曲心理，导致价值观偏失，对自身造成误判和伤害，进而消解社会群体的思想认同、价值共识和行为准则，影响意识形态安全和政治安全。

[阅读延伸]

突发事件中社会群体的心理特征

当下中国，经济社会深刻转型，阶层利益分化，价值观念多元，社会心理偏激，风险隐患丛生，突发事件频发，致使网上舆情触点多、燃点低、扩散快、烈度强，极易使个别风险演化为综合风险、局部风险演化为系统风险、一般风险演化为政治风险，威胁社会政治稳定和意识形态安全。综观突发事件导火索和网络舆情风险点，主要有下列七类重大敏感、易燃易爆问题：

一是“三农”（农业、农村、农民）问题，如农村土地征用、村务财务管理、村党支部和村委会选举、基层干部贪腐等；

2009年6月17日至21日凌晨，湖北石首市发生因一酒店厨师坠楼死亡导致的数万群众围观起哄、堵路、与警方冲突的大规模群体性事件。图为群众与警方对峙现场

二是劳资关系问题，如企业拖欠工资、欠缴社保费、劳动保护不力以及停产、关闭、搬迁等；

三是环境保护问题，如涉垃圾处理、化工、核电、煤电、输变电站、高速公（铁）路、殡仪馆、监狱、传染病院等设施建设以及环境突出问题、重大污染事件等；

四是执法司法问题，如对法律、法规、政策执行的监督检查、行政处罚（强制、稽查）以及案件审判等；

五是教育医疗问题，如招生考试、教材更换、学校撤并、就业安排、医疗保障、医疗事故、医患纠纷等；

六是房地产问题，如逾期交楼、货不对板、质量粗糙、霸王条款、违规销售、开发商“暴雷跑路”等；

七是新兴经济问题，如涉众型互联网金融案件等。

上述七类问题，涉及群体范围大、影响面广、敏感度高，一旦引发突发事件，极易成为社会关注的焦点，激起网上网下围观群体的不满情绪，增加处置难度。

2014年3月中国青年报社会调查中心对8万多人进行的调查显示，93.4%的人认为当今社会情绪化问题严重，87.5%的人坦言自己在日常生活中就有情绪化表现，一点小事就能让情绪爆炸。

从网络舆情分析可见，情绪化的人爱给别人“贴标签”，看问题容易走极端。在他们同声相应、同气相求下，任何一起偶发个案，都可能被无限放大成公共事件；任何一种对社会的不满情绪，都可能发酵演变成群体泄愤；特别是涉及官员、警察、城管、医生、教师、富人、上访者、拆迁户、小商贩、农民工、军退人员等身份的突发敏感事件，极易在“选边站队”思维下掀起“扶弱抑强”的舆论巨浪。近年来，凡是与官员相关的腐败、绯闻、失言以及执法粗暴、司法不公等问题，总能引发网民热议，且几乎众口一词谴责涉事官员、抨击监督机制。

社会心理学研究表明，个体参加群体行动时，由于匿名、模仿、感染、暗示、顺从等心理因素的作用，会不断强化群体认同感和归属感，逐渐丧失理性自控力和道德责任感，呈现出情绪冲动、言语偏激、攻击性强等特征，使自身言行朝着群体情绪化、极端化方向狂奔，瞬间滑入失控境地。

因此，要妥善处置突发事件及相关负面舆情，就必须准确把握、及时化解涉事群体的不满情绪，防止生发冲突大火和舆论风暴。根据有关专家研究成果，结合个人认识体会，笔者认为突发事件中社会群体的心理特征主要有如下五点：

一是借机发泄心理。我国经济正处在深刻转型期，不同群体收入差距较大，许多人因工作生活压力大或受过不公正对待，产生了被剥夺或被排斥心理，逐渐淤积成对现实的不满情绪乃至泄愤动机；某些地方基层官员存在行政不作为、乱作为，损害了群众合法权益，而信访、调处等诉求表达、利益协调、权益保障渠道又不够畅通和有效，矛盾纠纷难以及时得到化解，使得一些人感到“无处伸冤”“无路可走”，转而“信网不信访”，选择激进手段，在网上围攻相关部门、发泄怨恨情绪、施加语言暴力，甚至成为网下极端案事件的实施者或群体滋事行动的煽动者和参与者。

从现实情况看，不少参与群体性事件的群众，并非被所谓“别有用心的人”煽动利用，而是基于对他人抗争诉求的“切己性”认同，出于同情和义愤，自发聚集到一起。人群中，很多人与事件本身没有任何利益瓜葛，既不是当事人的朋友，也非其亲戚，完全是被他人负面情绪所感染，或者联想到自己曾经遭遇的不公，一念之间临时起意加入的。也有少部分参与者并非纯粹借机泄愤，而是为了拷问真相，坚守良知，促进社会公平正义，体现个人价值追求。有学者将这两种人称为“非直接利益群体”。

如，2008年6月28日发生的贵州瓮安事件，104名参与打砸抢烧县委县政府、县公安局大楼的青少年，都是一时冲动做出违法之举。他们不问初中女生李树芬之死的真相如何——究竟是其本人悲观厌世跳河自尽（鉴定为溺水死亡），还是被官二代奸杀抛尸灭迹，他们只想借机发泄对瓮安县“政府税收增加了，教育、卫生条件却跟不上”

贵州瓮安事件群体聚集现场

等问题的不满。所幸当地政府痛定思痛，深刻吸取教训，增进民生福祉，很快重新赢得群众肯定。据2014年1月29日《人民日报》题为《瓮安知耻后勇得民心》的报道称，瓮安事件以来的5年间，这个以矿产富甲一方的县先后投入教育、卫生等民生经费44亿元，群众满意率超九成，保持社会和谐稳定。

又如，广东潮州古巷事件和广州增城新塘事件，相隔仅几天时间（分别发生在2011年6月6日和11日），前者起因是个人暴力讨薪被老板叫人持刀砍伤，后者则是孕妇街头摆摊被治安队员驱逐时倒地，均属涉及个体利益且不难处置的偶发孤立个案，但最终都酿成外省籍农民工联动参与的大规模群体聚集骚乱事件。究其原因，就在于平时对社会现实不满，特别是对与自身利益攸关的户籍、用工、收入分配等制度不满的部分外来工，趁机煽动情绪、滋事泄愤，试图以激烈、极端方式博取政府重视，争得更多利益。

有媒体评论指出，广东发达地区本地居民与外来工之间的矛盾由来已久。如，有的本地人认为，治安、生存环境恶化乃至家庭不和，都或多或少与部分外来工的个人行为有关。潮州、增城外来工群体滋事事件发生后，当地人都自发组织了自卫队。

广东潮州古巷事件现场

古巷村民组织集体自卫队

在不少外来工因对社会现实和自身状况不满而存在焦虑悲观情绪的当下，公司管理不善或高层言语不当，也可能激发劳资矛盾。如，2020年9月4日，江苏昆山世硕电子厂培训部负责人将员工证扔到地上，新员工只能弯腰去捡的视频在网上大量传播，引起全厂员工强烈不满和广大网民愤怒声讨，直到厂方向员工认错致歉，并开除两名涉事者，这场“践踏员工尊严”的扔证风波才渐趋平息。又如，2012年4月18日，央视网报道称，广东佛山南海强群公司鞋厂要拆迁，工人不同意到两公里外的强群公司的子公司上班，要求厂方给予必要的补偿。但4月16日林姓副总经理答复工人时却大爆粗口：“不想做就滚，你们的脑子里装的都是大便！”一语触犯众怒，全厂200多名工人随即罢工抗议。

广东有3000多万外来工，是外来工大省。在大流动、大变革时代，如何让外来工融入工作地不断发展的工业化、城镇化图景中，是今天社会治理急需破解的重大课题。有媒体呼吁“全面给予外来工‘国民待遇’，消除滋生‘族群冲突’的土壤”。但对此良好愿望，本地人未必“买账”。因为对他们而言，公共服务和福利待遇可能仍然保障水平低、覆盖面窄，甚至因诸多不公加剧了买房难、上学难、就业难、看病难等老大难问题。如果外来工再来“分蛋糕”，竞争工作岗位，瓜分社会资源，本地人难免会有怨气。

二是逆反对立心理。某些重大敏感事件发生后，政府部门出来“辟谣”或“定性”时，有的网民不“买账”、不“领情”，说什么“本来不相信谣言，政府一出来辟谣，大家就信谣了”，甚至将政府的解释说明疑为掩饰真相、推卸责任，导致“辟谣”或“定性”不仅难以达到安抚人心的目的，反而起了火上浇油的作用。诚然，也有一些政府部门以“辟谣澄清”为名，行“掩盖隐瞒”之实，最终却被查实证伪，从而损害了政府的权威性、公信力，助长了网民的怀疑、逆反和对立心理。正如网上戏谑之言：“谣言，有时是遥遥领先的预言。”

如，2010年12月25日，浙江温州市乐清市蒲岐镇寨桥村前村委会主任钱云会死在重型卡车车轮之下。几小时后，其尸体照片在网上广为传播，掀起热议。由于他曾长期上访，状告当地有关部门在土地纠纷中胡作非为，因此不少网民怀疑他遭人报复。乐清警方迅速查明并在官方微博宣布，这是一起交通肇事致人死亡案。但许多网民不信这一说法，在该微博2.5万多条跟帖中，大都是质疑的声音。直到当地政府组织多名意见领袖参与案件调查，得出与警方大致相同的调查结论后，网上质疑才终告平息。

又如，2019年3月13日，成都七中实验学校家长聚集抗议食堂食物霉变事件发生后，当地警方通报了社会上个别人制造食物霉变假

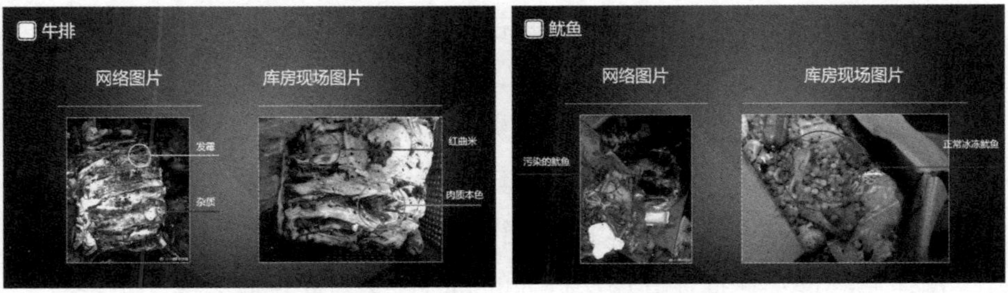

网传食物霉变造假图片（左）与样品检测图片对比

照片、散布有家长因学生长期腹泻而跳楼身亡谣言等情况，但仍有一些人表达新一波的质疑和不满，坚持认为“我不信！不可能！”

这就像一些受众对待媒体新闻的态度：正面报道特别是表扬政府和官员的，无论多么真实客观，都会被质疑为“擦鞋、吹牛”的“水货”新闻；而对负面报道，即便内容虚构，也不会怀疑有假，总是比正面报道传得快。受众多半相信，媒体开展舆论监督，不会也不敢造假，因为都知道虚假不实报道要吃侵权官司、道歉赔钱，有损媒体公信力，实在是得不偿失。

这种“政府说什么网民都加以怀疑的习惯”，即“习惯性质疑”，暴露了地方和基层政府普遍存在的公信力缺失问题。正因如此，地方发生的个别复杂敏感事件，往往只有由上级主管机关直接主办，才能真正赢得公众对政府依法公正处置事件的信任与支持，最终平息社会舆论的质疑和紧盯。如，2020年初新冠肺炎疫情阻击战中，针对武汉刑满释放人员黄某英进京事件引发的各种传言，司法部、北京市、湖北省分别展开调查，并及时公布调查问责结果，有力化解了舆情危机。

网民对社会个体的言行，也存在逆反心理。如，2011年6月，有“中国炫富女”之称的郭美美，自称是“中国红十字会商业总经理”，在微博上频频炫耀其价值200多万元的豪华跑车和多款名贵手袋，引发舆论轩然大波。即便中国红十字会随后澄清与她毫无关系，公信力仍然严重受挫，导致社会捐款量暴跌。但不少网民都羡慕郭美美的拜金取向和求名方式，认为这便是生活的价值、人生的成功；而无辜受到牵连、信誉损失惨重的红十字会却被推上舆论的风口浪尖，成了众矢之的。2014年7月9日，郭美美因涉嫌开设赌场罪被北京警方抓获（同年9月10日被判刑5年），一些网民同样表现出矛盾心理：在批评其违法行为的同时，又对此饶有兴味，觉得其做法越离经叛道越吸引人。

对此，北京大学中文系教授张颐武发文认为，郭美美是这些年网络“红人”现象中的一个典型代表。这些“红人”常常是一些年轻人，言行举止虽有争议，却释放了一些公众并不明确的“无意识”。谁都知道贪慕虚荣和拜金炫富显然不是社会的主流价值，但郭美美们的举动同时也释放了一些年轻人的压力和困扰，让他们得到一种宣泄，容易将自己的一些想象投射在郭美美们的身上。一些年轻人在“无意识”中强化了扭曲的价值观：一是扭曲的成功观，认为不管怎样，有名有利就是“成功”；二是扭曲的消费观，信奉物质至上，追求享乐和炫耀性消费。这些负面的价值观对于年轻人的影响，既不必高估，也不可小觑。这次郭美美赌球被抓，说明做人要有底线，出位的言行和畸形的价值观会把人引向不归路（2021年8月，刑满释放后的郭美美又因违法销售有毒有害食品罪被判刑2年6个月）。

张颐武教授的评析道出了当下存在的炫丑审丑现象。炫丑者以丑为美、以非为是，觉得只要能求得名利可不论方式，只要能享尽豪奢可不择手段。审丑者中，有的面对纷繁奇异世象失去对原有理想、信念、价值的坚守，对一些功利、低俗、丑陋、怪异行为表现出一种无原则、无底线的宽容和接纳；有的则通过审丑来满足畸形欲念，甚至借此宣泄不良情绪。这种错位的美丑观，对是非辨别能力不足的青少年树立正确的人生观、世界观、价值观、道德观带来严重负面影响。

如，2014年8月6日《华商报》报道称，5月26日行窃时被抓的“80后湘西女贼王”唐飞燕接受记者采访时透露：“我从2008年开始作案，如果偷的是贪官，他们一般不会报案，而且也不算违背良心。我专门偷官员办公室，基本都是厅级。在浙江丽水被抓，是因为在丽水一个银行行长的办公室偷了四五块手表，有欧米茄、雷达什么的。”她被抓后向公安机关举报两名被盗事主家中有大量高面额购物卡和奢侈物品。此事迅速传开，不少网民把唐飞燕称为“女

“80后湘西女贼王”唐飞燕

侠”，评价其“盗亦有道”，呼吁司法机关为其减刑，理由是其行为存在“劫富”和“反腐”的客观效果。对此，《南方都市报》评论称：“一个公平正义的社会，断然不是指望靠‘女侠’们建立起来的。‘女侠’只存在于没有法则的丛林社会之中。更可以设想，如果鼓励这样的“女侠”去肃贪反腐，那么，谁又来监督这些所谓的‘女侠’？指望她们反腐，就如同回到明代用特务治理腐败的旧式制度里。显然，这是社会的倒退。”

又如，2021年7月31日“顶流明星”吴亦凡因涉嫌强奸罪被北京市朝阳公安分局依法刑事拘留后，他的“粉丝”们仍旧对他“不离不弃”，居然创建“吴亦凡救援群”，号召“粉丝”们利用探监之机集体劫狱、营救偶像，并扬言吴亦凡系加拿大籍，不应受中国法律约束（2022年11月25日，吴亦凡被北京市朝阳区人民法院以强奸罪、聚众淫乱罪判刑13年）。如此颠倒是非、荒唐可笑的“盲目崇拜”“无脑护主”行为令人不可思议，表明娱乐圈“饭圈”文化的畸形发展已到了扭曲价值观、煽动对立情绪的地步，必须对资本造星、无底线追星进行深入治理，从根本上刹住危害青少年健康成长的娱乐圈乱象。

当今信息爆炸时代，碎片化、快餐式阅读成为时尚，炫丑审丑、猎奇窥私、娱乐至死心理泛滥成灾，夺人眼球的标题、惊悚刺激的图像、荒诞怪异的情节、出格反常的言论、戏谑经典的恶搞等，总能获得大量点击。这种只求关注、博取流量的传播行为，低级趣味、满足快感的取乐需求，带来的结果就是知识的浅薄、思考的瘫痪和精神的枯萎，以及对主流意识形态传播权威性、严肃性和影响力的侵蚀弱化。

三是自我表现心理。每个人从小就或多或少怀有表现自我的欲望和崇拜刚毅勇敢的英雄情结。尤其是个人进入群体后，总会自觉不自觉地希望得到“出人头地”“一呼百应”的表现机会。如，在群体滋事聚集现场，不少人心里都想抛头露面、发号施令，成为众人心目中“一呼百应”“敢说敢干”的“英雄好汉”，从中收获一种自我满足的“成功感”；而此时，急于表现者一旦被群体推举为头目，往往就会头脑发热、忘乎所以，甚至变得野蛮无知、残暴无畏，非要干出一番惊天动地的“大事”不可。

但在网络发动的群体抗争事件中，并非所有事件都由某个组织或个人策划推动。如，2018年11月中旬引爆的法国“黄马甲”运动，虽然源于一位司机在脸书上发布的一段反对加征燃油税的视频，但由此引发的11月17日近30万人身穿黄马甲上街抗议行动，却没有明确的领导者和组织者。参与者普遍期望坚持行动的自发性质，认为不可选出行动的领头羊，否则会使内部出现等级，导致行动变质。因此，网络抗争既可能是精心组织、巧妙动员，也可能是各方互动中“意想不到”的产物。

四是盲目从众心理。法国著名社会心理学家古斯塔夫·勒庞在《乌合之众：大众心理研究》一书中深刻阐明了群体的心理特征：“聚集成群的人，他们的感情和思想全都转到同一个方向，他们自觉的个性消失了，形成了一种群体无意识心理。”“群体中累加在一起的只有愚蠢而不是天生的智慧。”这种群体极化效应叠加的“愚蠢”，驱使同一现场的群体出现情绪化、无异议、低智商等特征，忘了理性思辨和客观分析，容易听命于一切暗示，被极为简单而夸张的情绪所左右，变得轻信、盲目、冲动、狂热、偏执和专横，不能容忍对立意见。于是，“他们不再是原来的自己，已经完全沦为一个不受个人意志控制和支配的玩偶”，就像“傻瓜、低能儿和心怀嫉恨的人”，在摆脱了自己往常那种卑微无能的心理之后，会释放出一种肆无忌惮、残忍、短暂而又巨大的能量，导致极端暴力事件的发生。

勒庞对个体聚集成群体的心理描述，在突发群体性事件中表露无遗。许多参与者，根本意识不到事态的严重性，也不清楚自己的动机和目标，往往只是“看着别人跑过去，我也跟着跑过去了”，纯粹为了“满足好奇心”或“体验跟风参与的快感”。正是这种不由自主的群起效仿心理，令群体中的个体完全失去对自己行为的辨别力与控制力，常常使一个起因简单、偶发孤立的小事件，在很短时间内引发几千甚至上万人到场围观，从而积聚起巨大的群体能量。如果这种能量得不到及时有效疏导，就可能很快爆发围观群众与事件强势方或处置方之间的肢体冲突乃至打砸抢烧行为。

这种群体无意识的盲从心理，是每一个族群与生俱来的先天秉性。众人皆知，在公共场所，无论是否有危险发生，如果出现尖叫、集体跑动等异常现象，大多数人的第一反应都是跟着跑。如，2019年5月17日，深圳地铁7号线一辆列车行至华强南站时，两名在车厢内拍摄视频的男子突然发出“卧倒”等叫声，引发周围乘客慌忙逃离车厢。两人随即被警方控制。从人的本能看，对突发异常情况保持足够的警觉是自我保护需要；但过度的恐慌反应，常常会导致比事件危害更为严重的后果。事实表明，在突发公共安全事件中，有的人员伤亡并不是事件本身造成的，而是由于现场群体慌乱无序、挤压踩踏所致。

盲从心理也表现为怂恿跳楼式的冷漠和麻木。如，2014年6月26日上午，陕西省汉中市女子刘某因债务缠身爬上高楼准备跳下，公安消防闻讯赶来营救，遭到大批围观者起哄。人群中，有许多小学生跟着成年人高喊："跳啊，赶紧给我们跳啊！别吊人胃口啦！"在僵持1小时后，消防救援人员趁刘某不注意，一把抓住她的胳膊，将她安全解救下来。又如，2018年6月20日，甘肃省庆阳市19岁女生李依依（化名）因患抑郁症从百货大楼8楼跳下身亡。在消防员劝导她的3个多小时僵持中，不断有围观者催跳并直播，"怎么还不跳""要跳赶紧跳""不跳不是人""1秒能解决的事情，别耽误大家的时间"之类的高叫声不绝于耳，甚至视频直播配发的文字赫然写着"1、2、3，跳！"。最令人心寒的是，女孩跳下后，居然有围观者幸灾乐祸、大笑鼓掌！近年来，这类让人不忍耳闻的冷血言行，屡屡出现在媒体报道的"围观催跳"事件中。面对轻生者，围观者非但不以悲悯之心去劝导，反而集体无意识地当成一种刺激的娱乐方式，间接充当了催命的"刽子手"。如此不分是非、亵渎生命的围观取乐行为，一览无余地暴露了人性的阴暗、麻木和冷酷。试问：在社会成员之间，一群人向一个欲跳楼轻生者怂恿"赶紧跳"，还有比这更丑陋、更可怕的盲从心理吗？

大量群体性事件表明，真正对群体行为起决定和支配作用的不是智力因素，而是无意识情感；在人群中，一旦趋群心理和羊群效应形成，个人约束往往让位于群体的非理性行为，酿成群体性的道德失范、法律失守。

五是法不责众心理。法不责众是潜存于不少人观念中的一种心理，也是一定程度上存在的社会现象和法律适用的疑难点。这种心理在我国流传久远，危害甚广，如中国式过马路、车祸现场哄抢物资、网络人肉搜索和谣言传播等就是典型表现。

个人之所以参与群体性事件，法不责众心理起了重要作用。许多人认为，只要混在群体中，即使自己和其他人做错了事，也多半不会受到惩罚；而且参与者越多，受罚的可能性会越小。群体行动中个体的去身份化和责任感缺失，是这种法不责众心理产生的根源。

法律规范不合理、执法不严等，也是滋生法不责众心理的重要原因。有的法律条文过于笼统，缺乏“令易行、禁易止”的可操作性，或者严重滞后于社会发展变化，难以对各种利益关系进行妥当调整，使违法犯罪的行为人未能受到惩处，从而失去“责众”的可能性。面对群体违法犯罪事件，某些时候执法人员可能会“怕麻烦不想管”或“怕闹大不敢管”，导致社会公众对法律尊严的轻视与麻木，助长“众力可抗法”的气焰。

在法不责众和盲目从众心理作用下，第一个人的行为几乎决定了整个群体性事件的行为走向。这就是法律要对滋事首要分子予以严惩的理由所在。然而，法律更多的是事后惩戒，对于遏制现实中这种法不责众心理的形成，作用相对有限。

当然，群体性事件频繁发生，除了社会转型期矛盾问题凸显、群众民主意识和维权意识增强外，还有一个重要原因，就是传统上访或依法维权方式效果有限，往往是“大闹大解决、小闹小解决、不闹不解决”。于是，当事群体试图以堵马路、堵党政机关大门等“大闹”方式扩大声势，博得社会舆论关注、领导批示查处。

另需指出的是，在情绪感染、行为模仿方面，专家学者们普遍提到了“媒体播报的传导效应”。他们认为，一些媒体对极端案事件的连续性报道，特别是对犯罪细节和方法的详尽描述，客观上起到了渲染暴力手段的效果；对应急安全防范措施的过度解读，则加剧了社会公众的恐慌情绪；同时，借助新媒体的快速集中传播，暴力事件容易诱发恶意效仿，引燃其他地方的类似矛盾。因此，在群体暴力事件舆情处置中，应当对有关网络意见领袖、知名公众人物的言行进行合理劝导与依法规范，尤其要警惕一些别有用心的人利用新媒体操控舆论风向，煽动对立情绪，助推事态升级。

但不可否认，社会永远都有抱怨和牢骚，且会随着具体事件释放。而去中心化、言行尺度相对自由的网络，正充当着社会成员情绪宣泄、心理释压的“出气筒”。很多时候，网上大量的多方吐槽、激烈的观点交锋、快速的热点转换等现象，就是不同群体的网民借助网络事件宣泄焦虑、抑闷、不满心理所致。这在一定程度上能有效减轻社会负面情绪积聚爆发的压力，有利于调适社会关系，缓和矛盾冲突。因此，应善于发挥网络表达对公众情绪、社会矛盾的“减压阀”功能，宽容公众过激心理，顺势疏导不良情绪，而不是一味封堵网络这个公众情绪的主要宣泄口，将其围堵成一个危险的舆情“堰塞湖”。

带兵打仗，谋略为上。善用谋略，尚巧善变、攻守得当，方能稳操胜券；不善谋略，勇猛有余、战术不足，多半铩羽而归，甚至全军覆没。

伟人毛泽东是善用谋略的典范。1934年，他提出著名的“过河论”：“我们的任务是过河，但是没有桥或没有船就不能过。不解决桥或船的问题，过河就是一句空话。”以“解决桥或船的问题”比喻谋略的重要性。可见，在网络舆论的汪洋大海中，只有掌握舆情应对的“桥或船”，才能趟过“巨浪旋涡”，避免“舟倾人坠”，到达胜利彼岸。

3 第三章 舆情应对技巧

舆情应对，考验的是涉事主体把控纷繁信息、主导舆论议程、平复公众情绪、凝聚社会共识的能力和水平。重大突发公共事件发生后，面对社会关切、舆情汹涌，涉事主体不光要有稳妥、高效的处置措施，也要祭出回应关切、化解舆情的锦囊妙计，以求达到“事件处置与舆情应对相得益彰”的理想效果；否则，网上舆情应对不当，势必影响网下事件处置。换言之，舆情应对是事件处置的另一个战场，两者相辅相成、共损共荣、缺一不可，必须有机衔接、联动推进、同向发力，避免次生舆情，助力事件处置。

舆情应对方法主要包括监测研判、要情通报、应急响应、信息发布、舆论引导、媒体公关等。方法正确，事半功倍；方法不对，努力白费，甚至事与愿违，平添负面舆情，加大处置难度。

工欲善其事，必先利其器。但要打造舆情应对的必备利器，也并非易事。因为，网上舆情多元复杂、瞬息万变，难以找到包打天下、通盘适用的“一揽子方法”，也罕有“一击必杀”“一搏必胜”的“撒手锏”；只有把战略的稳定性与战术的灵活性有机结合，摒弃教条主义和经验主义，审时度势、识变应变，对症下药、有的放矢，才能把棋走对、把路走通，确保有条不紊、灵巧高效。

笔者遵循“时、度、效”的原则要求，朝着“实战、实招、实效”的唯实目标，从多年实践体悟中总结提炼出网络舆情应对七大基本技巧。现结合实例，逐一呈现——

一、首发新闻要有时限，实话实说并非全说

当今移动自媒体时代，每个人的手机都成了便捷的信息接发端，体制内媒体的话语权垄断被打破了，原先“沉默的大多数”被“去中心化”的网络传播所激活，催生出难以计数的业余记者，到

处都是信息的源头出口和舆情的发酵温床。因此，重大突发公共事件一旦发生，几乎都捂不住，往往随即就有网民通过自媒体进行直播，或者用手机将现场图片、视频和相关信息发到微博、微信、抖音上，几分钟后就有网媒转载，几小时内就能形成爆发式传播、亿量级关注，且常伴有情绪宣泄、意见纷争乃至抱团站队等非理性现象，对舆论场造成很大影响。新华网舆情监测显示，当今80%以上的重大社会热点事件均始于自媒体和社交媒体首发扩散，微博、微信、抖音的交织传播已成为引爆舆情的标配。

如，2016年4月5日凌晨，杭州女子“弯弯”（网名）将自己3日晚在北京和颐酒店遭一陌生男子袭击的经历和监控视频上传微博，随即得到众多大V和普通网民转发、评论，掀起全网舆情热潮，短短3小时内微博阅读量突破1亿次、微信等社交媒体讨论量逾20万条（至6日17时，微博相关话题阅读量达13.6亿次，全网相关信息220万条、评论197.6万条），令涉事酒店和相关部门猝不及防，直到酒店公开道歉，公安抓获嫌犯，舆情才告平息。

杭州女子“弯弯”在北京和颐酒店遇袭引爆舆情

又如，2014年3月1日晚，云南昆明火车站发生暴力恐怖袭击仅7分钟，就被自媒体抢先报道，令这起造成31人死亡、141人受伤的暴恐事件，顿时牵动全国公众的目光和心绪。值得肯定的是，当地政府部门及时主动发布事件原因、伤亡人数、捕获嫌犯、加强安

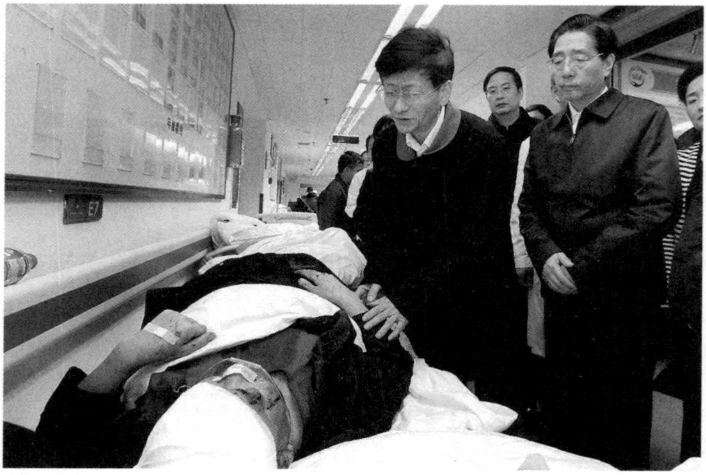

昆明火车站暴恐事件发生后，有关领导赶到医院看望伤者

保等重要信息，最大限度压缩了谣言传播空间，迅速消除了群众恐慌情绪，牢牢掌握了舆论主导权，有力配合了事件处置工作。

传播学告诉我们，重大突发公共事件具有不确定性、危害性和处置紧迫性，时刻牵动着社会公众的敏感神经，总是与舆论舆情相伴而行，且往往因权威信息缺失，导致谣言传闻乘虚而入、混淆视听。如，2020年初新冠肺炎疫情在武汉暴发伊始，形形色色的网络谣言抢在真相前奔跑：一会造谣说武汉华南海鲜市场的老板余甜是湖北省政协某副主席的儿媳，一会又炮制所谓“病毒从武汉病毒所泄露”“病毒是人为制造”的阴谋论，接着又出现“我国粮食短缺，赶紧抢购囤积”的虚假警示，随后更冒出“5G信号会传播新冠病毒”的荒诞说法……由于这些谣言大都呼应着人们的现实感受、心理预期、情感共鸣，且披着“科普”外衣，假信息和真知识相互混杂，具有内容重要性和来源模糊性，加上“标题党”包装、“带节奏”发布、精准化推送，驱使众多缺乏专业甄别能力的网民“围观”“吃瓜”，从而比真相更有吸引力、冲击力、传播力，严重加剧社会恐慌，破坏公共秩序，干扰抗疫大局，危害不可小觑。正如世界卫生组织总干事谭德塞所言：“谣言疫情在很多时候造成的影响和病毒疫情的严重程度相当。所以，需要在防控病毒传播的同时也破除谣言。”为此，世卫组织专门成立了“谣言传染病”管理团队，及时对有关新冠病毒的传言进行辟谣。

因此，在重大突发事件舆情博弈中，只有及时发声，抢占先机，才能跑赢谣言，赢得主动。就像两军对垒，若一方反应迟缓，优柔寡断，就会丧失战机、被动挨打，最终缴械投降；亦如百米赛跑，起跑决定后程，发令枪响后，旗鼓相当者一旦有谁慢半拍，无论后半程如何发力冲刺，大都望尘莫及、难挽败局。这就要求我们必须摈弃“拖、瞒、封、堵、压”的错误做法，切实解决“不发声、慢发声、乱发声”的突出问题，避免陷入“自己不说别人说、政府不说百姓说、媒体不说网民说、境内不说境外说”的被动境地，做到第一时间发声，实现首发定调、主导议程，防止谣言滋生蔓延、扰乱人心。正因如此，2019年3月21日习近平总书记对江苏响水县天嘉宜化工厂爆炸事故作出重要指示时强调，“要及时发布权威信息，加强舆情引导”。

那么，究竟是怎样的“第一时间”“及时发布”，才能做到先声夺人、先发制人，抢占传播制高点、掌握舆论主动权？

1. 两小时内务必发声

鉴于社会公众对突发公共事件信息有着即时了解的强烈欲望，《国家突发公共事件总体应急预案》对各级政府发布突发公共事件信息提出明确要求：“事件发生的第一时间要向社会发布简要信息，随后发布初步核实情况、政府应对措施和公众防范措施等，并根据事件处置情况做好后续发布工作。”《预案》对事件发生后的“第一时间”“随后”“后续”等不同时段，规定了相应的信息发布内容，针对性、指导性、操作性较强，但对“第一时间”没有作出明确的时限要求。

习近平总书记在党的新闻舆论工作座谈会上指出："时效决定实效，速度赢得先机。""早说比晚说好，自己说比别人说好。"明确"第一时间"的发声时限，对于抢占舆论先机至关重要。传统媒体时代，突发事件新闻发布奉行"黄金24小时法则"；2010年上半年，人民网舆情监测室提出了"黄金4小时法则"。笔者认为，随着移动互联网的快速发展，发声时限还应更短。早在2009年，笔者撰写广东网络热点事件调研报告时，就因应自媒体传播速度大幅提升，特别是"手机随拍上网""手机+微博直播"渐成潮流的趋势，提出了"黄金两小时法则"。

何谓"黄金两小时"？指的是突发事件从发生到网上传播扩散、进入公众视野，所需时间大约1—2小时，这是新闻发布和舆情回应的最佳时机，一旦错过，就会被不实信息和有害言论抢占网络、迷惑人心，再想纠正过来就很难了。因为，人们接受信息会受到先入为主的"首因效应"的影响，即对最先获悉的信息具有天然的信任感，很大程度上决定了人们对事物的基本认识和判断。故此，处置部门要强化第一落点意识，在"黄金两小时"内尽快发声，力争成为突发事件的第一信息源、第一定义者和第一解释者，确保权威声音率先占据舆论制高点，为议题设置、舆情引导创造关键前提条件。

以2008年11月5日广东珠海斗门一位厌世泥头车司机疯狂驾驶撞死4人、撞伤20人事件为例：事发两小时后，目击者用手机拍摄的现场血腥照片就在网上流传，称"死了很多人""满地都是血"，引起公众恐慌、焦虑和猜测。而珠海有关部门在事发4小时后才发出第一条新闻，虽符合人民网提出的"黄金4小时法则"，但从实际效果看，回应发声还是晚了，因为这时谣言猜测已经铺天盖地占据网络，混淆视听。后来，有关部门使出浑身解数，包括让处事民警在现场向媒体记者忆述开枪击毙嫌犯全过程，谣言才得以澄清。这表明，在移动传播时代，失去时效就会陷入被动。

珠海一泥头车司机疯狂驾驶撞人被击毙示意图

为此，笔者在2009年底应约为全国宣传干部学院撰写广东梅州兴宁“8·7”矿难新闻处理案例时，在全国率先提出了“突发事件首发新闻的时限应控制在两小时以内”的观点。这一提法随后公开出现在学习出版社出版、时任中共中央政治局委员兼中宣部部长刘云山作序的全国首本《宣传思想文化工作案例选编》。

笔者认为，发声时效是舆论战成败的关键前提，及时发声回应比最终公布处理结果更重要。突发事件首条新闻只有在两小时内发出，才有可能抢占信息发布和舆论引导第一落点，影响受众对事件的第一印象和基本判断，赢得事件解释权和舆论主动权，避免陷入“真相还在穿鞋，谣言已跑遍世界”的被动局面；在两小时内，即使自媒体抢先发声，受众也有耐心等待政府部门做出回应，足可防止舆情转变为谣传；在两小时后，如果政府部门仍迟迟沉默不语，甚至千方百计封锁消息，长时间出现信息真空，就会有人在焦急等待中道听途说、造谣传谣，助长舆情发酵，干扰事件处置。

在实际工作中，事发两小时内是否来得及了解基本情况并草拟新闻稿？笔者认为完全能够做到。按照《广东省突发事件应对条例》规定，地方发生的重大突发事件，地级以上市政府要在两小时内以书面形式上报省政府应急管理办公室。既然两小时内能上报信息稿，首篇一两百字的简短新闻更可在此时限内发出。为求快速稳妥，稿件务必简要，把时间、地点、事情等要素讲清楚，并简介处置措施或工作方向即可。有备无患，平时可对应突发事件类型储备模拟稿，以便事发后缩短成稿时间。如果在微博、微信、移动端发稿，此时限更是绰绰有余。若用写稿机器人代劳，几分钟即可发出。如，2017年8月8日21时19分四川九寨沟发生7.0级地震，中国地震台网中心地震信息播报机器人仅用25秒，便准确写出540字、配有4张图片的新闻稿，随即首发于该网站官方微信公众号，为余震多次的震源地群众赢得了黄金避险时间。

如今，笔者首提的“黄金两小时法则”已成为业内共识。在此时限内，应借鉴汶川大地震新闻发布经验，争分夺秒，越快越好。此次地震于2008年5月12日14时28分发生（69227人遇难、17923人

汶川大地震发生后，新华社第一时间成立抗震救灾报道前方指挥部，官兵第一时间展开救援

失踪、374643人受伤），仅过17分钟，新华网就发出消息；19分钟后，新华社向全球播发了英文快讯；15时整，中央电视台口播了这一新闻。随后，具体灾情、救援措施和进展情况又通过各类媒体滚动播报。及时、透明的权威信息发布，起到了压舱定盘作用，疏导了公众焦虑情绪，让谣言失去了“穿鞋”乱跑的机会。

又如，2009年成都“6·5”公交车纵火案（纵火者张云良悲观厌世、报复社会，造成27人遇难、74人受伤），早上8时2分发生，10时43分成都市政府新闻办公室就在事故现场附近召开了首场新闻发布会，公布了伤亡人数、事故原因、伤员救治、善后措施等情况。当然，若情况紧急，来不及开发布会，就应尽早在官方网站、微博、微信和广电媒体刊播权威消息，以免被某些不负责任的自媒体和商业网站抢发不实信息，误导社会公众，影响事件处置。

再如，2011年5月1日本·拉登被美国军方击毙的消息，推特抢在奥巴马总统发表电视讲话前1小时发布：“一位有声望的人刚刚告诉我，他们干掉了本·拉登。太棒了！”仅23个字，就报道了举世关注的爆炸性新闻，且极具震撼力、冲击力、感染力。这里稍作评析：“有声望的人”表明消息来源权威可靠，“刚刚”显示新闻时效性极强、新鲜热辣，“干掉了”“太棒了”表达了美国民众对消灭恐怖主义幽灵那种如释重负、大快人心的自豪喜悦之情。我国新闻界反复强调，新闻报道要接地气、带感情、有温度，善用生动语言和新颖形式，做到“三贴近”（贴近实际、贴近生活、贴近群众），为受众喜闻乐见，取得理想传播效果。可以说，推特这条短讯就是一篇时效超群、价值重大、评论有力、感情充沛的“三贴近”力作、“短实新”范文。

推特的报道比奥巴马总统正式宣布本·拉登死讯提早1小时

特别是事关群众生命财产安全、影响社会公共秩序、容易引起舆论高度关注甚至揣测的重大突发敏感事件，更要跟舆情抢时间、拼速度，夺取信息发布先机和话语主动权，绝不能因反应慢、发声迟，为谣言和小道消息提供传播空间；否则，真相跑得慢，谣言就会“鸠占鹊巢”，误导和欺骗公众，制造恐慌和混乱，甚至会造成更大的生命财产损失，引发更严重的社会信任危机，给救援、调查、善后、追责等关键处置环节带来极大干扰。这方面，有不少惨痛教训值得反思和记取——

2014年4月10日17时，兰州威立雅水务集团公司检测发现，其出厂水苯含量超过国家标准20倍。但兰州市政府一天后才发布水污染消息，提醒市民24小时内不宜饮用自来水。一时间，各种说法满天飞，焦虑不安情绪笼罩全城，市民纷纷抢购矿泉水、纯净水、桶装水，连整箱的白酒都成了热销货。

在记者质问“为何不第一时间公布自来水苯含量超标”时，该集团相关负责人辩解说：“不能一发现有问题就关水，必须确定污染源性质。”如此似是而非的说辞，立即遭到众多网民批驳。笔者认为，确定污染源固然重要，但人命关天，及早提醒市民应对更为紧迫。其实，确定污染源与宣告水污染并不冲突，如果延宕公布，仍然供水，被蒙在鼓里的市民继续饮用苯超标的自来水，就可能加重身体健康受到的伤害。

据《新京报》报道，从水务集团4月2日对水质取样检测至10日正式确认苯含量超标来看，在前后8天时间里，兰州市民“有可能已经饮用了苯超标的自来水”。5位市民知情后，心有余悸，心绪难平，联手将该集团诉至兰州市中级人民法院。尽管此案因公民个人不具备“诉讼主体资格”被驳回，但供水企业仍难脱“监管不力”“信息公开迟缓”的嫌疑。

事发两周后，即22日下午，在兰州市政府举行的新闻发布会上，兰州威立雅水务集团公司董事长姚昕终于向公众鞠躬道歉了！据媒体不完全统计，自2007年起，法国这家世界500强企业在中国涉及的水污染事件多达13起，成了屡教不改的“惯犯”。

事发两个月后，即6月12日，兰州市政府公布这起局部自来水苯超标事件问责结果：对兰州市政府副市长严志坚给予行政警告处分；对兰州市建设局局长冯乐贵给予撤销党内职务、行政撤职处分；对兰州威立雅水务集团公司董事长姚昕给予撤销党内职务、行政撤职处分；对法方提名的兰州威立雅水务集团公司总经理贾庆红，责成解聘总经理职务；对兰州石化公司副总经理、安全总监王世宏给予行政警告处分；责成兰州威立雅水务集团公司、兰州石化公司，对相关责任人做出经济处罚。

南京丢失放射源铱-192事件，同样因事发3天后才发布消息，招致社会舆论的猛烈抨击。

据2014年5月12日《人民日报》报道，5月7日凌晨4时，天津宏迪工程检测发展有限公司在南京中石化第五建设有限公司院内，使用一枚铱-192放射源进行管道探伤作业，收源时发生机械故障。现场工作人员误以为源已回收，便携设备回公司。

当晚7时，公司请人维修设备，发现内部没有放射源，便于当晚11时向公安部门报案，9日凌晨1时报告南京市环保局。

但直到10日上午，市环保局才公布消息。

同日下午5时30分，这枚失踪长达87小时的放射源，才被安全收进专用铅罐内。

11日，4名相关责任人因涉嫌危险物品肇事罪被刑事拘留。

期间，中石化五公司工人王某于7日上午在车间门口打扫卫生时，捡到这枚形似钥匙链的放射源，一时误以为贵重金属，遂将其放进右裤袋。回家细看，觉得此物不值钱，便于当日11时30分把它丢在屋外墙角处。没多久，王某得知警方正在搜寻此物，感到非常害怕，又于10日凌晨5时许将它装进塑料袋，扔到院子旁的草丛中。12日，王某因右大腿受到辐射伤害，被送医院治疗（后来，他花了300多万元，经过多次手术，才保住右腿，但行走需扶拐杖）。

5月12日，《羊城晚报》就此发表评论："如果说放射源丢失是对公共安全的第一次危害，那么信息公开滞后，确切地说就是未能第一时间把危险告知公众，是构成了对公共安全的二次危害，而后者比之前者有过之而无不及。南京环保局官微在回应网民质问为何信息披露滞后时称，企业8日才发现遗失，9日凌晨报告环保部门。这个解释最令人诧异之处在于，企业迟报事故已然延误纠错良机，环保部门却一错再错，直到10日放射源安全回收才向社会公布。""重大安全事故理应第一时间告知公众，这是最为理想的安全防范措施。反之，瞒而不报，或者非得等到一切'搞定'之后再

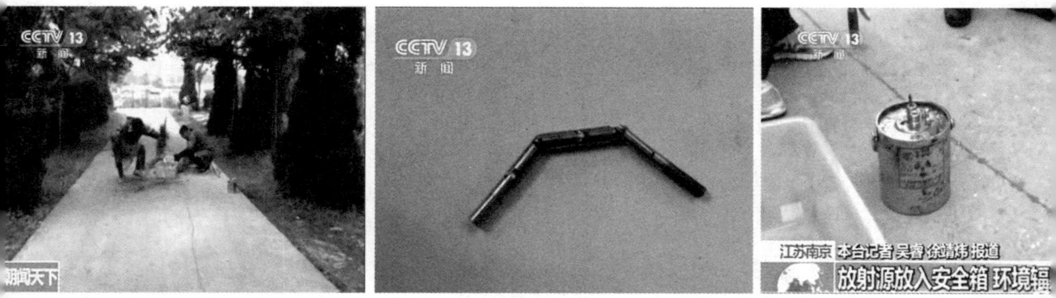

中央电视台对南京放射源丢失事件做了详细报道

报，实际上等于将民众置于巨大的危险之中。公布放射源丢失的消息固然会引起一定程度的恐慌情绪，但不能因此而剥夺公众的知情权。必须重申一点，在社会管理的价值序列中，公共安全永远排在第一位。或者说，公共安全信息如果掌握于某些人和部门的手中，而公众成为局外人，那么所谓的社会稳定就只是权力的意淫。”

2015年天津港“8·12”特大火灾爆炸事故（23时30分发生，165人遇难、8人失踪、798人受伤），也因新闻发布迟缓造成舆论被动和群众恐慌。事发当夜，自媒体便疯狂转发爆炸现场视频，吸引大量网民讨论，舆情热度迅速攀升，伤亡情况、事故原因等焦点问题亟待政府部门及时回应。令人不解的是，事发10小时后，当地主流媒体仍毫无动静，天津卫视居然还在播韩剧，引发网民强烈不满。一时间，“全世界都在看天津，天津却在看韩剧”“天津，一座没有新闻的城市”之类的讥讽弥漫网络。

直至13日16时30分，事发17小时后，政府部门才举行首场新闻发布会，介绍救援和善后处理工作。但因信息发布不透明、分管市领导未露面、记者提问环节直播中断等引发舆论“大爆炸”，导致“700吨氰化钠泄漏将毒死全中国人”“爆炸物有毒气体飘到市区”“爆炸与恐怖分子有关”等可怕谣言满天飞，给公众心理和舆情引导带来严重冲击，对事故处置造成极大干扰。

2015年8月12日23时30分，天津港发生特别重大火灾爆炸事故

早在2009年6月发生的河南开封市杞县钴-60泄露事件，更是因政府隐瞒不报长达一个多月，引发大批居民仓皇出逃，上演现代版的“杞人忧天”。据报道，6月7日，杞县利民辐照厂使用放射性元素钴-60对辣椒粉进行灭菌时发生意外，导致放射源被卡住，不能回到水井中的安全位置，一直处于辐照状态。6月14日15时，因长时间辐照，辣椒粉温度过高自燃，当晚24时被消防部门采取灌注水等措施扑灭。7月10日，一则题为《开封杞县钴-60泄露》的帖子在各大网络论坛流传，瞬间成为网民关注焦点。由于迟迟未见权威信息发布，一时间谣言甚嚣尘上，说什么“杞县核泄漏，已死了5人，没准还会爆炸”，吓得全县人心惶惶。7月12日，开封市政府召开新闻发布会，通报相关情况，表示“安全无事，正在处理”。但在“处理故障的机器人都被辐射烧化了”等可怕谣言蛊惑下，当地群众已不相信政府迟来的“安民告示”，终于在7月17日集体逃往邻县，导致县城“十室九空”，出城路上大小车辆堵得动不了，交警劝都劝不住，百姓感觉好像到了世界末日。当晚9时，杞县政府召开新闻发布会，澄清事实真相。翌日一早，“逃难”者纷纷返家。

兰州水污染、南京放射源丢失、天津火灾爆炸、杞县钴-60泄露等重大公共安全事件舆情应对的失败教训表明，自媒体时代，速度就是影响力和引导力，如果权威信息迟迟不发布，甚至想要遏制网上众声喧哗，只会导致谣言四起，舆情恶化，事态扩大。只有及时公开信息，回应社会关切，安抚民众情绪，才能增强政府公信力，减少事后的被动，而且回应发声越快，越能事半功倍，而不至于左支右绌，扰民伤财，自损形象。

这些反面教材也提出了如何对信息披露滞后进行追责的问题。《中华人民共和国政府信息公开条例》明确规定，突发公共事件的应急预案、预警信息及应对情况，属于县级以上人民政府及其部门应当及时、准确、主动公开的政府信息，且对违规者有相应的罚则：不依法履行政府信息公开职能的，由上一级行政机关责令改正；情节严重的，对负有责任的领导人员和直接责任人员依法给予处分；构成犯罪的，依法追究刑事责任。但在实际工作中，因信息披露滞后造成不良影响而受到相应惩罚的例子极少见诸媒体。故此，要遏制信息发布延误现象，就必须严格进行监督、问责，让《政府信息公开条例》对涉事责任主体形成有效威慑和约束。

与快速发布突发事件信息一样，对网络突发敏感舆情也要第一时间核查、回应，最大限度降低负面影响。如，2014年12月21日，微博图文爆料称，“西安一家医院的医生在手术台上玩自拍”，并配以评论：“作为一名医护人员，我想说难怪医患关系这么紧张，手术同时你们在做什么？拍照留念。如果手术台上是你的父母亲戚，你还会这么做吗？”该图文随即被大量转发，引发网上热议，舆论一边倒地痛骂医护人员。不到一天时间，西安市卫生部门迅速成立调查组，查明事实，果断做出分管副院长等3人被免职、所有参拍人员深刻检查的处理决定。原来，这是同年8月15日西安凤城医院医护人员在完成一台高难度手术后的拍照留念，原因是手术室即将搬迁，且征得病人同意；微博披露此事，是竞争对手恶意为之。真相大白后，爆料者只好尴尬删除微博图文，上万网民则留言怒斥其不顾拍照缘由、挑拨医患关系。这起手术室自拍事件之所以能在一天内实现舆情大逆转，就在于当地卫生行政部门做到了信息灵、反应快、处置得当。

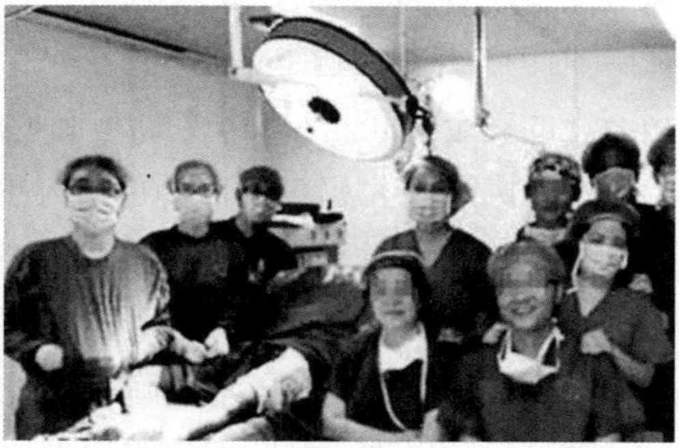
西安一医院医护人员在手术台旁“自拍”惹争议

对重大敏感政策措施的解读，同样要追求

传播时效。如，2020年2月24日8时，广东省卫健委门户网站发布广东新冠肺炎疫情防控响应级别由一级调整为二级的消息，羊城晚报社羊城派客户端随后在两小时内率先推出《广东由一级响应调整为二级响应，意味着什么？》一文，从“全国还有哪些省份调整了响应级别”“由一级响应调整为二级响应意味着什么”“何时才能终止应急响应”等三个维度进行分析解读，迅速打消了社会公众的疑虑与担忧。

遗憾的是，在突发事件舆情处置工作中，一些职能部门或责任主体总是相互推诿或层层报批，担心“谁回应谁担责”，未能主动及时履行职责，导致“一步慢步步慢”，直到网上各种猜测和小道消息疯传，才匆忙被动应对，但为时已晚。

令人欣喜的是，国家对政务舆情回应有了明确时限。2016年8月，国务院办公厅印发《关于在政务公开工作中进一步做好政务舆情回应的通知》，要求对涉及特别重大、重大突发事件的政务舆情，要快速反应、及时发声，最迟应在24小时内举行新闻发布会，对其他政务舆情应在48小时内予以回应，并根据工作进展情况，持续发布权威信息。同年11月，国务院办公厅又出台《〈关于全面推进政务公开工作的意见〉实施细则》，明确规定涉及特别重大、重大突发事件的政务舆情，最迟要在5小时内发布权威信息。需知，这“5小时内”是不可逾越、违者得咎的底线时限，而非争分夺秒、实效至上的黄金时间。2020年初新冠肺炎疫情暴发后，全国各级部门除了严格执行上述规定外，还须在两小时内完成信息上报。

由于重大突发事件复杂多变，制约着信息发布的及时性、准确性，因此公布事件全貌、原因、性质和结论时，时效性要服从准确性；否则，仓促公布了不准确的敏感信息，就会平添舆论质疑。如，2011年温州“7·23”动车追尾事故发生后，处置部门为快速回应舆情，未经缜密调查，就草率公布事故主要原因为雷击。其实，主因是列控中心设备存在严重设计缺陷和重大安全隐患，雷击造成轨道电路发送器和列控中心通信故障只是诱因。“雷击为主因”的说法被众多网民指为“推卸责任”，使处置工作陷入被动局面。故此，对社会高度关注的敏感事件，要快讲事实、重讲态度、慎讲原因、多讲措施，防止失言惹祸。

总之，移动自媒体时代，发布权决定话语权，话语权决定主导权，时效性决定实效性，透明度决定公信度；只有快字当头，及时主动公开信息，充分回应社会关切，才能实现“先入为主”“定向定调”，最大限度挤压谣言生存空间，减少公众无谓的猜测、质疑、焦虑与恐慌，为事件处置营造良好舆情环境。

2. 依法公开发布信息

信息公开是政府公信力赖以确立的前提条件，是遏制谣言猜测的不二法门。时任总理李克强在2013年3月26日召开的国务院廉政工作会议上指出：“现在社会已经是一个透明度很高的社会，我国微博的用户有数以亿计，有些政府信息不及时公开，社会上就议论纷纷，甚至无端猜测，容易引起群众不满，产生负面影响，给政府工作造成被动。与其如此，还不如主动及时地公开，向群众说真话、交实底，让群众了解真实情况，接受群众和媒体的监督。”

政府信息公开不仅是建设廉洁型、服务型政府的需要，也是政府的一项法定职责。早在2007年颁布实施的《中华人民共和国政府信息公开条例》明确规定，“行政机关公开政府信息，应当坚持以公开为常态、不公开为例外”，除涉及国家秘密、商业秘密、个人隐私以及公开后可能危及国家安全、公共安全、经济安全、社会稳定等“例外”情形，其他政府信息均应当公开。《条例》还列举了包括“突发公共事件的应急预案、预警信息及应对情况”等在内的政府应主动公开的15项信息。

而对于突发事件的信息发布，相关法律法规的规定更为明确、具体。《中华人民共和国突发事件应对法》规定："履行统一领导职责或者组织处置突发事件的人民政府，应当按照有关规定统一、准确、及时发布有关突发事件事态发展和应急处置工作的信息。"国务院《突发公共卫生事件应急条例》规定："国家建立突发事件的信息发布制度。国务院卫生行政主管部门负责向社会发布突发事件的信息。必要时，可以授权省、自治区、直辖市人民政府卫生行政主管部门向社会发布本行政区域内突发事件的信息。信息发布应当及时、准确、全面。"2016年8月国务院办公厅下发的《关于在政务公开工作中进一步做好政务舆情回应的通知》规定："突发事件的政务舆情回应内容，应围绕舆论关注的焦点、热点和关键问题，实事求是、言之有据、有的放矢。"

根据上述法律法规和有关文件精神，突发事件发生后，知而不报或者"挤牙膏式"通报均属违法违规，因此事发地政府和主管部门应当把时间、地点、信源、原因、性质、规模、影响范围、危害程度、事态发展、政府态度、处置措施等基本情况如实发布，满足公众的信息需求和知情监督权，让全社会看到政府处置事件的能力水平与责任担当。因为，有效引导一定是建立在充分信息对称的基础上，否则即便正确、客观的观点，也难以真正赢得舆论认同，甚至会产生疑虑和不信任。特别是公共安全事件的信息发布，公众最想了解的是伤亡人数、经济损失、抢险救援、事故原因、责任追究等关键问题，如果在这些问题上迟报、漏报、谎报、瞒报，必然会引发社会舆论强烈不满，令事件处置陷入被动局面。

以2020年初发生的新冠肺炎疫情为例，政府应当以权威、有序的方式，依法主动发布病例数据、医疗救治、防控举措、患者活动轨迹、密接者追踪、人员隔离、核酸检测、疫苗接种、风险等级、区域划定、物资保障、社会运行等公众关注的焦点信息。但在疫情暴发初期，由于有关地方政府认识和经验不足，造成信息不对称、回应不及时，助长谣言惑众，导致社会恐慌。1月20日，钟南山院士毅然向媒体指出此次肺炎“存在人传人现象”。同日，习近平总书记作出重要指示，强调要把人民生命安全和身体健康放在第一位，采取切实有效措施，坚决遏制疫情蔓延势头；及时发布权威信息，公开透明回应群众关切。于是，从1月21日起，国家卫生健康委每日在官方网站、政务新媒体平台发布前一天全国疫情信息；22日，国务院新闻办公室举行第一场疫情新闻发布会，通报病例数据、防控工作部署等情况；随后，从1月22日至5月31日129天内，国务院联防联控机制、国务院新闻办公室共举行新闻发布会161场，平均每天1.24场。全国各级政府和卫健部门参照国家做法，密集发布当地疫情信息。与此同时，各地针对网上涉疫求助、投诉类舆情，及时发声回应，强化服务保障，防止舆情发酵走热。主动、及时、准确、充分的信息发布和舆情回应，消除了疫情初期公众因信息饥渴产生的疑虑不安情绪，获得了广大网民乃至境外人士的由衷点赞。

公开透明、真实准确，是政府信息发布的基本要求，也是突发事件新闻处理的首要原则，是释疑止谣的关键前提。故此，不能对本地区本部门本单位有利的信息就公开、不利的就隐瞒，也不能低估公众的承受力、纠结于是否把最坏的结果说出来；如果遮遮掩掩当鸵鸟，漠视公众知情权和监督权，反而会激起网民的怀疑心理，驱使他们打探、传播小道消息，甚至捏造、散布不实信息，混淆公众视听，引发社会恐慌。

如，杭州野生动物世界金钱豹外逃事件发生后，由于涉事企业瞒报，引发当地民众恐慌，继而发酵成全网“舆情海啸”。2021年5月6日、7日，有群众报警称在杭州转塘山林发现疑似金钱豹，网上还出现小区监控拍下的疑似豹子的视频。公安等部门随即介入调查，但杭州野生动物世界、杭州动物园均表示没有动物出逃。一时间，“寻找杭州发现的豹子”等话题登上微博、百度、今日头条、

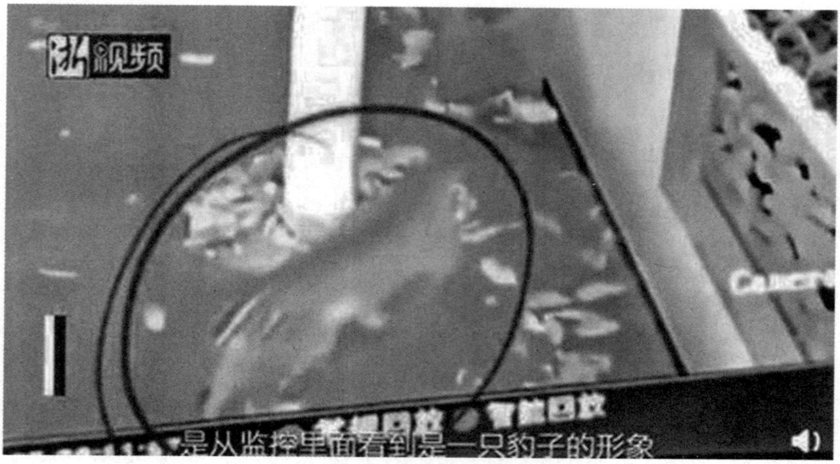

小区监控录像拍到出逃豹子

抖音等热搜榜单，令当地群众疑虑不安。5月8日，相关部门通报证实杭州野生动物世界有3只金钱豹出逃，园方同时发布致歉声明，随即引发媒体和网民一边倒的批评、抨击。如，中央主流网媒发表《杭州豹子出逃："瞒豹"之患猛于豹！》《比金钱豹出逃更令人恐慌的，是动物园"担心事件公布引起恐慌"》等多篇评论，直指事件暴露出管理漏洞，认为人命关天的时候绝不能有"一出事就捂盖子"的思想，越捂盖子就越可能把娄子捅大。迫于舆论压力，杭州市于5月10日召开新闻发布会，称因管理员疏忽，3只金钱豹在4月19日已出逃（2只分别于4月21日、5月8日捕获，第3只被发现踪迹，尚未抓到），涉事企业担心影响五一营业，多次隐瞒不报。真相大白，其蓄意隐瞒近20天、置民众安全于不顾的行为令人瞠目，再次掀起"既要追豹更要追责"的舆情热浪，涉事企业相关人员也在"瞒'豹'是人祸"的舆论谴责声中被刑拘。

又如，2005年11月13日，中石油吉林石化分公司双苯厂发生爆炸，约100吨苯类物质流入松花江，造成下游城市哈尔滨饮用水源严重污染。哈尔滨市政府担心说出实情会令市民恐慌，便于21日中午通过电视向社会发布不合常情的停水公告，宣称“要对市政供水管网进行检修，全市停水4天”，结果诱发“将要地震”“有人投毒”等可怕谣言传播扩散，吓得众多市民露宿街头，疯狂抢购、储藏矿泉水和干粮，全市秩序大乱。22日凌晨，市政府如实向公众说明真相，谣言随之消散，市民平复情绪，纷纷返家，局势好转。为此，时任黑龙江省省长张左己引咎辞职。一个善意谎言，乱了一座城市，坑了一省之长，教训深刻，足引为戒。可见，无论出于何种动机，都不能抱着侥幸心理对公众隐瞒、撒谎。

2005年11月13日，中石油吉林石化分公司双苯厂爆炸，造成松花江严重污染。哈尔滨市民因为恐慌，在超市抢购矿泉水

面对媒体与公众监督，除政府部门要依法公开发布信息外，政府官员在涉及政府信誉和公共利益的问题上，也不能隐瞒或说谎，否则会严重损害政府及个人形象。美国前总统克林顿“拉链门”事件就是惨痛教训。他在担任总统期间，铤而走险地与22岁的白宫漂亮女实习生莱温斯基长期偷情，被媒体曝光后引起全球轰动。迫于舆论压力，克林顿召开新闻发布会，对性丑闻矢口否认：“当着全美国人民的面，我要重申，我和那个女人，莱温斯基小姐，没有任何性关系！”岂料，美国联邦调查局探员已经掌握两人暧昧的电话

“拉链门”事件当事人克林顿与莱温斯基

录音、女方记录两人关系的日记，以及一条女方留作纪念的沾有总统精液的蓝色裙子。在各种铁证面前，克林顿再也无法抵赖。共和党人逮住机会，指控克林顿犯伪证罪，促成国会对他启动弹劾程序，令他成为美国历史上第三位接受弹劾调查的总统。直到他含泪向美国民众认错道歉，承认做了不该做的事，辜负全体国民，愧对妻子希拉里，才勉强保住总统宝座。不过，在全球反性骚扰运动如火如荼的背景下，克林顿还不时要出来对“拉链门”作出回应，甚至他在2020年8月17日民主党全国代表大会上发表演讲之际，仍被媒体爆出他于2002年接受爱泼斯坦案受害者按摩肩膀的旧照。

事实反复证明，公开引领信任，透明消弭猜疑，公开透明地发布真实准确的信息，不但能释疑辟谣、定分止争，还可塑造坦诚、负责的政府形象。

然而，公开不等于没有节制，透明不等于没有秘密，要辩证理解公开透明的含义，准确把握信息发布的量与度。根据《政府信息公开条例》，依法确定为国家秘密的政府信息，法律、行政法规禁止公开的政府信息，以及公开后可能危及国家安全、公共安全、经济安全、社会稳定的政府信息，不予公开；涉及商业秘密、个人隐私等公开后会对第三方合法权益造成损害的政府信息，不得公开（第三方同意公开或者行政机关认为不公开会对公共利益造成重大影响的除外）；行政机关的内部事务信息，包括人事管理、后勤管理、内部工作流程等方面的信息，可以不予公开。政府官员必须保持清醒头脑，守住这些“红线”“底线”，严防因信息公开不当而危害国家安全和社会稳定。正如英国前首相撒切尔夫人生前视察英国广播公司（BBC）时告诫管理高层：“如果将政府所有信息都毫无保留地公之于众，无异于为恐怖主义提供氧气！”

如今，公众对政府信息公开的期待越来越高，不但要求政府发布的信息必须及时、准确，还希望公开的内容尽可能全面、充分。一般层次和层面的公开已经不能满足公众需求，只有不断丰富公开的内容，提升公开的质量，满足公众期待的深度知情和精准监督，才能获得公众的充分信任。

如，中央部门2011年“三公”经费（公费出国、公费接待、公车购置及运行费用）公开后，舆论一致认为“从最初遮遮掩掩，到陆续公开，从粗枝大叶，到附带详细说明，可以说是进步良多”；但也普遍表示“不解渴”“不过瘾”，指出此轮“三公”经费公开仍然缺乏细节，公众只能看到一个部门每项经费支出的数字，看不到每一笔开支的明细账，无法判断各项经费的具体花销及预算是否合理，很难进行有效监督。为此，媒体不遗余力地呼吁：政府信息公开，提速更需“保质”，做到每一笔账都说得清、道得明，经得起舆论和公众的挑剔与质疑。

3. 信息必须准确客观

准确客观是新闻和信息的生命，也是政务公开、信息发布的“命根子”。惟其真实准确、完整客观，才有权威公信、定向定调，赢得公众的理解、信任和支持。

网络时代，公众质疑政府信息已成常态，尤其是那些抱有“仇官”心态、喜欢“挑刺找茬”的网民，一旦发现政府发布的信息不准确、不全面，就会趁机大做文章、添油加醋、口诛笔伐，导致各种质疑攻击类信息不胫而走，令政府的公信力和权威性大打折扣。

因此，政府发布的信息必须精确精准、平实务实，确保每个数据、细节、观点和结论都经得起公众挑剔的目光，经得起任何放大镜和显微镜的检验。这方面，反面教材层出不穷——

如，造成277人死亡的2008年山西临汾市襄汾县“9·8”特别重大溃坝事故，由于政府严重谎报，致使一批官员丢官革职。一是谎报事故原因。当地市、县政府对外发布消息称，“因暴雨发生泥石流”。事实上，事发地当天只下了8毫米的毛毛雨，事故缘于襄汾新塔矿业尾矿库溃坝，是人祸而非天灾。二是谎报死亡人数。仅报告1死1伤，企图瞒天过海，减轻罪责。真相是溃坝引发泥石流，冲毁下游一个农贸集市和部分村庄，造成277人死亡、4人失踪、33人受伤、1000多人受灾，直接经济损失9600多万元。当地政府和企业为了蒙骗上级和舆论，立即与部分死者家属私了，以较高赔偿金为“封口”条件，偷偷埋掉了50多具尸体。其实，受灾集市一片废墟、惨不忍睹，凡看过事故现场的人，都不会相信“1死1伤”的说法。但这个弄虚作假的弥天大谎，居然一路绿灯，堂而皇之地登在报纸上，一度蒙骗了广大公众，造成恶劣社会影响。

国务院事故调查组查明事件真相后，有关责任人受到了严肃处

山西襄汾“9·8”溃坝事故现场

理：时任山西省省长的孟学农引咎辞职，主管安全生产的副省长张建民被免职，一批地级市以下相关官员被撤职，包括瞒报者在内的58名责任人被判刑。

又如，2016年7月中下旬因连续强降雨发生的河北邢台特大洪灾，因政府部门一度被指“瞒报伤亡”而引发当地群众强烈抗议。7月20日凌晨，邢台市经济开发区东汪镇大贤村突遭巨大洪水袭击，造成8人死亡、1人失踪。但开发区官网发布的信息竟称“没有人员伤亡”，迅速点燃了遇难者家属的怒火，导致部分村民围堵高速公路，要求与政府对话。直到23日晚邢台市市长董晓宇在新闻发布会上公开道歉，表示“将根据调查结果接受处理”，网上质问、谴责的声浪才逐渐平息。

再如，2014年8月7日，深圳市大鹏新区葵涌街道党工委原委员、综合执法队原队长张庆云涉嫌受贿案，在深圳福田区人民法院开庭审理时引发“多退赃款被返还”风波，真让人看得眼花缭乱：起初，有媒体报道称“深圳贪官主动退赃90万元，后因多退被返还30万”，引起舆论愕然。随后，深圳市检察院表示，此系检察官口误，误将“19万”说成了“90万”。最后，该院相关负责人接受媒体采访时称，被告对检方起诉书指控的受贿人民币19万元、港币30万元进行了退赃，“不存在多退赃款的问题，更不存在被返还30万元的事情”。此言一出，又让人云里雾里。

对此，《人民日报》评论指出：“口误”之说能否相信？“返还30万”又是怎么来的？回应上的语焉不详，让人从先前的“数字陷阱”跌入了“回应困惑”中。是媒体误解？是检察官口误？还是这背后有什么“难言之隐”？到底哪一个才是真相？应该说，被推上舆论风口浪尖的深圳检察院，面对公众质疑，尤其是面对自己的“清白”“荣誉”，及时站出澄清，很有必要。问题在于，回应舆论关切，不仅要站出来澄清，还必须拿出诚实、透明的态度，任何语焉不详、遮遮掩掩，都不利于扭转公众先入为主的观点；越是欲说还休、王顾左右，人们就越会把猜想认定为事实，把沉默当成是理屈。长此以往，党和政府的形象势必受到损害。

信息发布还要完整客观。如，某村群体性土地维权事件发生后，当地党政信息网和公安局官方微博立即发布新闻通稿，称当地“发生非正常上访打砸事件，造成10多名民警受伤住院，没有造成群众受伤”。该通稿随即引发当地网民质疑：一是不满“没有造成群众受伤”的说法。新浪微博网民“晒”出冲突中几名村民受伤流血的图片，谴责“政府睁眼说瞎话”。后来证实有10多名村民受伤，官方信息存在“选择性发布”，甚至故意避重就轻，忽略关键事实。二是不满回避事件原因。凤凰论坛、网易微博网民称，“村民非正常上访，根本原因是侵权者违法占用土地在先，村民合法权益长期被侵害在先，被侵权村民的诉求长期得不到回应在先！可官方新闻通稿对这些关键性、根本性、初始性原因一字未提！”有网民甚至认为“我们平民百姓只能靠自己去报道事实真相了”，并呼吁媒体进村采访，“揭露黑幕，呈现完整的事实”。

在受众看来，一半的真相无异于谎言。故此，信息发布主体不能为了抢占首发权或迫于社会舆论压力而匆忙回应、草率定论，而是要及时表明积极调查处理的姿态，坦承自己还未掌握某些情况，并表示将尽快核查公布。特别是事件原因、人员伤亡、财产损失、敏感案情、责任认定等公众高度关注的焦点问题，是随着事件调查进展而逐渐变得清晰的，在尚未全面查明、得到确认之前，要谨慎适当发布，了解多少情况就先说多少情况，少不要紧，后续再补，关键要真实准确，防止被后续调查结果“打脸”。同时，要做到内容平实、提法稳妥，不使用易被“标题党”带节奏的字眼。

如，2020年1月26日在湖北省新冠肺炎疫情防控指挥部新闻发布会上，湖北省省长王晓东提及湖北口罩产量时出现数据“打架”：

先说年产量为108亿只，随后纠正为18亿只，最后又更改为108万只。因当时举国上下万分关注湖北疫情防控特别是医疗物资供应情况，省长低级“口误”瞬间引起舆论哗然。其实，公众理解省长为抗疫日夜操劳、压力山大，如果事前不掌握或一时记不清口罩产量，完全可以不提准确数字，待有关部门核实后再公布。

又如，2022年1月27日江苏徐州丰县生育八孩女子事件被一则网络视频引爆后，被铁链锁脖的女子杨某侠是否遭受拐卖和虐待，即刻成为全网关注、追踪的焦点，相关话题很快冲上微博热搜榜首。对此突发重大敏感舆情，丰县县委宣传部分别于1月28日、30日发布调查通报，宣称杨某侠与董某民“领证结婚，不存在拐卖行为”。但两次通报引发舆论更多质疑，网民情绪激动，舆情持续恶化。直到2月23日江苏省委省政府调查组通报杨某侠身份及其生育八孩、被拐卖和虐待等真相，以及9名嫌犯被抓捕、17名干部被问责等情况，网上舆情才告平息。通报中，丰县县委书记娄海、县长郑春伟、宣传部部长苏北，分别因批准、同意、发布信息不实的情况说明而遭

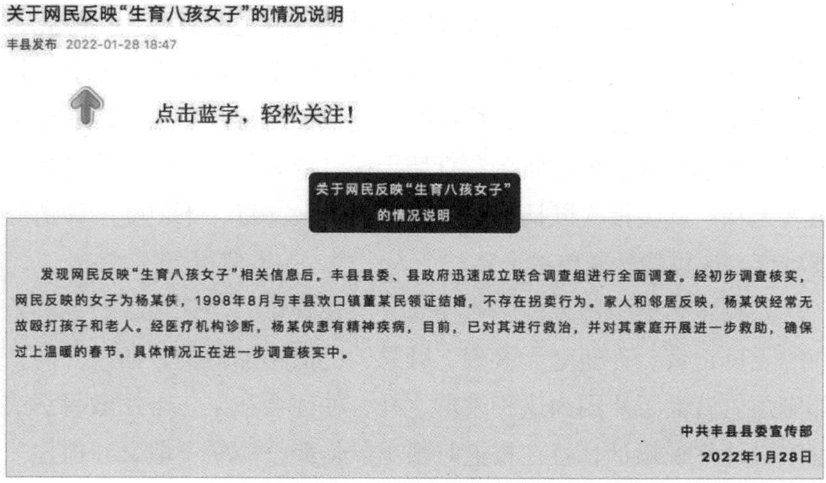

关于网民反映“生育八孩女子”的情况说明

丰县发布 2022-01-28 18:47

点击蓝字，轻松关注！

关于网民反映“生育八孩女子”的情况说明

发现网民反映“生育八孩女子”相关信息后，丰县县委、县政府迅速成立联合调查组进行全面调查。经初步调查核实，网民反映的女子为杨某侠，1998年8月与丰县欢口镇董某民领证结婚，不存在拐卖行为。家人和邻居反映，杨某侠经常无故殴打孩子和老人。经医疗机构诊断，杨某侠患有精神疾病，目前，已对其进行救治，并对其家庭开展进一步救助，确保过上温暖的春节。具体情况正在进一步调查核实中。

中共丰县县委宣传部

2022年1月28日

当地发布信息不实的情况说明

到撤职或免职处分。

可见，对重大敏感事件的信息发布，要经过严格审核把关，确保真实准确、完整客观、合乎情理，经得起推敲、检验，使公众信服、认可。这就要求信息发布者必须敬畏公众的智商和眼力，不能回避关键核心信息，不能刻意强调自己没有责任和过错，不能玩文字游戏替自己辩解，不能为了快速控制舆情而通报不实信息；只有全面准确讲清来龙去脉，真实客观还原事件真相，逐一回应焦点、化解疑点，才能起到一锤定音、鸦雀无声的最佳舆论效果，间或还能引来给形象加分的点赞声。

4. 学会面对记者说话

一言既出，驷马难追。移动互联网时代，更是没有话语可以收回，说错任何一句话都可能在网上迅速扩散，闹出意想不到的舆论风波。切记孔子教导：“君子有三戒：多言、快言、流言。”但在实际工作中，总有一些地方和部门在舆论危机来临时急于灭火解套，面对记者快语多言、漏洞百出，结果是想从一个舆论旋涡抽身，却又被另一个批评巨浪拍倒。

须知，记者是公众的代言人，面对记者就是面对公众。故此，要学会面对记者说话，努力把真话说真、好事说好、不好的事好好说，避免使用容易被误读和炒作的表述，确保每一句话、每一个细节都经得起公众的推敲质疑，真切无误，令人信服。若口不择言、出言无状，就会授人以柄，被记者抓住大做文章，不但陡增舆情处置难度，还可能危及单位形象和个人仕途，很不值得。

如果碰到极个别无视职业操守、不怀好意、与你为敌、存心整你的无良记者，你还毫无警惕、顾忌，仍旧不加斟酌、信口开河，那麻烦可就大了。因为这种害群之马，往往会在采访中用激将法或设陷阱让你说错话，且在报道时祭出以偏概全、断章取义、抓住一点无限放大的恶炒手法，甚至以歪曲事实、颠倒黑白的卑鄙伎俩来

全国两会新闻发布会现场

陷害你。谁要是碰上这类缺德记者，就得小心谨慎地应对了。

记得多年前，有位领导发给笔者一条嘲讽个别无良记者坑害领导的段子——《记者是怎样逼疯领导的？》，并自称曾遭缺德记者诬陷，对其恨之入骨。该段子虽是凭空编造，无比夸张，但颇有警示教育作用，在此稍作“加工”，“晒”给读者“赏鉴”：

一地方领导到北京刚下飞机，记者问：你对三陪小姐有何看法？（该记者喜欢炮制桃色新闻，吸引眼球）

领导很吃惊，反问：北京也有三陪小姐？（以反问方式将皮球踢回去，不失为应急解套之良策。也许这位领导没到过京城的夜总会，不知这里也有三陪小姐）

记者第二天报道，题目是：领导飞抵北京，开口便问有无三陪。（纯属栽赃！挑起三陪话题的是记者）

记者又问领导：你对三陪问题有何看法？（反复纠缠情色话题，唯恐没有下文）

领导回应：不感兴趣！（回答仅4个字，干脆利落，非常得体，胜过“无可奉告”“没时间跟你闲扯”等居高临下的失礼之言，避免“你是准备替党说话还是替百姓说话”“我是不是拉屎也要告诉你”等匪夷所思的呛人之语）

记者第二天报道，题目是：领导夜间娱乐要求高，我市三陪小姐遭冷遇。（领导只言“不感兴趣”，何来“夜间娱乐要求高”之说？分明又是凭空捏造、欲加之罪何患无辞的诬陷）

记者再问领导：你对三陪小姐没有看法?

领导气愤以对：什么三陪四陪五陪的，统统不知道!

记者第二天报道，题目是：三陪已难满足领导，四陪五陪方能过瘾。（还是无耻的诬陷！但领导的确不小心添加了“四陪五陪”）

记者还要问领导。为防再次上当，领导一言不发。谁知，“沉默不是金”，领导不说话，记者照样有下文。

记者第二天报道，题目是：面对三陪问题，领导无言以对。（好像领导真的叫过三陪，心中有鬼，无话可说了）

这时，领导再也受不了，勃然大怒，威胁记者说：你这么乱写，我去法院告你！（又中了圈套——记者就怕你不告，一告又可做文章，因而故意激怒你）

记者第二天报道，题目是：领导一怒为三陪。

如此颠倒黑白，真是岂有此理！是可忍，孰不可忍！领导气愤至极，毅然决然把记者告上法庭。

这下可闹得天下皆知了，不但京城媒体闻风而动、抢发新闻，外地记者也蜂拥而来、争相报道。题目不约而同：法庭将审理领导三陪小姐案。

领导一看报道，当场气得昏倒。

笔者做一设想：假如段子并非杜撰，而是真有其事，这位领导可就倒霉透顶了，因为法院审判案件要走程序，他在依法讨回清白之前，恐怕要背负较长一段时间的“黑锅”。要是他心理承受能力差，觉得无脸见人，一时想不开，就有可能自寻短见；如果当地纪检监察部门迫于舆论压力，迅速介入调查，即使他身正不怕影斜，也要面对别人异样的目光，承受一定的心理负担。

当然，这是虚构、夸张的搞笑段子。现实中，绝大多数媒体人都能坚持新闻真实性原则，恪守职业道德，履行社会责任。

之所以笑谈这条段子，目的是提醒领导干部尤其是新闻发言人：做得好，也要说得巧。特别是在公开场合发言表态时，要有舆情风险意识，务必字斟句酌、慎之又慎，因为你的言论通常会被公众认为代表官方立场和态度，必须经得起严格的审视。特别是公安、司法人员，一个不文明的举动、一句不恰当的言语、一次不规范的执法，都会使当事人对法律的公正性产生怀疑。故此，公职人员的言论自由要比普通公民受到更多约束，更需掌握说话的艺术，努力把话说好，避免祸从口出。

概括来说，新闻发言人面对记者发言，应以效果为导向，本着充分准备、直面问题、实事求是、坦诚开放的态度，把公众想要知道的与想要公众知道的信息有效传达出去，满足公众知情权和监督权。要聚焦主题、先主后次、逻辑清

新闻发言人要练好发声技巧

晰、表达准确、语言简练、情感真挚、感染力强，让记者产生报道兴趣；要换位思考，事先考虑信息是否充分、数据是否准确、记者会提哪些问题；答问时，要避免居高临下的说教、脱离实际的论调、美化夸大的失真，以免引起记者反感；如条件允许，可先了解记者想要采访的内容及其观点倾向，备好答问口径，做到心中有底、从容应对，避免临场茫然、急中出错。同时，着装、表情、手势、音量、语速等要合适得体，并尽量使用生活化、口语化、易记住的短句，力求最佳传达效果。

如，2020年新冠肺炎疫情防控期间，在北京的一次新闻发布会上，面对“毕业生能否回到学校自己收拾行李”“个人物品的安全和隐私怎么保障”等热点问题，相关发言人进行了耐心细致的解答，态度诚恳，不打官腔，言之有物、言之有序、言之有情，受到媒体记者、市民网民和高校师生的普遍好评。

又如，2020年2月2日央视《新闻1+1》节目连线浙江温州市市长姚高员，就“温州为何成为湖北四市外确诊病例最多的城市”这个敏感问题进行对话。面对主持人白岩松的犀利提问，姚市长胸有成竹、全程脱稿、有问必答，而且数据明确、条理清晰、分析到位，在网上同步直播时获得了300多万的点赞，被称为“教科书式的优秀范本”。网友纷纷表示，“听完这段采访，心里有底了”。

如今，全国各级领导干部特别是其中的新闻发言人，经过媒介素养与技能的教育培训和实践锻炼，面对记者说话水平总体较高，媒体也普遍给予好评。但为何还不断有人因失言陷入舆情旋涡或使舆情反弹？笔者认为，主要有以下五个意外原因：

一是口径不一闯祸。统一口径是新闻发言的重要原则。要及时汇总相关信息，商定重要发布内容，防止政出多门造成口径不同，损害政府公信力。特别是在危机事件新闻发布中，如果相关部门发言人的说法和数据自相矛盾、互相打架，就会给媒体和公众留下应对混乱的印象，令人一时间无所适从，不知道该信谁的，甚至会让本该解疑释惑的回应陷入罗生门，严重削弱公众对政府处理危机能力的信心。

如，在2020年1月26日湖北省新冠肺炎疫情防控指挥部新闻发布会上，湖北省省长王晓东与武汉市市长周先旺对“防护服是否紧缺”的重要问题说法不一，引发众多网民疑虑和担忧。周市长首先介绍：“目前，武汉方面的防护服、N95口罩、护目镜已经得到很大缓解。此前在武汉最紧张的防护服已得到全面缓解。”王省长随后却称：“医用防护服、口罩等防护物资，现在特别紧缺。尽管通过各方面努力，紧缺有所缓解，但仍然是目前面临的最突出、最紧迫的问题之一。目前正千方百计缓解缺口。”尽管周市长翌日接受央视采访时表示“省长想的是全省的事，我想的是武汉的事”，但未能赢得公众信服。

省、市政府最高领导联袂出席这场关键的发布会，本可以最大程度起到回应舆论关切、稳定社会人心的积极作用，没想到却因两位主官缺乏事前沟通、对重要信息未能统一口径而出现前后说法矛盾，令发布会效果大打折扣。这一教训再次表明，就敏感复杂事件召开新闻发布会前，参与各方一定要加强信息交流和会商研判，确定对外口径，备好背景材料，避免将发布会开成各方各持己见的“学术研讨会”。当然，统一口径不是改变事实、推卸责任、敷衍公众，而是为了确保权威可信，更好地传递社会关注的信息；任何改变事实的行为，只会令事态恶化、舆情升级。

重大事件舆情回应往往涉及多个部门，统一口径必须有跨部门信息共享和协同联动机制作支撑。如，2021年5月18日12时30分，深圳标志性建筑、355.8米高的赛格大厦出现明显晃动，立即引发网民关注和讨论。面对众说纷纭的原因和部分网民的疑虑，深圳市迅速启动协同处置机制，应急、住建、消防、公安和大厦管理方立即赶到现场，在疏散楼内人员的同时，组织专家及时调查分析原因，针对地震、大风、建筑质量等内外因说法在社交平台辟谣澄清，力证未见地面开裂、幕墙脱落，沉降、倾斜未超出相应标准，大厦主体结构安全，得到网民普遍认同。人民网舆情数据中心发文赞扬深圳的做法，认为多个部门快速联动，统一发声、口径一致、同频共振，有效缓解了民众紧张情绪，挤压了谣言生存空间。

二是答非所问闯祸。重大突发事件发生后，新闻发言人及时发布新闻并答记者问，是准确传递信息、满足公众知情权的重要方式。如果发言人对记者提问“答非所问”，就会被视为不诚恳，引发质疑猜测，后果比“不说”还严重。

如，2022年3月22日，在“3·21”东航飞行事故国家应急处置指挥部新闻发布会上，东航云南公司董事长孙世英回应路透社记者的5个问题时完全答非所问，引发网上一边倒的“你想隐瞒什么”“存心糊弄舆论”之类的质疑和指责。

路透社记者用还不错的中文，一连问了5个问题：

1. 飞机维修记录是怎样的？近期维修方面有发现什么问题吗？
2. 飞行员的飞行小时记录是怎么样的？
3. 事故发生的时候天气怎么样？
4. 空难发生前机组有无和空管联系，如果有的话，说了什么？
5. USNTSB（美国国家运输安全委员会）调查者已被提名，中

东航飞行事故新闻发布会及失事客机的黑匣子

方会不会邀请他到中国帮忙调查？

凭心而论，上述五问中，仅第五问稍有难度，前四问都是公众关心且容易回答的常规问题，可见记者态度友好，并无刁难之意。但不知是否没有权限或标准答案，孙董事长回应时居然对这五问只字未答，全程都在低头念稿：“飞机当时是在平飞巡航阶段。东航正全面开展安全隐患大排查。目前航空运力比较充足。我们的安排检查也包括一些临时性、预防性措施。我们将严格按照民航安全管理规定有序开展相关工作。谢谢！”

发布会直播视频传开后，许多网民批评孙董事长“完全答非所问，把整个发布会搞砸了”“哪怕他只答了一个问题，也不至于吐槽成这样”。对此，微信公众号“在公关”主笔姚素馨撰文指出，“答非所问”比“不说”的后果更加严重：首先，不真诚；其次，不专业；第三，引发猜测。她认为，大家都知道空难调查周期很长，短时间内难以弄清全面具体情况，但有的问题完全可以快速做出阶段性回应，如飞机维修保养、当地气象条件、机组与空管的联系等容易获取的信息；不过，从孙董事长对记者连发五问都未动笔做记录来推测，他可能只准备在发布会上念审过的稿子，根本不用理会记者提什么问题。

因此，要吸取孙董事长的教训，就要在发布会召开前对记者可能提出的问题备好答问材料，并对重要内容烂熟于心。

三是用词不当闯祸。部分领导干部长期受官场话语体系熏染，平时习惯于说官话套话，到了圈子外一旦忘了转换语境，就会不分场合打官腔、用词不当说错话。

2011年7月29日下午，广州增城市（现改为区）新塘镇公安消防员姚携炜为抢救一名卧轨轻生的男子，被列车撞致重伤而光荣牺牲。当地政府领导闻讯后登门慰问其家属。当这位领导左手递上抚恤金，右手握住英雄父亲的手时，开口蹦出的第一句话居然是：“恭喜你培养出这么优秀的儿子。”惊闻此语，英雄的父亲愣了半天，哭笑不得，无言以对。

“恭喜”之言被随行记者在微博上曝光后，立即引发网上疯传热议。不少网民指责这位领导“讲话没经过大脑”“不会说人话”，批评此类“恭喜体”缺失同情心和人性关怀，体现出说者的无知和冷漠。

网上出现的相关漫画

平心而论，仅凭此语就推定这位官员“无知和冷漠”有失公允。他是从基层摸爬滚打脱颖而出的领导干部，理应深知民间白事礼仪，不可能如此失礼冒犯。面对丧子之痛的英雄父亲，他为何口出“恭喜”之言？普遍指向“官场语境”的影响，认为“恭喜”一词是他出席庆典活动、逢年过节与亲朋交往时的“常用语”，加上他慰问之前出席了一个开业剪彩仪式，当时双眼又盯着递给英雄父亲的大红包（抚恤金），脑海中自然就会想起“恭喜发财，红包拿来”这句常挂嘴边的“口头禅”，以致一时间忘了改口说“感谢你培养出这么优秀的儿子”。

也有网民认为，同年6月11日，新塘镇大敦村爆发外省籍农民工参与的群体性打砸烧事件，导致部分领导受到党纪政纪处分，地方形象严重受损；而今，辖区内出了个舍生忘死、惊天动地的救人英雄，主流媒体竞相报道，提升了当地美誉度，这在官员看来就是值得“恭喜”的政绩，抑或是足以冲掉“晦气”的喜事。

上述教训表明，对人员伤亡事件表态时，要杜绝不接地气的官话套话，以免给人留下冷漠印象。如，2020年4月18日河南新乡市原阳县4名儿童被工地自卸车倾倒土方压埋致死事件发生后，当地调查情况通报称“家属情绪稳定”，引发舆论指责。网民普遍质问：至亲身亡乃人生悲痛之事，以常人之情度之，岂能“情绪稳定”？

对公共卫生事件的发言表态，也要符合常情法理。如就传染病疫情事件发声回应时，既不能使用“没有问题”“不必恐慌”等绝对化用语，以免引起公众的反感情绪和反向猜测，也不可发表过度管控言论，防止激发社会不满情绪。河南省周口市郸城县县长董鸿就因此惹祸上身。2022年1月20日，一段关于董鸿在新冠肺炎疫情防控会议上讲话的视频在网上广泛流传，其言“你只要返乡，先隔离再拘留”引发轩然大波。同日，董鸿回应媒体称：视频经过剪辑，不真实，剪掉了“不听劝，恶意返乡”等内容。该回应不但未能化解舆情，反而犹同火上浇油，令“恶意返乡”话题一度冲上微博热搜榜首。舆论疑惑：何谓“恶意返乡”？标准怎样？谁来判定？“先隔离再拘留”的法律依据何在？21日，《新华每日电讯》刊文呼吁：“善待每个返乡的脚步，呼应每个留驻的心声。”

因念错字平添舆情之事也时有发生。如，2018年5月4日北京大学校长林建华在建校120周年纪念大会上讲话时，误将“鸿鹄志”中的“鹄”（hú）念成hào，引起台下哄堂大笑和北大学子的众怒，随后遭到众多网民批评嘲讽，给该校喜庆氛围蒙上一层阴影。有网民评说，北大校长读错这个常用字所引起的轰动，不亚于一名菜农错把麦苗当作韭菜向人兜售。

四是紧张忙乱闯祸。探寻突发事件引发次生舆情之因，以前大都缘于事件处置部门“不愿说不敢说”，如今多半是由于“急着说慌着说”。这些年，因新闻发布会准备不足，发言人仓促上阵、顾此失彼，导致说错话惹风波的现象层出不穷。

2011年温州“7·23”动车追尾事故（40人遇难、210人受伤）发生翌日晚，铁道部政治宣传部部长、新闻发言人王勇平，在未

温州“7·23”动车追尾事故及新闻发布会现场

掌握全面情况和重要信息的情况下，就受命出席在温州举行的新闻发布会，以致被记者问到“为何宣布救援结束后，在拆解车体准备移走时仍发现一名幸存女童”时，他竟答：“这只能说是生命的奇迹。至于你们信不信，我反正信了。”此话立即遭到网民口诛笔伐，被讽为漠视生命的“高铁体”，成了此次危机应对的“败笔”。发布会刚结束，央视名嘴白岩松即在直播节目中回应“我不敢信，不能信”；就连同行好友、教育部原新闻发言人王旭明，也忍不住在个人博客发表《写给勇平兄的一封信》，不留情面地批评他“不该说这样的话”，并指出这么重大的发布会“不应该由老兄你独自担纲”，“最好由铁道部长召开”。王勇平是中国最早接受专业培训、一向以谨慎和优雅著称的资深新闻发言人，答记者问的能力和水平不容置疑。他面对记者逼问之所以出现闪失，是因为事先未掌握记者所问情况，一时无从作答，而觉得以“无可奉告”“不在提问范围”敷衍应付则会让记者反感，便急忙抛出连他自己事后都感到匪夷所思的胡话。8月16日，王勇平因遭到舆论持续热炒而被免职，黯然惜别坚守了8年的发言人岗位，随后远赴波兰华沙，担任铁路合作组织中方委员。他宣称“不想再和媒体接触了，只想过安定的生活”。这种“一失‘言’成千古恨”的教训说明，突发公共事件发生后，涉事部门作为第一责任主体应直接出面发声，用既专业又浅显的语言有效回应社会关切，而不能让不了解事件具体情况、发言缺乏权威性的宣传部门冲在新闻发布第一线，也不应由发言人独立挑大梁、唱大戏，避免出现“负责的人不说话、说话的人不能负责”的责任错位与越位。同时，本该上级部门回应的，不能让下级部门回应；本该“一把手”回应的，不能让下属回应。但在实际工作中，涉事单位“一把手”往往躲在后面，迟迟不肯露脸。当然，除非确有必要，“一把手”也不宜过早发声，因为其表态代表了本单位的最终回答，说错了难以回旋补救。

2008年6月28日，贵州省瓮安县因一条县官儿子奸杀贫家少女受包庇的网络谣言而诱发群体性打砸抢烧县委县政府大楼事件。7月1日晚，省公安厅就此事召开新闻发布会，由于时间紧迫、准备匆忙，发布稿审改后装订时漏了一页，但未能察觉补上，导致发言人念到缺页处时记不起相关案情，慌乱中说出了“初中女生李树芬跳河自杀时，其男友正在桥上做俯卧撑，当做到第三个俯卧撑的时候，听到李树芬大声说‘我走了’，便跳下河中”这样不合情理的荒唐细节，引发舆论集中质疑，严重干扰事件处置。一夜之间，“俯卧撑”一词蹿红网络，成为掩盖事实真相的代名词。

2013年12月下旬，广东湛江雷州市副市长陈某，就市政府拖欠承包商360万元工程款15年不还一案，接受中央电视台记者采访时，本想表明“对法院认定的欠款数额有不同意见”，但面对摄像机镜头过度紧张，竟糊涂地冒出“不能盲目相信法院”的昏话，曝光后引发网民一边倒的吐槽：“作为一名政府官员，说这样的话是对法院判决的极大不尊重！”

五是情绪失控闯祸。领导干部、执法人员应有被质询、围观的意识和胸怀，因负面问题接受记者采访时一定要保持理智，冷静

平和答问。如果带着敌视情绪面对记者，一旦碰到对方不依不饶的逼问，你就容易在激愤、冲动、情急之下骂记者、说错话，让对方心情不悦，非要抓住你的不当言论做文章，把你推向舆论的风口浪尖，让你遭舆论“炮轰”而颜面扫地。

早些年，郑州市规划局副局长逯军面对采访当地经济适用房地块违规建别墅事件的中央电台记者，质问“你是替党说话，还是替百姓说话”，把党和群众对立起来；成都一交警阻拦记者的车以给领导的车让路，抛出的理由是“我只为领导服务”，把“为人民服务”的宗旨给忘了；湖北省委门口一位省法制办副主任的夫人依约上访被打后，当地公安局政委面对责问竟说“不知她是厅长夫人，打错了”，好像百姓上访才该打……这些触犯众怒的“雷语”，损害了官员形象，伤害了群众感情，莫不遭到网络舆论的猛烈抨击。

网上有关郑州市规划局副局长逯军的漫画

当然，人在紧张、疲劳、烦躁状态下，碰到不如意的事情或精神受到刺激时，是很难控制情绪，做到心平气和、冷静理智的。

2009年10月27日，广州新光快速路有限公司部门经理梁某带领员工在一繁忙交通要道围蔽施工，头顶烈日，满身大汗，口渴难耐。前来采访的报社记者质问他："施工封路影响交通，为何不事先征求市民意见？"他突然情绪失控，大爆粗口："我是不是拉屎也要告诉你啊？臭不臭也要告诉你？"

事情被报社曝光后，尽管该公司总经理带领公司领导班子成员及当事者梁某到报社赔礼道歉，并通过报社诚恳地向市民致歉，但梁某仍然在"'最牛官腔'，令人心寒""漠视公众，作风恶劣"的舆论谴责声中被免职。

据说梁经理平时工作表现不错，那天他汗流浃背地奋战在施工现场，可能觉得记者太不体谅他的辛劳与苦衷，令他感到委屈又气愤，以致突爆粗口顶撞记者。

客观地讲，梁经理不该用脏话回敬记者；但记者是否非要抓住这句气话做文章，也值得商榷。如果记者能换位思考、平衡报道，批评梁经理粗口喷人的同时，也客观描述其抢修道路的忙碌身影，也许其命运就大不一样。当然，面面俱到是新闻写作的大忌，记者有权选择报道角度，只能怪梁经理管不住自己的嘴巴。

祸从口出。面对媒体记者的穷追猛打，一定要自灭火气，摆正心态：有平等的心态，才不会有"替党说话还是替百姓说话"的傲慢官腔；有尊重的心态，才不会有"没时间跟你闲扯"的敷衍轻慢；有改错的心态，才不会面对监督不是正视问题而是将记者列入"黑名单"；有包容的心态，才不会遭遇批评不是反躬自省而是出警抓人……说到底，媒体是政府与公众沟通的桥梁，对待媒体的态度就是对待公众的态度，这是检验政府执政水平的一个重要指标。故此，领导干部与记者打交道时，要少一些高高在上的架势，多一分平易近人的气息，积极主动地寻求记者的支持与合作。

接受记者采访，除了认真准备、沉稳答问、控制情绪外，还要急智救场，巧妙应对记者突然抛来的敏感问题。

从现实情况看，不少领导干部怕见记者，主要是担心被记者提出的刁钻问题所难倒，害怕个别记者推出断章取义甚至歪曲事实的报道，给自己及所在单位惹麻烦。难怪当记者时牙尖嘴利、善于诱导官员抖料的央视《面对面》节目原主持人王志，在挂任云南丽江市副市长期间乃至离职后，一直避见来访记者，不接电话、不回短信，始终在舆论的喧嚣中保持沉默。连媒体人出身的明星官员，都深知官场迥异于媒界，不愿见记者，也极少露脸，为人处事低调稳重。这就更加说明，答好记者猝不及防的敏感提问绝非易事，需要知识和经验打底。

如，2014年河南漯河高级中学74名考生因持有国家二级运动员证书而获得高考体育加分一事传开后，立即引起公众强烈质疑。7月6日，中央电视台记者就此询问河南省体育局宣传处处长："国家二级运动员资格审查具体由谁来做？"这位处长深知此问触及"由谁担责"这一敏感话题，但已来不及请示答问口径，又不敢贸然擅自作答，沉吟良久，竟冒出一句："能不能你问之前咱先沟通沟通？"

这种回避敏感问题、顾左右而言他的"低级错误"，令不少网民大跌眼镜、哭笑不得，直呼"服了"。有网民指出：面对舆论质疑，该处长不是主动剖析、及时补漏，而是一味想着"事先沟通"，试图通过"危机公关"息事宁人。这无异于把头埋进沙堆的"鸵鸟应对"，只会引发更多负面猜想，推升舆情热度。

家长举报漯河高级中学74名高考生体育加分违规（图片来自央视《东方时空》）

平心而论，在政府

主管部门尚未明确事件责任方的情况下，该处长的确很难回答记者的询问。当然，如果他具有基本的媒体沟通素养，完全可以抛出令记者一无所获而又无可奈何的“外交辞令”，比如说：此事正在调查核实之中，一旦有了结果，将第一时间通过媒体向社会公布。

那么，应当如何稳妥应对记者突然提出的尖锐敏感问题？以下四种方法可供灵活选择：

一是巧妙反问。发言人就某一重大敏感事件接受媒体集体采访或举行新闻发布会时，有的记者总喜欢提一些刁难甚至怀有敌意的问题，千方百计设置话语陷阱，引诱你跳进去，让你无论回答“是”还是“不是”、“好”还是“不好”，都会上当中招、予人口实。如果在记者设定的话题情境下与其讨论、答问，尤其是回答一两句话难以说清的复杂敏感问题，你很容易掉进“坑”里，处境将十分被动。你一定要设法转移话题，最有效的办法就是反问——不正面回答对方问题，而是以其人之道还治其人之身，把皮球踢回去，反过来向对方发问，要求对方回答类似问题。反问要简洁明快，含义深刻，富有力度，足以难倒对方，让自己变被动为主动。

20世纪80年代初，著名作家梁晓声访问德国时，德国之声记者问他：“中国‘文化大革命’造就了一大批优秀的作家，包括您在内。请问‘文化大革命’是好还是坏？”“文革”给党、国家和人民带来严重灾难，教训极其惨痛。如果说“好”，绝非事实，但若无“文革”，也不可能产生大批知青文学、伤痕文学作家，故以“好”或“坏”作答都难以自圆其说。况且，当时中共中央《关于建国以来党的若干历史问题的决议》尚未出台，党内对“文革”这一重大历史事件、相关重要人物和争议性问题还没有统一、权威的定论，谁都不敢轻易冒政治风险对此敏感问题发表个人看法。但梁晓声毕竟是懂政治、熟历史的智者，他灵机一动，反问对方：“第二次世界大战也造就了一大批优秀的作家，既包括东方的，也包括西方的。请问‘二战’是好还是坏？”众所周知，“二战”是德国、意大利、日本等法西斯轴心国发动的人类历史上参战人数最多、作战区域最广、代价最惨重的一次战争（军民伤亡超过1亿人、耗资4万多亿美元），使世界人民蒙受了空前劫难。德国之声记者一下子被问住了，哑口无言，一脸尴尬，自讨没趣，再也不敢纠缠“文革”话题。梁晓声正是识破对方问题中的逻辑陷阱，用同类方式进行反问，让提问者接招，令其无计可施，无言以对，颜面尽失，甚至自取其辱，从而使自己迅速摆脱被动局面。

反问是一种语言技巧，但并不能“包打”所有刁钻问题，通常在无法正面作答而又不能沉默以对的被动时刻才考虑使用，且要合乎情理，倘若滥用，就会适得其反。

2010年全国两会期间，有记者问某省政协主席：“你怎么看待官员财产公示制度？”这位主席回应：“很遗憾，我对这个问题没有研究。”此答差强人意，至少胜过“无可奉告”“没时间跟你闲扯”之类的傲慢无礼。岂料，记者纠缠不休，发难追问，他竟恼羞成怒，反问记者：“为什么不公布老百姓的财产？那些企业老板的利润为什么不向工人公布？”该言论经媒体披露后，这位主席遭到网民一顿臭骂，许多人在论坛、博客指责他的反问“低水平、雷死人，真是一大奇观”。

二是切换话题。不论记者如何提问，在准确简要地回答问题的某个方面后，话锋一转，谈自己该谈可谈的内容。可灵活使用一些搭桥过渡语，自然地引向你想说的话题。

针对指责性问题，可以说：

我们不赞成……但同时需要指出的是……

事件正在调查中，我们应当特别关注的是……

针对猜测性问题，可以说：

我不知道……我所了解的情况是……

我们不能对此妄加猜测，我们应当关注的是……

使用上述过渡语，既接下记者的问题，体现出真诚和雅量，又换来了几秒钟思考时间，有利于从容不迫地纠正问题或澄清事实。

三是重复表达。当记者抛出你不愿意回答的尖锐问题时，你可以通过灵活多变的语言，多次重复你要表达的同一个意思，巧妙地把话题转移到你能答可控的问题上来。

但须记住：不能重复记者的负面陈述，否则你就可能“变”成说出那些话的人，并被记者截取含有负面内容的话语做文章。若记者提问时将不实传闻说成事实，你要当即予以澄清。

常用的表达方式有：

我不得不再次说明的是……

在这么多问题中，我认为更重要的还是……

切记更重要的一点是……

更重要的是……

真正的问题是……

很多记者朋友都关心的是……

此外，还可酌情使用“偷换概念”的方式，使重复的过程变得幽默风趣、轻松活泼。

四是无需作答。对于涉及国家秘密、商业秘密、个人隐私或公开后可能危及公共安全和社会稳定的问题，发言人要避而不谈、守口如瓶，可重申你想说的重要信息，或者采用模糊甚至答非所问的说辞含混过去。如记者要求你发表个人意见，你应巧妙避谈，或在口径范围内稳慎表态。

另需提醒五点：

一是不要一味辩解。对本单位涉事人员的负面舆情做出回应时，不能刻意粉饰或赶紧撇清关系，更不能在没有充分证据或有关部门仍在调查的情况下矢口否认涉事者违纪违法传闻，否则会令公众疑为“回避闪躲”“官官相护”。万一日后证实其存在违纪违法问题，就会令舆情反弹，激起公愤，自毁公信。

“援鄂最美女护士”于鑫慧事件的舆情处置，就是勇于直面问题的成功范例。2020年10月10日，曾独自驰援武汉义务抗疫56天、获得“江苏好人”“江苏最美人物”“南通五四青年奖章”等荣誉称号的“95后”护士于鑫慧，突遭微博曝光“护士身份造假”“婚内征婚”“欠债失信”等问题，引发舆论对“策划炒作”“典型选树”“火线入党”等敏感议题的集中质疑，她被网民指责“私德有亏”“动机不纯”，有关部门则被批评“放松审查”“炮制典型”。面对巨大舆论压力，她所在单位——江苏省南通市如东县洋口镇中心卫生院既没有简单地“切割”“甩锅”，也不是一味地替她辩解，而是通过该院微信公众号发布有关情况说明，逐一回应网民质疑的焦点问题：坦承于鑫慧是该院劳务派遣职工，既肯定她在抗疫期间“勇当逆行者，甘当志愿者”，又证实“其被法院列为失信被执行人的债务纠纷案，债权人已确认其偿债义务履行完毕”，并指出“婚恋属于个人事务，相信她会依法妥善处理”，最后呼吁“对成长中的青年人给予更多的宽容和爱护，帮助他们扬长补短，更好服务社会”。这种实事求是、一分为二、既有态度又有温度的

于鑫慧独自驰援武汉抗疫56天，获得多项荣誉

回应，引发全网刷屏式关注，产生共情共鸣，凝成舆论共识，相关舆情逐渐平息。

对自身问题也不能过度辩解，以免越描越黑，弄巧成拙。2014年6月上旬，一向被认为智商、情商不俗的美国前国务卿希拉里两次接受媒体采访时“哭穷”：先是透露2001年自己和克林顿离开白宫时，因支付丈夫性丑闻法律诉讼费而欠债1200万美元，彻底破产，身无分文，因此“对普通美国百姓疾苦感同身受”；继而声称夫妇俩尽管靠自身勤奋努力获得成功，但“和那些最富裕的美国人相比，我真不是那么有钱”。希拉里被公认为2016年美国总统大选最有力的竞争者，竞选前突然“哭穷”，旨在走亲民路线，摆出和普通百姓并无两样的姿态，借此争取美国社会中坚力量——中产阶级的支持。岂知，这两番言论非但未能起到拉拢人心的作用，反而招致美国政界和舆论界的广泛批评和嘲讽。

究其原因，主要是希拉里这“穷”“哭”过了头，实在没有说服力。舆论普遍认为，克林顿卸任总统时，夫妇俩的确背负数百万美元诉讼费，但两人的吸金能力非常惊人：单靠出书和演讲，就足以令他们的财富以多数美国中产阶级无法企及的速度暴涨。美国家庭年收入中间值约3.5万美元，而希拉里一场演讲费至少20万美元，如2014年3月在加利福尼亚大学洛杉矶分校的演讲费高达30万美元。《华盛顿邮报》甚至估算出克林顿卸任以来的演讲收入超过1亿美元。以年收入计算，克林顿夫妇稳居美国最富有的1%行列。如今，两人在华尔街和好莱坞坐拥豪宅，出入搭乘私人飞机，希拉里自认已有18年没开过车（由司机接送），其女儿切尔西也坦言“很想在乎钱却没机会”……这样的塔尖级富豪还居然“哭穷”，让另外99%的美国人情何以堪？难怪希拉里定于2014年10月在内华达大学拉斯维加斯分校发表演讲的消息传开后，该校学生强烈要求她届时将22.5万美元演讲费“优雅地退回大学或捐给大学基金会”。

二是不要过度承诺。有的官员为了让社会公众对政府更有信心，往往会做出不切实际、不留余地的过度承诺，最终却事与愿违，陷入舆论被动。如，2008年北京奥运会前夕，美国多家媒体披露我国出口的部分宠物饲料因含有三聚氰胺毒死了当地一些猫狗，我国有关部门立即高调回击，驳斥这些报道毫无根据，坚称中国饲料完全合格，中国食品保证安全。岂料，就在奥运举办期间，我国惊爆三鹿奶粉添加三聚氰胺毒害婴幼儿事件，由此引发“多米诺骨牌效应”，牵出一连串食品安全问题，致使时任国家质检总局局长李长江引咎辞职。以美国为首的西方敌对媒体趁机大肆炒作，多国禁止进口中国乳制品，令我国食品行业的形象和信誉严重受损。

英国疯牛病事件更是一个惨痛教训。1990年5月，英国《星期日时报》刊登《权威食品专家呼吁屠宰600万头牛》一文，警示全国民众：“疯牛病传染给人类的可能性正在增加！”但英国政府为了维持消费者对英国牛肉安全的信心，隐瞒实情，误导公众，一味坚称英国牛肉十分安全，一再回避人类感染疯牛病的危险性。时任英国农业大臣格玛基甚至带着小女儿在电视上演示大吃牛肉汉堡包的快乐情景，向公众承诺没有任何危险，并自称每天都在吃牛排。格玛基原本希望说服公众不要惊慌，以维护社会和市场稳定，但并不掌握疯牛病的实际情况就过度承诺，直到1996年3月20日英国政府决定公布真相时，已有10多人染病，导致政府陷入严重信任危机，被迫采取“宁可错杀一千，也不放过一头”的过度防控措施，宰杀了1200万头牛，才逐渐恢复公众信任，缓解社会恐慌。

三是不要居高临下。要以平等姿态、真诚之心与网民沟通交流，问题面前不回避，指责面前不冲动，通过心平气和、充满诚意、务实有效的对话和回应，增进双方感情和理解，缓和社会舆论压力。如，2011年9月27日上海地铁10号线追尾事故（271名乘客受伤，无人死亡）发生后，上海地铁公司官方微博第一时间两次发布致歉声明，坦承“今天是上海地铁有史以来最黯淡的一天”，表示“再多致歉比起实际损害也显苍白，但还要深深道歉”。这诚恳而谦卑的态度，一下子赢得了舆论的同情和谅解。紧接着，又逐一回答网民关心的问题，提供换乘路线等实用信息。官微的积极回应与亲民姿态，冲淡了负面舆情影响，改善了上海地铁形象。

造成69人遇难、8人失联的2015年深圳“12·20”滑坡事故处置，更是诚恳面对舆论的典范。如，12月25日晚，中央电视台《新闻联播》公布国务院调查组将滑坡定性为“安全生产事故”仅半小时，时任广东省委副书记、深圳市委书记马兴瑞（现任中共中央政治局委员、新疆维吾尔自治区党委书记）即率领深圳市党政负责人，通过新闻发布会向社会鞠躬致歉，表示“坚决拥护上级对这次事故的定性”，“该负什么责任就负什么责任，该接受什么处理就接受什么处理，该处理什么人就处理什么人”，彰显了深圳市委市政府对生命的尊重、对责任的担当。这是迄今为止我国最高级别的

深圳光明新区“12·20”滑坡事故现场

地方主官首次对安全事故公开道歉，且在央视报道仅半小时后就做出回应，实属难能可贵。在事故舆情很可能因公布定性结论而升级恶变的关键节点，如此诚恳的道歉和表态，收到了“一鞠躬解万般怨”的舆论减压效果。可见，对造成重大人员伤亡和财产损失的安全事故而言，道歉者层级越高越显诚意，越有助于安抚公众情绪，缓解舆论压力。

2021年4月19日发生的上海车展现场特斯拉女车主维权事件，则因涉事企业无视维权者诉求的傲慢回应而导致舆情升级恶化。当日上午，在特斯拉展台，一名来自河南安阳的张姓女子，身穿印有“刹车失灵”字样的T恤，站在一辆红色展车车顶，高喊“特斯拉刹车失灵”，引起众人围观。该女子随后被工作人员提着手脚抬走。当日下午，特斯拉公司全球副总裁陶琳公开表示：“近期的负面都是她贡献的。”“我们没有办法妥协，就是一个新产品发展必经的一个过程。”“我们自己的调研显示，90%的客户都愿意再次选择特斯拉。”当晚，特斯拉发文回应称，维权当事人是2月发生的河南安阳违章超速事故车主，她以产品质量为由坚持要求退车，且不接受任何形式的第三方检测；特斯拉将继续与车主紧密沟通，帮助其恢复正常用车生活，但“对不合理的诉求不妥协”。这两度发声不但未

上海车展特斯拉女车主维权现场

能扭转负面舆情态势，反而使舆情热度不断攀升。次日，上海警方发布通告称，涉事女子因扰乱公共秩序被处以行政拘留五日。该通告进一步激怒舆论，众多新闻媒体、商业网站平台、自媒体账号群起议之，相关信息持续刷屏互动环节、霸屏热榜热搜，质疑与声讨一浪高过一浪，形成全网“舆情海啸”。连多家央媒也介入发声。如，央视评论直言“特斯拉怎么不拿车的质量来杠”；新华社评论质问“车顶维权到底是谁的不体面”，指出“特斯拉，你该从根子上反思了”。此后，特斯拉两次通过官方微博向客户致歉，表示尽全力满足车主诉求，舆情才逐渐回落。南方舆情数据研究院分析师甄凯琦认为，特斯拉漠视维权者诉求、聚光灯下态度傲慢，是引爆网民不满情绪、为舆论火上浇油的主因。

四是不要急于表功。就涉及群众生命财产安全的灾难事故发言表态时，不能一开口就颂扬领导如何重视、称赞措施如何得力，而是要先介绍社会公众最关心的灾情损失和救援情况，以免触犯众怒，遭受舆论声讨。

如，2010年6月21日，央视《24小时》节目报道江西抚河唱凯堤汛情，江西省防汛抗旱总指挥部办公室副主任平其俊接受主持人邱启明连线采访时，不是首先介绍灾情与群众转移情况，而是一再强调唱凯堤历史上曾多次决口，以及有哪些领导亲赴一线指挥抗洪。在其介绍江西省委书记、省长的指示时，主持人插问：“平主任，你告诉我，决口有多大？下游的群众有没有转移？”他非但没有回答问题，反而更加执拗地介绍国家防总副总指挥、水利部部长，国家防总秘书长、水利部副部长，江西省防总副总指挥、水利厅厅长等领导的“重要指示”。主持人见他缺少人文关怀，只好再次打断他，并结束访谈。随后，平其俊遭到网民“炮轰”和“人肉”。

又如，2015年1月2日，哈尔滨仓库火灾事故发生后，尽管“平安哈尔滨”微博及时发布了情况通报，但在585个字的通报中，“领

哈尔滨仓库大火坍塌事故

导高度重视”的内容占去258字，详列了9位领导的姓名及12种头衔，而对公众最为关心的牺牲、失联的5名消防战士却一笔带过。如此不分轻重，吹捧领导，引发网民质疑批评。

再如，2020年1月27日，武汉市市长周先旺就疫情防控接受央视专访结束后，记者追问他：“你给自己打多少分？”他回答：“80分。”结果，引发网上一片声讨。尽管他随后回应称是“给自己应对媒体的水平打的分”，而非针对抗疫成绩，但在武汉紧急封城、医疗物资匮乏、病亡人数剧增的当口，几乎没有人理会他的争辩，网民普遍指责他“自我吹水”。如果他当时能巧妙地以“还是让市民来打分”作答，也许就可避免无谓的口舌风波。

因此，在事故灾难的舆情回应中，官方要避免过早、过度自我表扬，更不可在救人紧急关头大唱英雄赞歌，而是要视情适时而言、适可而止，即便处置工作无可挑剔，也千万别急于表功，以免让人产生“丧事当喜事办”“掩盖责任”的嫌疑。

五是不要张扬个性。成熟老练的新闻发言人，都讲求实效至上，而非过度展示自我。为此，发言人要做“媒体的引路人”，善用语言的力量和沟通的艺术，把记者和公众的注意力吸引到你要传递的信息上来，让它成为新闻的主体，取得理想的传播效果；而不能为了自己扬名而卖弄聪明，甚至不分场合以幽默风趣讨好记者、娱乐受众，不顾舆论感受以惊人之语吸引关注、博取人气，使一场严肃的新闻发布会沦为制造噱头的个人表演秀，令自己变身为新闻事件的主角。发言人要像记者一样生存，敏锐观察分析舆情，主动了解公众诉求，及时回应社会关切，有效引导网上舆论，赢得媒体和公众的理解、信任与支持，真正成为网络舆情回应的“第一发言人”。特别是重大政策和敏感信息发布前，务必感知社会心态和公众情绪，收集舆情反映，预判舆情风险，把准内容口径，并对媒体和网民可能关注的问题备好答问材料，发出清晰、准确、负责任的态度和观点，防止表述不当引发误解误读。发言人不看舆情就说话，就像渔夫出海不看天气一样危险。

当然，新闻发布是一项敏感性强、风险较高的工作。党政部门领导对发言人应有足够的体贴和宽容，不能因为偶尔失误就过于苛责，应为发言人提供必要的支持和保护。

值得提醒的是，新闻发布会结束后，发言人应迅速有序离场，如遇媒体记者追问，可按预先拟定的内容和口径作答；对毫无准备或超出权限的问题，也要礼貌地请现场工作人员记下来，并表示一有信息就及时发布。为减少此类情况，发言人和媒体记者应安排不同的进出通道，并保持适当距离。

5. 尽量避免电话受访

接受电话采访有4种担忧：一是难以摸准记者采访初衷；二是看不到记者同步反应；三是记者所提问题往往不写进稿件，而你的回答却出现在脱离答问逻辑和对话语境的报道文本中，极易造成以偏概全或断章取义；四是语气助词难以听清，特别是你答记者问的语气是肯定、否定还是反问，容易误听误判。

在此，笔者举一个稀里糊涂接受电话采访丢掉乌纱帽的例子：

2011年4月的一天，山东高密市柏城镇堤东村党支部书记宫厚才，突然得知自己与村民通电话的内容被记者录音后发上网，只因一句话惹争议而闹得满城风雨，令其成了千夫所指的“恶人”。

网上音频内容显示——

村民问宫厚才：“书记，村里土地被征用后，又不调地，又不补偿，什么也不给，你这样叫我们喝西北风啊？”

电话那头传来宫厚才清晰的回答：“我当支部书记的，就是希望你们喝西北风！”

这段对话迅速在网上激起轩然大波，宫厚才被网民称为“西北风书记”，遭到社会舆论强烈谴责。

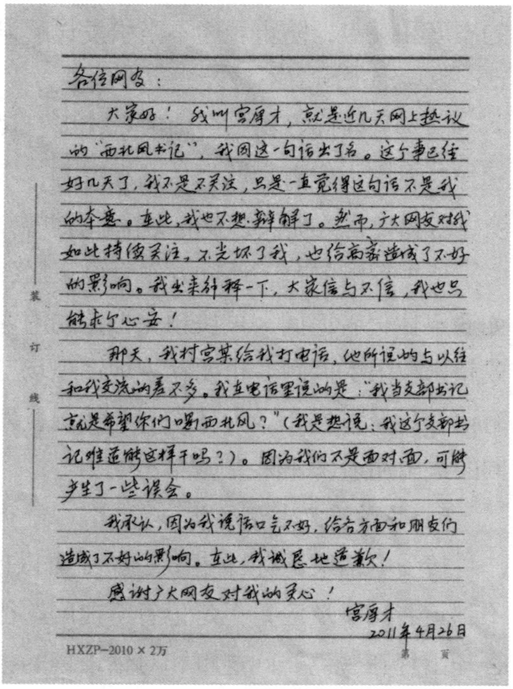

各位网友：

大家好！我叫宫厚才，就是近几天网上热议的"西北风书记"，我因这一句话出了名。这个事已经好几天了，我不是不关注，只是一直觉得这句话不是我的本意。在此，我也不想辩解了。然而，广大网友对我如此持续关注，不光坏了我，也给高密造成了不好的影响。我出来解释一下，大家信与不信，我也只能求个心安！

那天，我村宫某给我打电话，他所说的与以往和我交流的差不多。我在电话里说的是："我当支部书记就是希望你们喝西北风？"（我是想说：我这个支部书记难道能这样干吗？）。因为我们不是面对面，可能产生了一些误会。

我承认，因为我说话口气不好，给各方面和朋友们造成了不好的影响。在此，我诚恳地道歉！

感谢广大网友对我的关心！

宫厚才

2011年4月26日

装订线

HXZP-2010×2万 第 页

宫厚才在网上发表公开信

为官要造福于民，岂能让百姓“喝西北风”！镇党委旗帜鲜明，立场坚定，随即让宫厚才“喝西北风”，免去其村支书职务。

镇党委约谈时，宫厚才称自己很冤枉，意思被村民误解了。“我在电话里说的是：‘我当支部书记就是希望你们喝西北风？’”他解释说，当时是通电话，不是面对面交流，对方可能没听清句末这个反问语气，产生了误会。

宫支书的辩解不无道理，因为大家日常对话或通电话，是不说标点符号的，语气助词有可能被误听。假如“就是希望你们喝西北风”后面是问号，而不是句号或感叹号，就说明宫支书使用反问语气，不希望村民“喝西北风”，那就没说错话，免职是无辜的。

其实，镇党委是能以“村民没听清语气助词”为由替宫支书辩护的，也许是考虑到舆论压力太大，先免职以平民愤、息舆情，以后再视情考虑是否官复原职。

但仔细思量，笔者觉得镇党委的决定于公于私都是明智之举、最佳选择，因为宫厚才是副镇长兼村党支部书记，免了村官不要紧，他照样可以当镇官；如果不及时问责处理，任由舆情升级恶化，不但镇党委政府的威信和形象会严重受损，恐怕宫厚才的副镇长官位也保不住。有网民由此慨叹“官员兼职真好”，并奉劝官员千万别附庸风雅地“霸占”书画协会会长等社团领导宝座，以免闹出“正楷没写好，直接奔行草”之类的洋相。

宫支书的教训提醒我们，不要轻易接受记者电话采访，以免引起不必要的麻烦。因为电话受访一般都会被录音，还可能连线媒体被直播，万一语气产生误解或一不留神说错话，没有任何回旋余地，风险很大。实在不便拒绝，也不要在电话里急着答记者问，可先记下对方所提问题，想好了再约时间以电话告知对方，或求稳妥，干脆以书面形式作答。

二、重要信息滚动发布，回应关切冷热有度

突发事件具有复杂性和不确定性，处置部门很难短时间内查明全部情况并处置妥当，因此事件信息发布难以一次说完整，应当坚持

“边做边说、有一说一、冷热适度”的原则，在黄金两小时内尽快发出首条事实性简要信息后，围绕事态进展、处置措施、原因及后果等，持续动态发布后续信息，避免出现信息真空，使得谣言乘虚而入。既要讲究节奏、频率，适时通报事件重要信息，满足公众知情权、监督权，又要把好分寸、火候，适度回应公众关切，该热则热，该冷则冷，不翻“烧饼”，不做“夹生饭”，防止舆情叠加发酵、演变升级，形成舆论旋涡和意识形态事件 。

1. 持续发布重要信息

突发事件重要信息大都万众瞩目、高度敏感，务必持续发布、准确扼要，切忌口若悬河、长篇大论，以免节外生枝、授人以柄。大道至简，以简率繁，越简洁越有力。高人总是一语道破天机，高手总是一招击中要害。这“一语”“一招”，即为“至简”之术。因此，要用最简洁的语言动态发布要情，用最简明的事例和数据说话，以求最佳传播效果。

如，重大突发公共卫生事件发生后，往往由于事件信息的模糊性和非对称性，导致公众因信息需求未获满足、负面信息多于正面信息、受虚假信息误导等而产生紧张、焦虑、消极等情绪。因此，首条信息快速发出后，仍需坚持在一段时间内每天定时公布发病数量和救治情况，满足公众知情权，稳定公众预期；即使无新增病例，也要连续几天发声以安民心，否则就可能出现猜疑，加剧社会恐慌。2003年“非典”（SARS）疫情应对初期，就因为信息发布不及时，信息公开有限，甚至缺失，导致基层卫生部门延误了抗疫时机，造成谣言信息滋生蔓延和公众恐慌，引发抢购碘盐、板蓝根等一系列事件。而在2020年新冠肺炎疫情信息发布中，从国务院到各省区市疫情防控指挥部，每天都及时密集公布全国和地方确诊、新增、疑似、出院、死亡病例和患者活动轨迹，并持续通过权威专家澄清不实信息，介绍诊疗方案、防控举措和卫生知识，不仅起到了

国务院联防联控机制新闻发布会

驱散谣言、稳定人心的作用，更让广大公众在充分知情、共同监督中增强了抗疫必胜的信心。其中，国家监委在李文亮事件发酵后数小时内宣布派出调查组，并在调查组抵达武汉后再次发声，不久又公布调查结果，及时高效地回应了社会关切，堪称持续发声、赢得公信的典范。据统计，抗疫3年多来，国务院联防联控机制共举办219场新闻发布会，邀请67个部门的400位嘉宾回答中外媒体2832人次提出的问题，其中有114天连续召开发布会，及时将党中央、国务院的政策和声音传递到千家万户，为凝心聚力战疫情、稳经济营造了良好舆论氛围。

又如，2012年深圳“5·26”交通事故发生后，网民质疑醉驾豪车、夜载三女、撞毁两辆的士、造成3死3伤的深圳天恒泰建筑工程有限公司车队队长侯培庆系替人“顶包”、代人受过，令这起交通事故迅速演变为全网关注的公共事件，交警部门被推到舆论的风口浪尖。在不少网民看来，车主不太可能将名贵跑车交给打工仔使用，一个打工仔也不具有进高消费场所请3名美女饮酒的实力和“气

深圳“5·26”交通事故和新闻发布会现场

场”。面对巨大舆论压力，深圳市交警局于5月28—30日连办3次新闻发布会、2次微博访谈，滚动公布现场视频、司机血液检验及DNA比对结果、事发前侯培庆坐在驾驶座的图片，力证肇事者为侯培庆，不存在“顶包”（车主为其老板许某）。这一连串回应质疑的新闻发布“组合拳”，做到了及时全时、公开透明，环环相扣、还原真相，化解了网民疑虑，逆转了舆情走向，最终使该事故回归案件本身。2013年10月12日，侯培庆被深圳市中级人民法院判处有期徒刑15年。此事说明，回应质疑，必须用事实和证据说话；有时候说一万句，不如一项实证更能取信于人。

再如，2015年6月1日长江“东方之星”号客轮翻沉事故（442人遇难）发生后，从6月2日至13日，救援指挥部新闻中心在湖北监利县组织召开了15场新闻发布会，就救援、打捞、气象、水文、航运、遇难和获救人数、善后赔偿标准等舆论关注焦点逐一回应，并做出专业的解释说明。这一系列迅速、主动、密集的新闻发布，权威性高、信息量大、针对性强，成为中外媒体获取事故处置核心信息的主要来源，有力牵引了媒体的报道基调和舆论倾向。

特别是2015年深圳光明新区“12·20”滑坡事故（69人遇难、8人失联）发生后，救援指挥部按照“及时准确、公开透明，快报

2015年6月1日，“东方之星”号客轮在长江中游湖北监利水域翻沉

事实、慎报原因，重讲态度、多讲措施，有序开放、有效引导”的原则，6天内举行了10场新闻发布会，持续发布失联人数、救援进展、善后处置、事故原因等重要信息，科学、理性疏导传闻猜测、嘲讽责骂、悲观绝望等不良舆情，挤压了谣言空间，主导了舆论走向，获得中外媒体好评和众多网民点赞。新华社评论指出：“深圳滑坡灾害中，人们看到了信息公开的努力。”有网民称赞：“此次事故新闻发布及时透明、密度空前、信息量大，牵引社会舆论保持理性，使谣言失去了生存空间，不像天津港爆炸事故那样谣言满天飞，堪称舆情应对的经典范例。”境外媒体非但未见以往惯用的恶意炒作，反而据此肯定“中国政府舆情应对能力日显娴熟”。《中国记者》2016年第9期发表笔者撰写的论文《深圳“12·20”滑坡事故新闻舆论应对的实践与启示》，认为这次事故新闻舆论应对创造了四个“全国之最”——新闻发布密度力度最大、宣传引导理念手

法最新、事故处置与舆情应对配合最佳、靠前指挥的宣传主官级别最高（时任广东省委常委、宣传部部长慎海雄坐镇指挥），做到了“信息灵、反应快、处置得当”（慎海雄语），是新媒体环境下善于把握网络传播规律和舆论主导权，“从时度效着力、体现时度效要求”的成功案例、创新案例、经典案例。

2. 选准最佳发稿时间

首条新闻在黄金两小时内从快发出后，后续信息发布则要追求传播效果最大化。而要达此目的，除了写好新闻稿，还得选准发稿时间。据调查，晚上20—23时是我国10亿多手机网民的上网高峰期，应选择在此时段发布重要信息或评论文章。

创新工场董事长兼首席执行官李开复在《微博：改变一切》一书中指出：如果要更多的人看到你发的微博，一定要选择最合适的发布时间。他对此有独到见解，值得我们参考：

首先，人们每天上网看新鲜事物的时间通常比较趋向于3个时段：上午9：30—12：00，下午3：30—5：30，晚上8：30—11：30。这是发微博的黄金时段。按照在线用户的活跃度来排序，一般是晚上活跃用户最多，上午其次，下午稍少一些。如果是周六和周日，因为大家要休息，上午看微博的人少，下午和晚上要多些，且周六看微博的人最少，周日要多很多。

其次，根据读者对象的不同，选择不同的发微博时间。如果主要发给大学生看，因周一到周五要上课，白天上网时间少，周末上网时间最多，所以可选择工作日晚上或周末下午、晚上发。

再次，根据内容的不同，选择最佳发微博时间。如果是业界新闻，最好在上午工作时间发，这时关心此类内容的办公室职员、白领等人群，多半正在微博上浏览相关信息。如果发布人生感悟、娱乐休闲、家居生活等话题，最好在晚饭后大家不再因工作而操劳时发出。周五下午，通常可以谈周末娱乐方面的话题。周末或假期则可以面向学生发布相关内容。

笔者认为，如果在城市通过微博微信发布信息，晚上23时至次日凌晨也是好时段，因为城市网民夜生活丰富，往往在深夜回家后临睡前才有空上网，特别是经济发达地区，“夜猫子”多，不少网络用户属于典型的“夜战型”，通常在午夜时分才静下心来关注微博微信。网民在工作日排队打午饭时、午睡前，通常会用手机上网浏览信息，在此时段发稿也可获得较高关注。如，2020年初新冠肺炎疫情期间，武汉封城、李文亮病逝、双黄连可抑制病毒等舆情事件的热度，都在深夜或中午达到顶峰，评论和转发刷屏网络。

3. 适时适度淡化处理

对某些舆情，要先观察、冷处理，如果不断回应，漏洞和把柄就可能越来越多，无谓地激起舆论纠缠，反而不利于平息舆情、缓和事态。故此，有的问题在网上曝光后，不必过于在意和紧张，适当回应即可，千万不要高调召开新闻发布会，既郑重表态，又长篇大论，把公众的胃口越吊越高，逼着处置部门持续释放相关信息，人为将快要冷却的舆情催热，闹得沸沸扬扬，让公众想不关注进展、不追踪结果都难。

2011年6月中旬，有网民通过微博、论坛等爆料称，广州某区街道办主任刘某陷入“裸聊艳照门”。在随帖附上的5张裸照中，只见刘某戴着耳机，盯着摄像头方向大笑，表情愉悦，看似与人聊天。其中一张照片露出私处，极不雅观。

刘某接受记者电话采访时表示，几天前就在网上看到了自己网聊的照片，并向组织做了汇报，记者如需了解情况，应通过正常渠道采访组织。他说：“我想，还是相信组织。”

6月20日，广州某区纪委、监察局在其官方网站回应称，网上发布的内容和图片在一定范围内产生了不良影响。有关领导已对刘某进行了谈话提醒，要求他不论在哪个场合都应注意个人形象，检点个人行为。对网民反映的其他问题，相关单位正在进一步核实，如发现当事人存在违纪行为，将坚决予以查处。

对官方回应，社会舆论普遍指其“轻描淡写”，部分网民甚至感叹“有组织真好”。当地也有媒体觉得如此表态“不过瘾”，要求区纪委进一步表明处理意见。由于刘某2010年11月才从区纪委调任街道办主任，区纪委很难就其获提拔重用一事对媒体做出合理解释，若公开承认“灯下黑”——对身边人失察失管、把关不严，无疑有损颜面，于是干脆保持沉默，婉拒媒体采访。

区纪委这一招果然奏效。就在刘某裸聊事件由于缺乏纪检部门更为务实的处理意见，区纪委眼看就要引火烧身之际，网上突然爆出一件网民认为更加新奇刺激的风流韵事——江苏溧阳市卫生局局长谢志强与情妇微博调情相约开房，一下子吸引了无数网民的眼球，成为轰动全网的公共事件。

就在此时，区纪委在其官网悄然发布刘某因违反生活纪律被免职的处理决定。羊城各家媒体心领神会，友好配合，淡化处理，仅在不起眼的版面或时段“来函照登”。区纪委幸运躲过了一场眼看即来的“舆论劫难”。

刘某裸聊事件何以能被谢志强开房事件迅速冲淡？回顾开房事件的来龙去脉，不难找到答案：在不少热衷桃色新闻的网民看来，后者比前者更刺激，更有看头——

2011年6月20日下午2时许，网上爆出一对情人在微博上相约开房的“猛料”，迅速引发众多网民围观。从微博头像上看，男方“为了你5123”戴着眼镜，模样斯文；女方“Y珍爱一生Y”穿着红色抹胸礼服，漂亮迷人。两人的地点标注都是江苏常州，且双方关注的对象中，都只有对方一人。

20日上午8时52分，“Y珍爱一生Y”发出微博：“亲爱的胖胖，你有时间给我电话吧。”

下午2时14分，“为了你5123”微博回应：“宝贝，我上午一直在市长那里汇报工作。”

一分钟后，“Y珍爱一生Y”回复称：“上午我也是忙到中午12点才回到公司。”

之后双方你来我往，发了10多条微博，约定去黄庭酒店开房相会。在“为了你5123”的微博中，黄庭酒店出现过多次。网民据此推测，该酒店已成为两人经常幽会的固定地点。

网民从微博对话中，看到了谢局长答应为情人报销发票、两人20日相约开房、男方提议“宝贝，今后我们还是少通电话少发短信，微博上见”、男方对网民能看到其微博表示惊诧等内容。可见，谢局长是一位“网络菜鸟”，误把微博当QQ，导致隐私曝光。

比之刘主任网上裸聊，谢局长微博调情开房无疑更有吸引力。在不少网民看来，刘主任长得胖乎乎，裸照也有碍观瞻，而谢局长年轻英俊、文质彬彬，他的情人更是面容姣好、身材丰满，虽说年纪略大，但徐娘半老，风韵犹存，浑身散发着女性的成熟美，且两人的微博对话情真意切、甜蜜肉麻，不知暗藏了多少隐私和天机。两相对照，网民自然会把目光转向更有看头、更令人遐想的后者，以致围观如痴、议论如潮。

综观网民言论，有的嘲讽谢局长“没文化真可怕”“电脑盲伤不起”，有的对其“公款泡妞”表示愤怒：“‘吃喝嫖赌全报销’，这下证实了。”也有网民提醒：在深浅莫测的微博江湖，不懂游泳的“菜鸟”来试水，难免会被呛到。

当地迅速处理此事——

21日凌晨5时47分，溧阳市委宣传部在溧阳论坛上回复称，本着对网民和干部负责的态度，正根据帖文反映情况对有关当事人进行核实了解。溧阳市纪委将积极介入调查。

同日上午，溧阳市纪委相关负责人表示，微博内容确为谢志强本人所发。两人关系到底发展到什么程度，微博所讲内容是否属实，目前正在进一步调查中。另有知情人透露，谢志强得知微博内容被传播后，立即予以删除，并主动找当地纪检部门说明情况。

同日下午，溧阳市委宣传部发布新闻通稿《溧阳市就卫生局谢志强微博帖文情况展开调查》称："2011年6月20日，天涯社区等网站出现反映溧阳市卫生局局长谢志强微博的帖文。溧阳市委高度重视，市纪委立即就网上反映的情况展开调查。21日下午，溧阳市委召开常委会，研究决定，对谢志强做出撤销其溧阳市第十一届党代会代表资格、停职检查、接受组织调查的处理意见。"

22日下午，溧阳市委召开常委会，研究决定：撤销谢志强溧阳市卫生局党委委员、副书记职务。同时，经溧阳市第十四届人大常委会第二十二次会议表决通过，撤销谢志强的市卫生局局长职务。

20日下午事发，21日凌晨回应，22日下午撤销当事人职务——当地处置谢志强开房事件的速度之快、手段之强、力度之大，深受舆论好评，难能可贵，值得效仿。

说到底，刘某裸聊事件之所以能够侥幸淡化处理，很大程度上取决于网上比裸聊更吸引眼球的舆情热点层出不穷，多数网民会自动转向更新奇刺激的热点事件。即便热度迅速盖过刘某裸聊事件的谢局长开房事件，也只火了3天，就被一夜之间蹿红的"中国红十字会商业总经理"郭美美微博炫富事件所冲淡。

舆情处置中，此类"新热点救场"现象不时出现。如，2020年1月17日，一女子开大奔进故宫"撒欢儿"事件一经传出，即刻在网上引起强烈质疑和批评。连《人民日报》也发表评论质问："为什么2013年初故宫全面实行开放区内禁止机动车驶入的规定后，竟有人可以开着大奔游览？这是管理的漏洞，还是特权的恣意？"指出："规则面前，人人平等，任何人都没有'撒欢儿'的特权。""故宫管理者要拧紧规矩的发条，对各个管理环节进行查缺补漏，防止破坏文物、侵犯文化尊严的事情再次发生。”就在故宫博物院通过官方微博向公众致歉、当事人删除相关微博图文，但舆情依然汹涌之际，新冠肺炎疫情突如其来，随即冲淡了“大奔进宫”舆情。正如有网民评说2011年“网上热点快速转换”时所言：“因为达芬奇（天价家具，被指伪造意大利品牌），郭美美只火了两星期；因为赖昌星，达芬奇只火了一星期；因为动车，赖昌星只火了半天。”

故此，某些网络舆情热点可能很快被新热点覆盖而自动消退，视情“无为而治”或适当回应即可。实际工作中，确实有一些舆情不好回应，与其尴尬地表态后再度引火烧身，还不如干脆来个“死猪不怕开水烫，你爱怎样就怎样”，保持沉默，以静制动，说不定风头一过，依旧毫发无损，实现“安全着陆”。

但对这种不诚恳、装糊涂的消极回避态度，网民未必“买账”，若短时间内没有更火的舆情热点出现，事件又迟迟得不到公正处理，网民就很可能对沉默者揪住不放、穷追猛打。换言之，不回应也面临舆论诘责风险，并非每次都能侥幸由热“自然冷”。

如，2008年7月被河南信阳市民称为“厅级别墅群”的公务员住宅小区曝光后，当地政府一直未公开解释，既不入住，也不拍卖，沉默了两年多。岂料，2011年4月4日，多家媒体再次披露此事，称“厅级别墅群”是一个冷对曝光的“顽固标本”，让公众监督无语。当地政府再次卷入舆论风暴眼，尴尬万分。

又如，2011年8月3日，就在中国红十字会系统公开捐赠数额和使用情况、郭美美微博炫富事件趋于平息之际，郭美美及其母亲却突然接受著名经济学家郎咸平专访，试图通过宁夏电视台节目澄清什么。其母受访时称，1990年郭美美还没出生，她就在深圳靠炒股起家，已拥有两套商品房和几百万现金。节目中，郎咸平多次主动引导母女俩帮深圳富商王军（网传郭美美的干爹、情人）、红十字会澄清传言。

郭美美及其母亲接受郎咸平专访

节目引发非议。网民普遍认为，郎咸平就是一个“托”，并讥讽他为“狼辟谣”。

凤凰卫视著名记者闾丘露微也公开表示，这个采访很失败：一是让对方只说自己想说的话；二是引导痕迹太重；三是没有追问，总是迫不及待地打断对方。一看就明白，做这个节目，就是要引导郭美美帮王军、红十字会澄清。不过，郭美美及其“股神”妈妈的剧本班子可实在是太烂了，就算从《知音》杂志挖一个编辑过来，起码能弄个“幸运少妇纵横商海二十载　携女儿守身如玉为哪般”之类的煽情专题，也比现在这个强百倍。

8月7日，又有网民爆出“猛料”称，某人通过中间人支付“狼教授”200万元。

同日中午12时，郎咸平在个人微博上回应称，采访郭美美是给她一个中立的平台，他本人并不赞成郭美美的生活方式。他指责一些网民包括一些名流和媒体疯狂对他施加网络暴力，训斥捏造他收受200万元贿赂等谣言是下流的人身攻击。

伴随“郎咸平对话郭美美”这个话题的爆热，名不见经传的宁夏卫视栏目《解码财商》一炮而红。但也有网民指称，“这是史上最无耻的炒作”。

那么，究竟何事何时应当冷处理？要做到准确研判、万无一失，也绝非易事。因为网络事件的舆情分析，需要综合考量社交平台传播、传统媒体报道、意见领袖发声、境外媒体炒作、热搜热榜推荐、搜索引擎结果排序、网民参与度等多项重要指标；故此，冷处理能否成功，除了要做出合乎事理和情理的分析，判定该事件不易引发公众围观热议，不会煽起网民激愤情绪，还得有足够的胆量和心理承受力，敢于冒“赌一把”的舆情风险。有时候，你实在不清楚“捅娄子”的人到底有何背景，不知道事件背后的水究竟有多深，难以弄清会有何种动机的策划高手在暗中操纵，无法预料会有什么样的意见领袖挺身相助，会引发何种性质、多大程度的舆情危机。

2010年12月28日，一则题为《晒晒最牛烟草局长的出入境记录》的帖子被置顶到猫扑论坛首页，直指广东汕尾市烟草专卖局局长陈文铸持有2张身份证、2本户口簿、2张护照，几年内进出港澳多达65次，并贴图为证。

此事迅速引爆网络，陈文铸被网民称为“史上最牛烟草局长”，其违规用人、奢华吃喝“两大问题”随即浮出水面。新华社深度报道栏目《新华视点》于2011年1月21日推出长篇调查报道，称陈文铸涉嫌多项腐败行为，如3年内进出港澳65次，违法持有2本户口簿、2张身份证，倒卖高利润名烟牟利，违规调入、提拔亲友30多人，单月招待费高达200多万元，其中一餐竟吃掉13万元……广东省内多家媒体跟进报道。

有关部门组成的调查组却声称“职工反映情况基本失实”。举报者则指斥该结论“混淆舆论，给陈文铸撑腰”。

随后，新华社不依不饶，连发5篇重头报道，以大量翔实的证据，证明调查组做出的结论“罔顾事实，颠倒黑白”。

然而，好长一段时间，有关部门一直沉默以对，舆论也随之偃旗息鼓，令网民大失所望。

这一切，似乎表明陈文铸从此就平安无事、高枕无忧了。

岂料，2011年8月5日，新华社重揭此事，穷追不舍，直指陈文铸涉嫌多项腐败，但有关部门从同年1月14日立案调查以来，一直未公布处理结果，早已超过法定的6个月期限。

接着，多家报纸参与报道和评论。如，《南方都市报》评论称，既然“反映情况基本失实”，为何无人被以“诬告”治罪？要知道，这非但不能证明相关方面大度、有容人之量，相反证明了其调查结论“基本失实”应该是“基本属实”。“最牛烟草局长”至今还牛气冲天，恐怕就是防止牵出更多的事和人（他以权力为经、以利益为纬编织的腐败之网，每一个节点都是利益攸关，只要你攻其一点，立刻就是整张网向你扑过来）。这种“稳桩固网”的结果，是上级查下级、老子查儿子的结果。

直到同年10月中旬，广东省烟草专卖局和汕尾市纪委宣布陈文铸严重违纪（违反组织人事纪律、居民身份证管理、出入境管理、领导干部廉洁自律等多项规定），被开除党籍和公职，媒体追踪报道和社会舆论才趋于平息。

可见，类似陈文铸事件舆情是很难冷处理的，因为事主涉嫌严重违纪，且网帖举报证据充足，相关部门无法否认，难以敷衍，唯有实事求是、公开公正地解决舆论反映的核心问题，方能给公众和媒体一个满意的交代。

另需提醒，报送网络舆情时，也要冷热有度、分清主次，不能有舆情“洁癖”，一看网上有风吹草动，就“眉毛胡子一把抓”，立马报请领导批示处置，而是要根据舆情所涉议题和性质而定。若是寻常无奇、无关痛痒、难以炒热的小事，网站多半不会浪费页面置顶推介，网民关注度自然很低，甚至可以忽略不计，因而不必过于紧张、惊动领导，也许过一两天就沉寂无闻了。

不过，这要考验你的舆情敏锐性和分析研判力。如果网上反映的事情复杂敏感，含有舆情引爆点，很可能激起网民围观热议和意见领袖发声，甚至会被敌对势力插手利用，那么，即使当时传播量和关注度不高，尚未形成热点，但显然属于可能演化为重大舆情危机的“弱信号”，也要立即上报信息，让单位主要领导有足够时间做出处置决策，力争将负面舆情化解在萌芽状态。切记，对此类重大敏感舆情，必须露头就打，哪怕“杀鸡用牛刀”“大炮打苍蝇”也在所不惜，因为大惊小怪、过激反应总比措手不及、舆情失控要好。

4. 巧妙转移负面话题

2011年6月26日，天涯社区一篇题为《太假了，我县的宣传图片》的帖子，爆出四川省凉山彝族自治州会理县（现改为市）3位县领导考察乡村公路的“PS悬浮照”，不仅引致微博大量转发、评论，成为热门话题，激起网民一边倒的批评谴责和“有些干部能耐大，脚不沾地能视察”之类的嘲讽挖苦，更引发一场规模空前的“全民PS大赛”网络恶搞狂潮。有网民大胆想象，居然把3位县官“悬浮”在月球上，“站”在美国宇航员阿姆斯特朗身后，仿佛在聆听这位登月第一人发出那句名言：“这是我个人的一小步，却是人类的一大步。”似乎也在讽喻：“这是PS的一小步，却是网络造假的一大步。”

一夜之间，会理这个平时少人理会的川南古县蹿红网络，名噪神州，成为众矢之的。

左为PS新闻照，右为恶搞照

面对突如其来的舆情危机，会理县政府快速巧妙处置：事发翌日下午，便在新浪开通官方微博，公开承认照片造假，诚恳道歉，并表明县领导下乡检查工作确有其事。照片发布者孙正东也通过个人微博致歉，并附上未经PS的原图，感谢网民的关注与批评。两条微博均被大量转发。会理县政府尊重民意、闻过即改的坦诚态度，受到网民一致好评，负面舆情随之平息。

至此，舆情应对可谓大功告成。

但“肇事者”孙正东并不“罢休”。他灵机一动，想出了“利用会理千载难逢的出名之机，趁热打铁推介旅游资源”的锦囊妙计。

于是，他把会理最美的一组风光照发上微博，并调侃称“绝对没有PS”，一下子将网民目光引向这些“养在深闺”的天赐美景。

众多网民看后不禁赞叹：没想到，会理还是国家历史文化名城，有这么多神奇秀丽的自然风光和底蕴深厚的人文古迹！不少人表示要前往会理旅游观光。

上述应对战术，不仅成功化解了一场来势汹汹的舆情危机，还巧蹭热点、借势营销，提高了会理的知名度和美誉度，堪称利用微博及时回应、坦诚面对、巧转话题、化危为机的经典范例。

从这个“转移话题”的范例，笔者又想起了另一个“制造话题”的故事，即张曼玉喂猪引出的闹剧——

2007年10月11日，著名影星张曼玉在云南会泽县出席“童梦园”公益活动（“童梦园”为联合国儿童基金会等机构创办的公益项目，旨在为中国中西部贫困地区校外青少年培训必要的生存技能，鼓励他们树立信心，成为社会有用之材），到娜姑镇一学生家里访问时，随手捡起蕃薯藤喂了5头刚“出浴”的小白猪，其中1头特别白净可爱，她禁不住弯腰摸了一下。

谁曾料到，张曼玉这种下意识的随手“喂”“摸”，或者说纯属好奇的一个即兴之举，竟引发一场令人啼笑皆非、轰动国内外的“护猪招商”闹剧。

张曼玉离开会泽不久，网上就出现一篇新奇引人的帖文——《县委书记指示：要切实保护好张曼玉喂过的猪》，称云南省会泽县委书记作出重要指示：“要切实保护好张曼玉喂过的猪，保证它吃好睡好，不能生病，宣传部门要好好策划宣传，扩大会泽在国内外的知名度，为招商引资服务。”

张曼玉在农户家喂小白猪

有门户网站对其论坛里的这篇帖文做了醒目推介，继而被大量网站集中转载，甚至有的网站把帖文当新闻，放在“社会新闻”专栏的头条位置。香港多家媒体也视为新闻予以报道。

一时间，向来默默无闻的会泽县名声大震。许多去云南旅游的人，都要慕名前往会泽，亲眼看看、亲手摸摸这头国际女星垂青、宠幸的“一代名猪”。据说，这篇帖文不但带旺了当地旅游业，也促进了招商引资工作。

与此同时，不少网民猛烈批评该县恶俗炒作，对县委书记的发展思路极力嘲讽挖苦。有网民笑言“这猪真有福气，有县领导给你撑腰，看今后谁还敢杀你”，慨叹“老百姓还不如张曼玉喂过的猪重要，真是猪以人贵”。有网民打趣称，“这猪要是做种，以后子孙满堂，就能形成一个‘曼玉猪’种群和品牌，经济效益将不可限量”。新加坡联合早报网也推出《会泽招商靠张曼玉喂过的猪》一文，内容与香港媒体报道如出一辙。

舆论重压之下，当地宣传部门只好指示当事农户辟谣澄清。

户主朱万兰心领神会，对前来采访的记者说："从来就没有哪个官员来我家说过要保护好张曼玉喂过的猪，我家准备把大的这头喂到年底就杀来过年吃，小的几头也要挑到集市上卖钱换化肥。"

朱万兰坦言，她家那几头猪因被张曼玉喂过，倒是成了"名猪"，先后有5拨记者从北京等地赶来访猪，试图发现其"过猪"之处。尽管外表未见任何差异，只是洗得白净一些而已，但在记者们的奇思异想和生花妙笔下，国际女星喂过或摸过的这几头猪还是被描绘成"非同一般的尤物"，吸引大批游客观赏拍照留念。

许多网民得知这几头猪即将被宰被卖，争先恐后赶到会泽"摸猪"，生怕过了春节就"摸"不到了。朱家再度迎来"摸猪"客流高峰后，也没有食言，在春节前按计划打发了"张曼玉喂过的猪"，彻底平息了这场旷日持久的"摸猪引资"风波。

时任会泽县委宣传部副部长沈立载接受记者采访时半开玩笑地说："虽然这些帖子对会泽造成了一定的负面影响，但它从另一方面又的确宣传了会泽，以前很多地方的人都没听过会泽，而现在，这个假消息让全世界都知道了会泽。"

无论这出闹剧是官方一手炮制，还是网民自编自导，从表现手法和传播效果来看，都堪称出奇制胜的成功案例。操盘手深谙营销策划术，善于"消费"张曼玉这位国际大牌影星，坚信一个令人倾倒的"万人迷"亲手喂过、摸过的猪，自然会在众多爱心博大的追星者中产生"爱玉及猪"的明星效应，撩拨他们迫切希望亲自看一下、摸一下张曼玉喂过、摸过的猪的好奇心和冲动欲。就像当年有幸与伟大领袖毛泽东握过手的普通百姓一样，可能因其对毛主席神一般的顶礼膜拜而一时舍不得洗手。

5. 信息发布灵活多样

信息发布形式多种多样，主要有召开新闻发布会、组织媒体采访、提供新闻通稿、授权媒体发布，以及在网站、微博、微信、移动客户端、短视频社区、手机短信等平台即时发布，可视情灵活选用。其中，新闻发布会具有权威发声、直面媒体、互动交流等优势，能够及时通报情况、表明态度、达成共识、树立形象，因此具有不可替代的重要作用，成为最常用、最有效的信息发布形式。为了更好地以充分的信息服务引导报道倾向和基调，发布会不能只念稿子，应尽量设置记者提问环节。

2020年初新冠肺炎疫情在武汉暴发，随后波及全国。从国家到地方，都建立了信息发布协同联动机制，既密集举行新闻发布会，又通过“两微一端”及时发声，确保政府新闻发布的全程、全员、全息、全效传播，起到了解疑释惑、挤压谣言、稳定民心的积极作用。如广东省卫健委在抖音号“健康广东”进行疫情新闻发布，短短一周内点击量超过2亿次；广东省市场监督管理局通过央视新闻客户端直播餐饮服务业防疫指引落实情况，打消了广大食客的担忧。

时效决定实效。发布形式要服从时效，以满足公众对突发事件信息的即时需求。如果时间紧迫，可采用网络视频形式举行网上新闻发布会并答记者问，也可在事件现场随时通报最新情况。特别是事故灾难现场，公众高度关注，记者云集于此，如能在现场或附近发布新闻，可以更好地服务媒体和掌控信源。如，2005年广东省梅州市兴宁市黄槐镇大兴煤矿“8·7”特大透水事故发生后，在持续23天的救援时间里，抢险救援指挥部新闻组指定两位熟悉情况、口才较好的新闻发言人，每天上午11时分别在矿难现场主井、副井附近发布最新消息，并视情随时组织媒体记者采访报道。连续滚动的现场新闻发布，牵引了记者采访视线，主导了新闻报道基调和舆论引导议程，也降低了记者四处“挖料”可能导致报道失实的风险。

广东兴宁“8·7”矿难发生后紧急安装抽水设备

可见，对于处置时间较长的事件，要定时定点定期发布信息，确保始终掌控舆论主动权。

对因客观条件所限发布的不准确信息，也要采取适当方式予以修正，避免公众误解引发舆情。如，兴宁“8·7”矿难发生后，煤矿管理人员因害怕受处理而逃跑，给被困矿工人数核对带来极大困难，导致矿难翌日发布的“102人被困井下”的消息不准确，由此滋生“故意少报被困矿工人数以减轻责任”之类的谣传。为此，新闻组立即通过媒体呼吁管理人员迅速返回现场，配合调查。经管理人员和地面作业的矿工反复清点、核实，最终确定被困矿工人数为123人。一天后，即8月9日晚，救援指挥部就在新闻发布会上公布了这一准确数字，媒体记者和社会公众不但给予充分谅解，而且对政府实事求是、毫不隐瞒的态度表示赞赏。

历史总是惊人的相似。10年后的2015年，长江“东方之星”号客轮“6·1”翻沉事故同样因统计疏漏，将获救人数由12人误计为14人，引发一些质疑声。对此，救援指挥部并没有刻意纠正，而是巧妙利用下一次新闻发布会宣布搜救工作结束之机，对获救人数进行变更，并做出解释说明，有效消除了社会误解。

6. 及时有效澄清谣言

谣言之所以在网上滋生和泛滥，除了少数别有用心者蓄意捏造外，主要原因还是权威信息供给不足、一些机构的公信力降低以及出位信息更容易被传播。不少社会心理学家认为，造谣传谣是某些特殊群体制造出来的一种情绪宣泄和社会抗争行为，能帮助他们消除焦虑、获得平静。因此，一定程度上可以说，造谣传谣是信息缺乏者对信息资源不平等，特别是对信息发布不及时或不完整的一种发泄和挑战。

事实表明，谣言通常在新事物刚刚产生、疑问很多、关注度高的时段出现。它最初主要以口耳相传形式流传，随着移动互联网的发展，微博、微信、抖音、脸书、推特等社交媒体成为谣言滋生与传播的主要平台。借助社交平台的开放性、互动性、便捷性等优势，大量谣言传言和不实信息快速广泛传播，严重危害网络秩序和社会稳定。

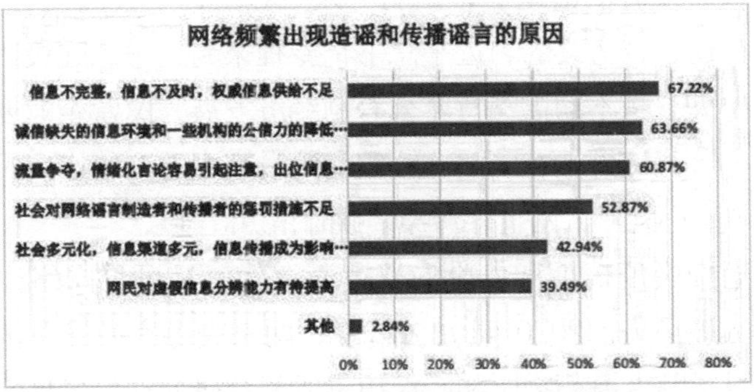

来自2022年全国网民网络安全满意度调查数据统计报告

澄清谣言是舆情应对主体应尽的职责之一。《中华人民共和国政府信息公开条例》明确规定，行政机关发现影响或者可能影响社会稳定、扰乱社会和经济管理秩序的虚假或者不完整信息的，应当发布准确的政府信息予以澄清。

辟谣也要追求时效，越快越好。“破窗效应”理论告诉我们，如果一扇窗户被打破了，必须及时补好，否则就可能怂恿破坏者毁掉更多窗户；因为人们接受了这样的心理暗示：打破窗户是被允许的，不会受到指责与惩戒。在网上，如果某个谣言吻合人们的社会认知和当时感受，人们就会不假思索地相信、附和，继而相互转发、议论，使之滚雪球般越滚越大，形成难以遏止的扩散蔓延势头，对受众的判断、决策和信息处理过程产生误导，甚至会引发过激行为，破坏公共秩序。

2018年9月12日，自称资深金融人士、财经问答专家的网络“大V”吴小平，在其个人微博刊发《中国私营经济已完成协助公有经济发展的任务，应逐渐离场》一文，立即在网上炸开了锅。一时间，“国进民退”“私企离场”等“带节奏”的谣传弥漫网络，刺痛了全社会的敏感神经，引发民营企业界忧虑和恐慌。针对这种违反宪法和改革开放政策的荒谬论调，《人民日报》《经济日报》等央媒刊文批驳，及时澄清是非，指明“只会壮大，不会离场”。9月27日，正在辽宁省考察的习近平总书记专程来到辽宁忠旺集团，明确表示党中央“毫不动摇支持非公有制经济发展，民营企业要进一步增强信心”。这掷地有声、一锤定音的最高表态，给广大民营企业家吃了“定心丸”，网上杂音噪音顿时销声匿迹。

新冠肺炎疫情期间发生的双黄连事件，足可见网络谣言对社会的巨大破坏力。2020年1月31日晚，两家央媒官微发布消息称：“中国科学院上海药物所和武汉病毒所联合研究初步发现，中成药双黄连口服液可抑制新型冠状病毒。”国内大小媒体如获至宝、争相转发，让这个原本普普通通的中成药瞬间成为“网红”妙药，立刻冲上微博热搜榜首。一夜之间，双黄连线上药店被“秒光”，线下药店门庭若市，民众连夜排长队抢购现象在全国多地上演，获购者如同抓到了救命稻草，扑空者加剧了焦虑恐慌情绪。与此同时，对双黄连药效的质疑也纷至沓来。众多媒体连夜采访上海药物所相关工作人员，但得到的答复却是对其疗效“不知道、不清楚、不好说”。2月1日上午9时23分，该所所长蒋华良接受《中国经营报》记者采访时表示，“任何药物，都要通过在病人身上试验才能判断是否起效……目前披露的是双黄连口服液（在抑制新型冠状病毒研究）的病毒试验，试验结果还没出来。”随着媒体集中发布专家辟谣信息，舆情热度直线下降，抢购狂潮逐渐退去。这种走样传播科学试验的现象，不但无益于抗疫，也削弱了科学界的公信力。

那条“学生打疫苗出事了”的谣言，则严重干扰了疫苗接种工作。2021年8月2日，一段江苏江阴学生疫苗接种现场的微博视频在网上广泛流传，视频称：“某学生留观的时候就出现脸色发白、出虚汗的状况，接着抽筋，120赶到时说人已经不行了。”“她已经被签署自愿承诺书，没有任何人和机构为她负责。”“现实就是这么残酷！”这条说得有鼻子有眼的谣言欺骗性极强，令信谣者对疫苗的安全性产生怀疑。官方迅速调查澄清：当事人为江阴实验中学初一女生，7月31日下午接种疫苗约5分钟后，可能因晕针反应，出现头晕、出冷汗等情况，医务人员对其予以卧床休息、吸氧，约10分钟后完全缓解，留观30分钟后由家长陪同离开，身体无异常。网民获悉真相后，不禁感叹：明明是轻微的不良反应，却变成了造谣者眼中的因疫苗接种产生的死亡事故；明明是医务人员认真负责，却说成没有任何人为她负责。

综上观之，面对网络谣言，千万别抱“清者自清”“谣言止于智者”的幻想，不能沉默以对、放任自流，而是要高度重视、及时处置，或删除、封堵，或澄清、批驳，阻断群体盲信和“破窗效应”，避免谣言扩散和舆情发酵，造成社会不良影响。因为有不少网络谣言无中生有地炮制出看上去信源齐全、图文相佐的“权威报道”，极具欺骗性和迷惑性，特别是那些叙事逻辑化、说理科学化的谣言，以情理的可能性装扮出故事的真实性，迎合了大众的情感需求、利益诉求，击中了网民的心理弱点、知识盲点，令很多人一时间失去正常的思考判断，不经求证就深信不疑、随手转发，致使谣言四处扩散，错误言论乘虚而入。它能以假乱真、混淆视听、侵扰思想、迷乱心智、影响稳定，是不折不扣的“社会毒品”，极易使人上瘾，沉溺其中，欲罢不能，对社会秩序和公共安全的危害不亚于“网上黄赌毒”。

谣言惑众，全靠“化妆”。这就提醒我们，揭穿谣言也要讲究表达方式，尽量以客观平实的“真相陈述”为主，使用简洁精炼、通俗浅显的话语，让人易懂易信；若用专业术语、深奥理论，不仅难以说清，网民也不愿费心去理解。同时，要以平视的姿态面对舆论，态度语气与语境相契合，少用强硬的压倒性措词进行反击和驳斥，否则会给网民留下“傲慢”“摆官威”“听不得批评”等印象，影响辟谣效果。另外，在谣言出现之初，涉事主体如能迅速与发帖人联系，陈述事实，消除误解，让其主动删除，不失为控制影响的有效方法。但一旦发酵升温、炒成热点，删帖不仅难以奏效，还可能引发次生舆情。

造谣一张嘴，辟谣跑断腿。应对网络谣言，往往需要大量高成本的事实澄清。为此，有条件的地方和部门可利用大数据、区块链、人工智能、移动定位等前沿技术，建立集监测、识别、预警、核实、溯源、标记、辟谣、拦截等步骤于一体的谣言治理平台，提高发现、处置谣言的效率。如，2019年4月阿里达摩院研发了“AI谣言粉碎机”算法程序，通过对网络信息发布者进行画像、信息源头追踪、与知识库匹配验证等步骤，最快能在1秒内判定信息真假，并定向为用户辟谣。

当然，面对扰乱社会人心和公共安全的网络谣言，我们不仅要快速核实、及时辟谣、以正视听，斩断谣言传播链条，消除公众误会误解与疑虑担忧，还要追根溯源、落地查人，揪出造谣传谣的“始作俑者”，依法严惩，公诸于众，形成震慑。但在公共危机事件爆发初期，特别是社会公众普遍感到权威信息披露不及时、不充分、不对称的时候，对查处造谣传谣者的报道要慎之又慎，因为这时他们往往有大量“同情者”，如果把握不当，非但起不到警示教育作用，反而会激起质疑声浪，造成舆情反弹。

事实上，任何国家都没有绝对的网络言论自由。2012年1月30日英国《每日邮报》和1月31日英国广播公司（BBC）中文网分别报道称，两名英国人赴美旅游一周前在推特上发表了“要摧毁美国”“把玛丽莲·梦露挖出来”等威胁性言论，引起美国国土安全部门注意，结果在抵美时被美国警方逮捕，并进行了长达5小时的问讯，第二天便被遣返回国。此事在英国引起广泛关注。英国旅行社协会（ABTA）提醒准备出国度假的公民：旅行前言行应格外谨慎，尤其是在2001年“9·11”恐怖袭击事件后，“美国当局绝不会小视在公众论坛出现的可能被理解为带有威胁意味的信息，如此案中的‘摧毁’一词。这说明安全部门的工作人员在处理潜在危险时，绝不会像旅客那样保持幽默态度”。

此事充分证明美国所谓“网络言论自由”的虚伪性。腾讯网民“老黄牛”说：“虽说世界上没有绝对的自由，但是这种事发生在美国是非常可笑的，因为美国从来都是把自己标榜成‘自由、民主’的化身，总是打着‘自由、民主’的旗号对别国品头论足，甚至以制裁、入侵相威胁，典型的双重标准！”天涯网民“湖里没有船”说：“美国也有网管，删帖是常有的事，更不能乱说话。移民去美国的朋友，比在国内老实多了，很少敢在美国的论坛发表意见，移民局天天会看他上网的情况。”

在美国，删帖、封号、监控确实如家常便饭。如，2020年4月13

日，中国驻斯里兰卡大使馆推特账号、中国驻塞浦路斯大使黄星原推特账号均被冻结。黄星原曾多次在其推特账号上对美国个别政客诋毁中国疫情防控政策的言论做出严正驳斥。他说，压制不同声音和言论自由的事情在美国也不是第一次发生，“在香港问题上他们已经有过先例”。据美国媒体报道，有美国议员曾要求推特总裁多尔西移除中国政府的推特账号。

又如，2013年6月初，美国中央情报局前雇员爱德华·斯诺登揭露美国政府实施“棱镜”绝密监听计划，恣意监听监控私人聊天空间、电子邮件、网络通话和脸书、推特、优兔等社交媒体，连时任德国总理默克尔等多位盟国领导人也不放过，使自诩“国际网络安全卫道士”、却“每时每刻都在监控全世界”的美国政府在世人面前无地自容，陷入巨大的国际政治旋涡与道德困境之中。但美国政府本性难移，从未停止针对他国的网络攻击及窃密，2021年5月又被欧洲媒体曝光其利用丹麦的互联网设施监听欧洲盟国一些领导人和高级官员，令盟友匪夷所思、全球舆论哗然，再次坐实美国是当之无愧的“黑客帝国”“监控帝国”“窃密帝国”。

引爆美国“棱镜”绝密监听计划的斯诺登

网络使用者的合法权益应当受到保护，但对危及公共安全和社会稳定的违法有害言论必须严格管控，这已成为世界各国的共识。

那么，在众声喧哗的自媒体时代，应如何避免不实信息和错误言论传播扩散，保持良好舆论生态?

笔者认为，根治谣言等有害信息要多措并举、综合施策。一方面，要认真分析谣言背后的社会情绪和群众诉求，及时核查情况，发布权威信息，回应群众关切，避免以讹传讹，防止别有用心的人借机进行造谣煽动；另一方面，要加大谣言整治力度，压实网站平台管理责任，特别要强化技术支持与法律打击，即通过监控技术，快速找到违法不良信息发布源头，坚决依法查处。如，法国政府委托欧洲5所大学和4所公司研发甄别网络谣言的监控系统，美国关于网络安全的法律法规已有130多项，新加坡明文规定网站必须在24小时内删除政府部门认为不适宜发布的信息。党的十八大以来，我国也加快依法治网步伐，出台了一系列法律、法规、规章和司法解释，努力从源头、渠道上遏制违法有害信息野蛮生长。如，2014年4月17日，北京市朝阳区人民法院以诽谤罪和寻衅滋事罪，对蓄意在网上造谣传谣、制造社会恐慌和矛盾、非法获取经济利益的网络红人“秦火火”（真名秦志晖，他承认2011年以来，制造并传播网络谣言达3000余条，如捏造“张海迪、杨澜拥有外国国籍”“罗援当逃兵”等谣言）判刑3年。此前，已有多个“网络大谣”被依法惩处。这是打击网络谣言炮制者、极端行为挑唆者、不当利益谋取者的最有力手段。随着2017年6月1日起《网络安全法》的实施，造谣诽谤者和舆情敲诈者要付出更大的法律代价。

如果是网络举报、爆料，首先要鉴别真假。由于网络具有隐蔽性、匿名性等特点，不排除一些人在证据不充分的情况下道听途说、捕风捉影，甚至无中生有、颠倒黑白，滥用网络监督的力量，达到打击报复的目的；其次，要判断所涉舆情的性质特点、敏感程度、观点倾向、传播路径和影响范围，有无网络意见领袖介入或别有用心的人煽动，舆情走势如何、风险多大，会不会生成网上热点，甚至向网下蔓延，酿成现实群体事件。要把握好引导与管控的关系，根据舆情热度和态度，采取相应的处理方式：如果是胡搅蛮缠的辩棍取闹、发泄情绪的泼妇骂街，纯属“个人出气”，网民大都不会追随讨论，即使引来一定关注，也只是昙花一现，无需太在意，更不必急于回应；若是由于群众合理诉求没有及时得到回应和解决而产生的怨气怨言，要多理解、多包容，认真倾听，诚恳沟通，达成共识，切忌简单粗暴、一删了之，导致积怨爆发、舆情反弹；而那些关注度高、容易引起网民“共情共鸣”的重大敏感舆情，特别是造谣煽动类信息，则必须高度重视，及时回应，严密管控，防止形成社会不稳定因素。

另需提醒的是，对于实名举报党政官员、企事业单位高管的网络舆情，官方回应时不能草率定论，以免激起质疑声浪和对立情绪。如，2015年9月12日16时，一篇题为《亿万富翁实名举报湖南怀化沅陵县长龚琪千万索贿受贿的事实》的帖文开始在网上热传。举报者为湖南商人向杰，他在帖文中列举了龚琪“多宗罪”。13日15时，举报不到24小时，沅陵县委互联网宣传管理办公室通过其官方微信公众号“沅陵发布”称，龚琪同志回应从未收礼；网帖所谓的“举报”缺乏依据，是故意报复政府主要负责人的行为。这一仓促表态，立即遭到网络舆论强烈质疑。不少网民认为，该县长是否索贿受贿，涉及刑事犯罪问题，必须走法律程序来判定是非，官方不能仅凭其自我辩护之词，就公开将举报定性为“故意报复”；官方回应显然操之过急、难以服众，看似维护党委政府和领导干部形象，实则给公众留下太多想象空间，是典型的对党和人民不负责任。故此，对此类舆情，由上级纪检监察部门分两次回应为宜：第一次及时表示将公正调查处理、如实公布情况，或先行通报已经查明的相关事实，以表明态度、缓和舆情；第二次在充分查明情况、得出定性结论后，适时发布处理结果，以权威声音终结舆情。

三、定性定论慎之又慎，上纲上线适得其反

突发事件处置备受社会公众关注，必须经得起舆论的监督和检验，处置部门要做到充分调查、周密论证，定性准确、措施得当，确保万无一失。如果定性定论不顾民意、自以为是，甚至上纲上线、乱贴标签，就会激化舆情、恶化事态，处置起来更加棘手。

因此，突发事件处置要顾及网民的认知和感受，在不损害党纪国法权威性的前提下，充分考虑网民的朴素情感和心理承受力，通过合乎常识常理常情的定性处置方式，最大限度安抚网民心绪。这一切，无不考验着处置部门对法理情的抉择与平衡智慧。

1. 善于淡化政治色彩

群体性事件的诉求，大多是地区性、行业性甚至只是少数人的经济、民生利益问题。若将这类普通社会性事件不分层次地上升到“政治高度”上来处置，就会激化官民矛盾，使处置工作陷入被动。

著名社会学家单光鼐表示，对过激维权的群体性事件，用“别有用心”“不明真相”之类的说法来解读没有任何说服力，因为群众的诉求目标仅涉及经济、民生利益，与政治不搭界，他们根本没想过要以体制外的行动方式来谋求体制内的权力再分配。

正如2022年6月17日微信公众号“胡锡进观察”刊文指出，中国是社会稳定水平很高的国家，近年来各地偶尔出现一些人聚集、喊口号，基本都是在民生层面就具体利益的维权行为，而且各地的处理大都很及时，它们并不构成冲击国家治理全局的风险。

但一些地方领导对利益之争的群体性事件，仍存在过度政治化看待的倾向，往往把群体性聚集维权定性为破坏社会秩序乃至反对执政党的违法犯罪行为，轻率采用强硬处置手段，造成矛盾升级、

事态扩大，无谓地把自己推到群众的对立面，严重损害了干群关系和党委政府形象。而高明的地方领导，即便面对带有某种政治诉求的事件，也能巧妙用非意识形态手段予以低调处理，努力将其淡化为一般性的利益问题，最大限度降低负面影响。

当然，有的群体性事件特别复杂敏感，很可能在境内外敌对势力插手操纵下演变成政治性事件。一旦碰上这种情况，就要坚守原则立场，敢于亮剑发声，打赢舆论斗争，维护政治安全。如，2018年7月爆发的深圳佳士科技公司工人“维权”事件，表面看是少数工人为争取经济利益，多次非法冲击厂区，实质上是一起由境内外劳工组织勾连策划、裹挟部分高校学生参与声援、企图组建独立工会、将劳资问题政治化的恶性事件。对此，新华社等主流媒体深入披露事件真相，有力揭批了境外敌对媒体的造谣中伤和险恶用心。

2. 定性须准处理要公

查明起因、判定性质、追究责任，是突发事件处置的关键步骤。探因定性，既要实事求是，又要把好分寸；问责处理，既要依法依规，又要讲究顺序。有时要先对官方直接责任人给予停职检查等初步处理，再对事件做出准确定性、公正处置，老百姓才会相信政府主持公道、为民说话，才能尽快平息民怨公愤；如果迟迟不查处相关责任人，甚至包庇袒护，助其推责，就会导致舆情升级恶化，还可能引发群体性抗议事件。

有不少人把湖北巴东邓玉娇事件的升级恶化归因于网络舆情应对处置不力，其实这是有失公允的错误看法。邓玉娇用水果刀刺死强迫她提供色情洗浴服务的官员，原本是一宗并不复杂的案件，但由于当地公安部门仓促草率做出定性结论，立即以涉嫌故意杀人罪对邓玉娇采取刑事拘留措施，结果遭到不少网民和意见领袖的强烈质疑和游行抗议。舆论一边倒地同情声援邓玉娇，助推民意汹涌和事态升级，“强烈要求公安部门公正办案”的呼声此起彼伏，“杀淫官，救玉娇”“巴东警察，警察的耻辱和灾难”“巴东无法无天，一片黑暗，是不是共产党的天下”之类的情绪性偏激性言论充斥网络，境外敌对势力和反动媒体也借机大肆攻击抹黑我政治体制和司法制度，最终惊动中央高层过问此事。

警方以涉嫌故意杀人罪刑拘邓玉娇，引发声援大游行

案情大致这样：2009年5月10日晚8时许，湖北省恩施土家族苗族自治州巴东县野三关镇政府招商办公室3名工作人员酒后到该镇一家休闲中心消费时，在一个房间见到年轻貌美的服务员邓玉娇，便要求其提供色情洗浴服务。邓玉娇当即拒绝：“我不是那种人，你们看错人了！”但招商办主任邓贵大非常猴急，不管三七二十一立马猛扑过去，一把将邓玉娇按倒在沙发上，强行非礼她。谁知，邓贵大“命不大”，被奋力反抗的邓玉娇从随身携带的手提包内掏出水果刀连刺喉部、胸部3刀致死。另一位参与骚扰的黄德智手臂受伤。案发后，邓玉娇主动拨打110，向当地派出所报案。

从案情推断，邓玉娇是在非礼者强行把她按倒在沙发上、人身安全受到极大威胁的情况下，出于自卫本能，掏出随身携带的一把水果刀，慌乱挣扎之中连捅对方3刀致其死亡的，定性应当在“正当防卫”与“防卫过当”之间做选择，无论如何也与“故意杀人”不沾边。如果刑拘邓玉娇的同时，也认定被刺死的邓贵大和另两位官员要求提供色情洗浴服务属于违纪行为，并对两位官员做出停职检查的初步处理决定，事情肯定闹不到这种地步。直到37天后，巴东县人民法院认定邓玉娇的行为构成故意伤害罪，但判决免予刑事处罚时，法院门口仍有三四百人久久不肯散去，网上批评质疑声仍未彻底平息。有网民指出：“这个结果只是为了平衡各方利益而折衷做出的，绝不是根据法律的公平判决！”“如果判无罪释放，就要国家赔偿。”

中央电视台的网络调查显示，高达92.19%的网民认为邓玉娇的行为属于“正当防卫”，不应该定罪；仅6.94%的网民认为是“防卫过当”，但也不能叫“故意杀人”。

可见，对事件的定性处理错误才是导致网民同情声援邓玉娇的根本原因。将事态扩大归咎于当地宣传部门舆情应对不力或网络管理失控，显然不符实情、主观武断。因为，实情决定舆情，网下决定网上；正是由于当地警方对事件定性不当、处理不公，才使事态恶变、舆情升级。这时，网上相关负面信息多达几亿条，即使组织网评员发出成千上万条跟帖评论，也只能淹没在数以亿计的负面信息海洋中，如石沉大海，无声无息，起不到半点效果。唯有快速公平公正处置事件，打消网民质疑与忧虑，才能彻底平息舆情。

此事令邓玉娇一夜之间从默默无闻的平凡女子，成为举世闻名的“宁为玉碎，不为瓦全”的烈女英雄，受到众多网民称赞和追捧。网上出现诸如《烈女邓玉娇传》《生女当如邓玉娇》等大量赞美邓玉娇的作品，恩施电视台也为她安排了工作。有一次，某电视台举行选美大赛，数十名佳丽一出场就亮出一块上书“邓玉娇是我们学习的榜样”的大字招牌，旨在告诫那些对她们垂涎三尺、有非分之想、要付诸行动的人：“我们都是邓玉娇那样洁身自好、誓死捍卫贞节的烈女，绝不容许任何无关人员揩沾半点便宜！你们就看着办吧！”据说，这一招果然奏效，比赛期间风清气正，没惹出任何绯闻，选出的前三甲也实至名归，获得当地媒体和公众一致认可。

某选美比赛现场

四川泸州市合江县交警“丢枪不叫丢”事件，也因定性处理不当，一度引起众多网民和媒体强烈质疑。

2014年5月23日，有网友在天涯社区等论坛发帖称，合江县交警大队副大队长许江带女下属开房弄丢配枪，并长期与她保持不正当性关系，以及与该县一大型汽车修理厂存在利益输送。该帖迅速传播扩散，在网上引起较大反响。

24日，有记者来到合江县公安局采访。副局长陈献辉介绍说，县纪委已介入调查。他表示，许江一事不算“丢枪”，而是“枪支暂时失去控制”。理由是“服务员整理房间时发现枕头下面的枪后即拨打110报警，并未动那把枪，如果动了，拿走了藏起来，那就是丢枪了”（引自5月25日《华西都市报》等媒体报道）。

陈献辉的“表态”一经披露，顿遭舆论猛烈抨击。舆论普遍认为，合江县公安局把事件定性为“枪支暂时失去控制”，是一种很随意的人为定性，很不严谨，很不科学，也不符合法律规范，完全是对事实的曲解，也可能是故意睁着眼睛说瞎话。

26日，《南方都市报》发表题为《“丢枪不叫丢”与“窃书不算偷”》的评论说：

> 鲁迅笔下的孔乙己在偷书被抓时辩称“窃书不能算偷”，迂腐荒谬，成为一条广为流传的“经典语录”，贻笑大方。现在，合江县公安局又告诉我们“丢枪不叫丢”，俨然现代版“窃书不算偷”——我们不由得怀疑，合江县公安局如此定性，意在保全本部门的面子，意在减轻许江及其他有关人员的责任（许江仅遭受行政记过和停职处分）。由于“丢枪不叫丢”出自政府部门之口，属于一种正儿八经的公权力定性，比之孔乙己的个人狡辩，其荒谬程度要更“胜”一筹。而若鲁迅先生泉下有知，想必也只能无奈地冷笑。
>
> 由于丢枪事件牵涉到合江县公安局的整体形象以及有关主管领导的责任，让该局自说自话、自己调查、自己定性、自己处置、自己问责是不合理的，更高层级的公安机关甚至当地检察机关应该介入调查，还原事实真相，给事件定性，依法问责。如此，才更有公正性，更有说服力，更符合民意期待。

媒体持续报道和评论引起有关部门高度重视。26日晚，在四川省公安厅派出工作组调查认定许江严重违反公务用枪管理规定后，合江县纪检监察部门立即撤销县公安局原给予许江行政记过处分的决定，给予许江开除党籍、公职处分。并表示，对于网民反映的其他问题，有关部门正在进一步调查。

至此，事件初步得到公正处理，舆情风波暂告平息。

然而，网民苦等了一个半月，仍未等到有关部门的“进一步调查”结果，反而因其舆情回应“烂尾”，惊闻事件“女主角”小李为捍卫名誉，被迫“以处女膜证清白”的荒唐之举。7月16日，这位女协警打破沉默，极不情愿地告诉媒体记者：“我没有与他保持不正当男女关系，我连恋爱都没谈过。”“在宾馆开房也是谈事情，并且房门始终是开着的。”她说，为证清白，看到网帖当天，她就去医院做了妇科检查，证明处女膜“完好无损”。此事迅速传开，引发新一波质疑浪潮。

上述两个反面例子告诉我们：突发公共事件发生后，如果事件处置不当，就会引发次生舆情，平添舆论批评，损害政府形象。

丢枪事件中，当地有关部门在严肃查处时，如能根据双方口供和酒店监控纪录，公开真相，澄清事实，就可排除舆情隐患。令人不解的是，有关部门不但忽视舆情长尾，未进一步做出回应，反而躲躲闪闪、含糊其辞，甚至要求女协警“在家休息”，这无异于默认了舆论的猜疑，让当事人的关系变得更加“不明不白”，令女方不得不尴尬地以处女膜完好自证清白。对此，有网民指出，在处女膜修补术炉火纯青、医疗证明造假屡见不鲜的今天，即使有处女膜完好的证明，也无法彻底打消公众疑惑。网民质问：既然当事双方关系清白，官方发布何故“烂尾”而致舆情复燃?

因此，事件处置要为舆情应对创造有利条件，每一项处置举措都要顾及舆论反应和社会效果，不能与公众认知和感受相距甚远。只有这样，才能确保舆情平稳可控，促进事件顺利处置。

但在实际工作中，有的地方主官视宣传网信部门和新闻发言人如“灭火队”，一遇突发事件舆情升级恶化，不问事件处置是否妥当，却把责任全都推给宣传网信部门或发言人，并下达一些不合时宜、不切实际的应对指令，弄得他们左支右绌、捉襟见肘、难收实效，也使政府形象大打折扣。

在此，笔者举一个值得地方领导干部借鉴仿效的典型案例，就是2010年6月11日傍晚发生的安徽省马鞍山市花山区旅游局局长汪国庆打人、被就地免职事件——

当晚，汪国庆下班后，驾车偕妻子回家，经过一处斑马线时，看见车后视镜被一位男中学生的自行车碰擦了一下，就连忙下车甩给对方一记重重的耳光，男生脸部随即红肿起来。而汪妻不但不劝阻，反而怂恿说："打得好！"

据说这一巴掌用力太猛，响声很大，街上10多米外的人都能听到。路人闻声纷纷上前围观，人数从几十个迅速聚集至几千个。汪国庆夫妇顿时陷入"人民战争"的汪洋大海之中，迎接他俩的是暴风雨般的西瓜皮、矿泉水瓶、树枝和砂石。夫妇俩被团团围困在车内，动弹不得，惊恐万分。整条大街堵得水泄不通，交通瘫痪，严重影响下班回家的市民。

马鞍山市委书记、市长闻讯，立即率领几百名防暴警察赶赴现场，全力解救汪局长。在警察掩护下，汪局长被安全转移到警车上，但围观群众气愤不已，自发包围警车，坚决不让离开。

打人的汪国庆陷入群众包围之中

网上出现的有关漫画

一时间，现场一片混乱，有人向警察投掷矿泉水瓶、砖块和西瓜皮。与此同时，不断有人将现场照片和事发原因上传微博，吸引众多网民转发热议。网民齐声谴责汪局长逞权打人行为，助推网络舆情迅速升温。附近群众闻讯，纷纷涌向现场，呼吁严肃处理打人者的声浪此起彼伏。

为稳定事态、平息民怨，市委书记郑为文紧急在现场开会，果断做出对汪国庆的处理决定。紧接着，郑书记勇敢地跳上警车车顶，用高音喇叭向围观群众大声喊话，表示政府一定会公正处理此事，已研究决定对汪局长就地免职、行政拘留。

围观群众闻之，认可政府做法，怒火逐渐平息，并在警察劝说下有秩序地离开现场。网上汹涌舆情随之烟消云散。

由果推因，倘若当时不在现场宣布处理汪局长，任由群众激愤言行升级恶化，就很可能酿成严重的警民冲突流血事件。

郑书记在千钧一发的危急关头挺身而出、直面群众的英勇形象，令人肃然起敬。都说“沧海横流方显英雄本色”“危难之处显身手”，这在郑书记身上得到了充分体现。

应该说，郑书记手持喇叭跳上警车的一刹那，是冒着生命危险的，因为按常理和惯例推测，现场群众多半会误以为他要下令清场，警告围观者如果不及时撤离，就立即动用喷水枪、催泪弹、辣椒水，强行驱散。若是这样，警民冲突在所难免，站在车顶的郑书记弄不好会被飞石击伤甚至牺牲。

可见，没有处变不惊的定力、临危不惧的胆识、舍生忘死的勇气，是不可能也不敢毅然决然地跳上车顶的。这体现了党的领导干部在危难时刻不畏艰险、勇于担当的大无畏精神。

故此，在群体性事件现场处置过程中，需要及时疏散情绪激昂的人群时，应以柔性劝导为主，切忌强力镇压、暴力维稳；同时，主官出面，抓住现场群众的关切点进行沟通解释，能最大程度发挥说服群众、缓解冲突的作用。

因有现场目击者在网上声称车上女人是汪局长的情人，当地宣传部门迅速在媒体上澄清："车上女人是他爱人。"

记得有一次，笔者应邀为广东党外领导干部培训班授课，援引此例时顺便表扬宣传部门的同志非常给力，总是能在公共事件伴生谣言惑众的关键时刻出面辟谣，最大限度地洗涮当事人无端背负的污名。但同时指出宣传部门有越位之嫌，因为纪检部门才是查处党员干部生活作风问题的责任主体，由其发声更有权威性和公信力。

笔者话音刚落，一位学员突然举手大声回应："宣传部门的同志太有才了！"

笔者惊讶地问："此话怎讲？"

他得意地解释："宣传部门宣称'车上女人是他爱人'，实在是太高明、太有智慧了！顾名思义，'爱人'泛指'所爱之人''爱上的人'，既可指代汪局长的妻子、老婆、太太、内人，也可认作他的情人、情妇、二奶、小蜜。'爱人'一词实在用得精准到位、巧妙灵活！也许宣传部门的同志对汪局长的思想品德和生活作风不甚了解，故先用含义宽泛、模棱两可的'爱人'一词做个铺垫、打下埋伏，万一将来纪检监察部门查实那女子真的是汪局长包养的情人或二奶，就可给自己回应舆论留条退路。"

笔者听后甚为惊喜，连忙表扬这位学员："这个例子我不知讲过多少遍了，还真没悟出宣传部门像你说的'这么有才'，倒是你的最新发现和独特见解'太有才了'，让我有幸领略了'爱人'一词的妙用，得到了乐趣横生的'意外收获'。"

学员们听了这段意想不到的小"插曲"，都会心地笑了。

上述正反事例说明，网上舆情由实际问题催生，是网下事件的反映；次生舆情根因于公众合理诉求无法获得满足，即网下事件处置不当。因此，要想真正平息舆情，不仅要回应引导"说得好"，还要事件处置“做得好”，切实解决好“网上网下两张皮”“治标不治本”等问题。面对存在问题，如果不主动认错纠错、追责问责，就会使事态恶化、舆情升级。特别是对重大敏感刑事案件和涉稳群体性事件，务必充分做好舆情风险评估，处置措施要考虑法律共同体的共识以及公众内心朴素的公平正义观念，兼顾事理、常理、情理、法理，讲究政治效果、法律效果、社会效果、舆论效果的有机统一，避免顾此失彼、显失公平，引发舆情危机。对一般问题、孤立个案、偶发事件，定性定论不能扩大化，更不可政治化，非到万不得已，还是理性客观、就事论事、淡化处理为好；否则，意气用事、上纲上线、小题大做，只会推高舆情烈度，令局面更难收拾。

但淡化处理并不是责任不分、息事宁人的“和稀泥”。如果在情绪对立事件中，忌惮处理结果会伤害某一群体的情感，或迫于舆论压力而选择“各打五十大板”的和事方式，貌似顾全大局、一团和气，实则是模糊事实真相和责任区分，只会让双方争吵不休，情绪激化，矛盾加剧。如，2019年4月24日发生的上海仁济医院赵晓菁医生疑因打伤预约复诊患者的丈夫而被警方强制铐走事件，由于没有及时准确公布事实、区分双方责任（有媒体称，患者家属“插队”闯入诊室，与强力劝阻的医护人员发生肢体冲突），导致中国医师协会发表声明呼吁“尊医重卫”“慎用警械”，众多网民则与患方一起质疑“医生抓后又放，刑不上大夫”。这种“无人承担法律责任，双方都觉得自己冤”的糊涂处置，使事件舆情朝着负面方向发展，社会效果和法律效果皆失，给医患纠纷的处理平添一个警示教材。

淡化处理也不是对舆情事件责任官员的从轻发落。因为舆情应对的目的，是为了维护人民群众的根本利益，维护党和政府的良好形象，而不是为了维护那些制造社会不稳定因素的个别地方、部门和少数人的利益，不能因为舆情应对得力，没有造成恶劣社会影响，就免除对涉事地方、部门和人员的责任追究。只有从源头上防范化解社会风险隐患，及时解决群众合理诉求，防止群众怨气积聚发酵，才能减少网络舆情事件的发生；只有严格依照法纪问责涉事官员，才能起到警示教育作用，修复和提高政府公信力，达到舆情应对应有的目的。

四、舆论博弈议题开路，方法运用实效为先

议题设置是舆情引导的“遥控器”，是引领舆论走向、凝聚社会共识、化解舆情危机的重要手段。议题选得准、讲得好、传得开，就能抓住公众关切点和共鸣点，将纷乱意见和过激情绪消弭于理性建设性言论之中，最终达成舆论共识，促进事件稳妥处置。

当今媒介化社会，海量内容供给让受众前所未有地拥有了信息的自由选择权，决定受众看什么、接受什么的，不再是传播者，而是受众自己。如何吸引受众、说服受众，改变他们的态度，认同传播者的观点，是舆论议题博弈的目标追求和关键所在。换言之，舆论引导权、主动权、话语权的争夺，就是相关各方议题设置能力的较量；如果议题获得众多网民的评论或声援，就能对舆论引导发挥积极推动作用。因此，突发事件发生后，涉事主体如果仅仅满足于信息发布、回应质疑，或者停留在“接招”“应招”上，就会被别人设置的议题牵着鼻子走，陷入被动挨打乃至满盘皆输的境地；只有围绕公众关切和处置决策，适时设置议题，巧用表达方式，选准传播平台，才能取得理想的引导效果，最大程度获得社会公众的理解、支持与配合。正如习近平总书记指出，高明的议题设置，往往都是时机、技巧、方法的最佳运用。

可以说，在“全民设置议题”的自媒体时代，谁主导议题，征服受众，谁就能掌控舆论基调，引领舆情走向；政府可以主导，企

业可以主导，媒体可以主导，网民亦可主导。因为在网络舆论议题博弈中，并不是媒体的体量越大，其议题引导的号召力和统治力就越强。特别是在圈层化传播崛起的当下，议题设置更倾向于"英雄莫问出处"，无论何人，只要有过硬的议题生产和管理能力，就有望成为网络社群中"一呼百应"的意见领袖。这正是网络舆论博弈已成常态、日趋激烈的原因所在。

议题设置如何找准广大受众的关切点，确保舆情引导的精准性和有效性？笔者分别从网民、政府层面选取成功案例，探寻议题策划实施的秘诀。

1. 网民成功主导议题

综观多年来影响较大的网络热点事件，要说网民主导议题既显能力水平、又具示范带动作用的经典案例，莫过于广州番禺垃圾焚烧发电厂选址事件的舆论战。

2009年9月23日，广州市市容环境卫生局有关"一旦完成环评，番禺大石镇会江村将建垃圾焚烧发电厂"的表态，激起周边小区数十万业主的强烈反对。他们一致表示，这一带都是环境优美、人口密集的高档住宅区，无论如何都不能在自家附近盖垃圾处理厂。

怎么办？业主们普遍认为，上街游行抗议并非上策，因为他们当中有不少是功成名就的记者、教授和律师，申请游行示威有失身份，也未必能获准；不妨发挥知识精英熟悉网络传播、善于设置议题的独特优势，利用网络论坛大造舆论，吸引传统媒体介入声援，以此给政府施压，促其改变决定。

业主们迅速付诸行动。在长达3个多月的舆论博弈中，连续6次成功主导网上议题，驱使番禺区委区政府主要领导放下身段，与业主代表诚恳对话，最终顺应民意，宣布暂停项目建设。

这6个议题及其效果分述如下：

第一个议题："为什么我们买房的时候政府不公布这个项目？

为什么政府部门立项时不事先征求群众意见？”

此议题迅速在网上产生共鸣，催生“政府部门可能与房地产商合谋欺骗买主”的质疑，并吸引传统媒体跟进报道，助推番禺垃圾焚烧发电厂选址话题逐渐成为公共热点。

第二个议题：“垃圾焚烧发电厂建在人口高度密集的地区，选址不合理。”

此议题符合情理，传统媒体继续声援。

第三个议题：“垃圾焚烧会产生致癌物质二噁英。”

此议题关乎业主的生命健康权，不但掀起一边倒的网上“反烧”声浪，也诱发一连串的网下集体行动。部分业主来到广州李坑垃圾焚烧发电厂周边调查，宣称该厂所在的永兴村年均癌症发病14.31例，为建厂前的20倍，已有不少村民因肺癌或鼻咽癌去世。某大学一知名教授闻讯，立即率领一群研究生探访该村，在网上推出令人触目惊心的“癌症村”考察记。接着，数百名业主到市政府上访。

由于国内许多大中城市都有市民反对垃圾焚烧处理，番禺“反烧”议题迅速成为全国关注焦点，境内外众多媒体争相报道、推波助澜，舆情高热不退。

第四个议题：“以分类回收解决垃圾围城。”

业主们说到做到，齐心协力推行垃圾分类。无疑，这是减少垃圾填埋量、焚烧量的好方法之一，传统媒体随即呼应附和，政府部门也无正当理由反对。

眼看垃圾焚烧项目就要泡汤，番禺区主要领导再也坐不住了，连忙召开业主代表座谈会。因双方难成共识，官方最后放话：这里建不建垃圾焚烧厂，不是政府说了算，也不是附近居民说了算，要由全区群众投票表决。

业主们十分清楚：群众对有污染风险的项目都存在“邻避心理”，即谁都不愿意该项目建在自家附近，但也不会反对甚至会赞

当地政府官员向媒体通报垃圾焚烧发电项目建设情况

成建在别处。由番禺全区几百万人与垃圾焚烧厂周边几十万人投票对决，显然不是真正意义上的尊重民意、民主决策。

于是，业主们理直气壮地亮出第五个议题："全区公投是多数人对少数人的暴力。"

对此议题，众多媒体颇为认同，大造舆论，极力声援。

至此，业主们设置的每一个议题都占据了道义制高点，获得了社会舆论的广泛支持。由于涉事部门难以祭出后发制人的硬核议题，无奈地被业主们牵着鼻子走，身陷舆情旋涡而无法自拔。

此后持续多天，网民未见业主们抛出新的议题，以为他们已经"江郎才尽""弹尽粮绝"，涉事部门终于可以松口气了。

岂料，就在这时，新浪微博爆出第六个更具爆炸性和冲击力的议题："极力主张垃圾焚烧的某政府官员与该项目承建商涉嫌官商利益关联。"并"晒"出该宫员以前单位接受对方赠送车辆的图片。

此议题速引万众围观，如巨石投湖，掀起舆情狂澜，令有关部门难以回应，尴尬万分。

上述6个议题的策划、呼应和聚合，堪称足智多谋、缜密严谨，可谓主题鲜明、重点突出、情理得兼、环环相扣、步步进逼，均博得众多媒体和网民持续关注与声援，政府部门实在没有充分理据予以反驳，最终只好宣布暂停项目建设。

对此，舆论看法不一：有的称赞政府尊重民意，择善而从，实现政府决策和民主协商的双赢，值得各地学习借鉴；有的批评政府不懂舆论战术，未能主导议程、以理服民、赢得支持，让一个重大项目胎死腹中，不但未能解决迫在眉睫的垃圾围城问题，还让项目前期规划所花大笔资金付之东流。

此事还引发了全国范围的“涟漪效应”：不但广州花都区和周边的佛山、东莞等地部分居民仿效发起反对垃圾焚烧示威游行，国内部分城市也掀起不同形式的“反烧”浪潮。就连使用多年的广州白云区兴丰垃圾填埋场的附近居民，也因不满垃圾散发恶臭，于2014年5月4日早晨拦截大批垃圾运输车，造成广州八区垃圾处理大受影响。据2017年7月18日《社会科学报》报道，全国有1/3以上的城市深陷垃圾围城困局，2/3的城市处于垃圾包围之中，近140个城市没有垃圾无害化处理设施，不少垃圾焚烧项目因群众抗议未能如期开工。就连国家发展改革委气候司于2014年8月初将生活垃圾焚烧发电技术列入《国家重点推广的低碳技术目录》，也立即遭到网上舆论对该技术“是否低碳、是否有创新价值”的质疑，认为“入选低碳技术目录，垃圾焚烧不等于有了通行证”。

在番禺“垃圾门”事件中，政府之所以最终妥协让步，关键原因是有一群善用网络的记者、律师、教授联手策划“反烧”议题，自始至终牢牢掌控舆论话语权和道义制高点，吸引各类媒体呼应声援，赢得社会公众的理解和支持。如，策划人之一、业主代表“巴索风云”（网名），熟悉网络传播规律和网民接受心理，善于在网上发表意见、表达诉求，且见多识广，曾赴美国考察现代化餐厨垃圾处理厂，认为“别人的厌氧处理技术就能做到无臭味”，且一样可以如焚烧技术般使垃圾体积减小，处理起来比焚烧更环保。其观

广州李坑垃圾焚烧发电厂改造前后

点经传统媒体报道后，获得不少网民点赞和转发。

此事说明，网络舆论场各路英雄荟萃，既有出身草根阶层的，也有来自知识精英的，其中不乏比多数政府官员更擅长设置议题、引领舆论的职业媒体人和意见领袖。

难能可贵的是，广州城管部门“吃一堑长一智”，已经找到了推进垃圾焚烧项目的有效办法，即用事实说话，邀请群众代表特别是网络名人实地察看广州李坑垃圾焚烧发电厂改造后的无害化处理先进技术，逐渐打消了市民先前的顾虑，从而使全市6个垃圾焚烧厂得以顺利建成使用。

2. 政府巧用媒体解困

鉴于有的网民习惯质疑官方声音，政府议题设置更要讲究策略技巧，即由谁发布议题、选择哪类媒体刊播、是否透露信息来源等，都应慎重考虑，科学决策，因为这直接关系到议题的传播效果。遗憾的是，目前我国还缺乏这方面的实用型专著。

议题设置研究在美国等西方发达国家起步早、成果多、应用广。目前，我国虽有一批专家学者研究议题设置，经常给高校新闻传播院系学生和各地新闻发言人授课，但普遍反映所讲内容过于宏观、空泛，理论性、概念性的阐释多，指导性、实操性的方法少，让人听后还是不能参透实际运用的奥妙。当然，这与早些年我国缺乏政府议题设置的成功案例有关。

在笔者看来，2005年广东兴宁“8·7”矿难议题设置的大胆尝试和策划技巧，至今仍然令人耳目一新，足资重温效法。

遇难矿工家属

2005年8月7日下午1时30分许，广东梅州兴宁市黄槐镇大兴煤矿发生特别重大透水事故，123名矿工困于深井，生死未卜。广东省政府迅速成立抢险救援指挥部，调来全国最好的3台潜水泵，日夜不停地抽水救人。

抽水持续半个多月后，救援面临两难困境——

多数专家认为，抽排水救援已无实际意义，因为在井下300米深处作业的矿工们，挖穿了洞顶上方积水达1500万立方米的巨大采空区，这相当于1个中型水库的容量，按现有3台潜水泵24小时不停抽水，至少要600天才能抽完，况且还有地下水源源不断流入，完全抽干几无可能。更为严峻的是，设在矿区办公楼的抢险救援指挥部所在地，因连日抽取地下水而发生地陷。当时，笔者所在的新闻组正与决策人员在指挥部二楼开会，突然“嘭”的一声巨响，楼体剧烈晃动，脚下的楼板、身边的墙壁即现多条铅笔粗的裂缝。在场采访的广东卫视记者迅速用摄像机录下这惊魂一刻。为安全起见，指挥部全体成员马上转移到附近的镇政府办公。现场救援人员则随时都有安全之虞。

但指挥部不敢贸然宣布停止抽水。因为，被困矿工的600多位家属聚居兴宁市区，每天都焦急地等待讯息，强烈要求“活要见人，死要见尸”；党中央、国务院高度重视救援工作，时任总书记胡锦涛、总理温家宝做出重要批示，要求不惜一切代价抢救被困矿工，强调“只要有百分之一的生还希望，就要尽百分之百的努力”。

指挥部坚决执行中央指示，顺应家属期盼（其实心里都清楚，被困矿工凶多吉少，抽水救人是为了呼唤生命奇迹、安抚家属情绪），抽排水救援工作仍旧继续进行。

抽不干地下水，又不敢贸然叫停，怎么办？最佳出路就是请中立、权威的第三方设置舆论议题，助力政府决策。

为此，新闻组提出了“主动设置议题，科学引导舆论”的思路，建议先在大众市场有影响力的都市类媒体刊出“面对现实，终止抢救”的专家意见，再视舆情反应适时转为政府决策。

之所以提此建议，是因为社会公众普遍认为都市类媒体比较客观中立，由其首发敏感议题，为政府决策鸣锣开道，可避免“机关报为政府说话”之嫌，更易于公众信服与接受。

指挥部经慎重考虑，采纳了新闻组的建议。

随后，新闻组主动协调《南方都市报》记者，本着尊重科学、实事求是的态度，通过采访参与救援的抽排水专家和生命科学家，在该报独家发布了“抽干地下水至少要600天，继续抽水救援实际意义不大”的重大敏感议题。

对此权威第三方说法，矿工家属虽然感到彻底失望，但普遍显得冷静理智，没有出现过激言行，且认为“政府已尽力了”。新闻组因势利导，组织省内多家主流媒体和新华社针对抢险救援实际，集中推出一批理据充分、释疑增信的报道，引导社会公众理解和认可“终止抽水救人”的专家意见。

矿难发生第23天，在连续几天舆论铺垫下，抢险救援指挥部召开新闻发布会，正式宣布“终止抽水救人，转入善后赔偿”。至此，舆论共识达成，舆情平稳有序，有力促进了事故处置工作。

广东兴宁"8·7"矿难新闻发布会现场

让市场化媒体独家首发政府敏感议题，这在传统媒体时代堪称"破天荒""吃螃蟹"之举，体现了地处改革开放前沿的广东敢为人先的创新精神和求真务实的工作作风。正因如此，笔者撰写的《23天新闻舆论大博弈——广东兴宁"8·7"矿难新闻处理案例》，入选全国宣传干部学院主编、时任中共中央政治局委员兼中宣部部长刘云山作序、2010年学习出版社出版的全国首本《宣传思想文化工作案例选编》。

这就说明，容易令公众误以为替政府说话的议题，适宜刊播于市场化程度高、受众对象广的知名媒体。当然，政府设置的追责问责类议题，应选择机关报（台、网）首发，以体现其严肃性、权威性，亦可防止不负责任的媒体断章取义、误导公众。

兴宁"8·7"矿难议题设置的创新突破，为后来全国各地重特大安全事故的舆情引导提供了宝贵经验和有益启示。

从国外看，美国对"9·11"事件的议题设置颇值玩味。2001年9月11日上午（北京时间9月11日晚上），恐怖分子劫持4架民航客机撞击纽约世界贸易中心和华盛顿五角大楼，造成2996人（含19名恐怖分子）遇难。美国最初对此事的定义是"西方基督教文明和伊斯兰文明的冲突”，但随后很快更改为“恐怖袭击”，并将以本·拉登为首的基地组织定义为“恐怖组织”。如此定义用心良苦，不但可避免整个西方与穆斯林的直接对抗，还能为美国采取武力行动提供冠冕堂皇的理由，赢得道义制高点和国际话语权。事实证明，这一快速定性、广泛传播的议题，为后来美国发动一系列所谓“反恐战争”做了关键的舆论铺垫，直至最终派隐形飞机侵入巴基斯坦国境将拉登击毙，也对巴方毫无歉意表示，俨然成了正义的化身。

但须提醒的是，议题设置不能“包打天下”，并非总能立竿见影。特别是涉及公共利益的重大建设项目，如被妖魔化的PX化工项目，即便在施工前设置议题，讲明PX并非危险化学品，相同浓度下其对接触者可能产生的健康危害还不及醋酸和尿素，也未必能赢得群众的理解和支持。因为眼下，“邻避运动”已进入活跃期，即使环评意见出自第三方权威专家，但若是政府单方面所请，群众也未必“买账”。

何谓“邻避运动”？简单来说，是指居民因担心涉环保建设项目（如垃圾场、核电站、化工厂、殡仪馆、通信基站等）有可能损害身体健康、环境质量和资产价值，反对建在自家附近（但不反对建在别处），采取集体抵制行动。

笔者认为，趋利避害乃人之常情。居民关注敏感建设项目对自身利益的影响属正常行为，但应倡导理性平和的意见表达，不能影响公共利益，更不能“逼停项目”才罢休。

如，2014年3月20日引发群体性聚集滋事的广东茂名PX项目，尚处于规划阶段，环评、立项等前期工作还没开始，且政府已做了充分的科普宣传，不仅通过当地媒体刊发总题为“揭开PX的神秘面纱”的系列文章，还邀请中国工程院、清华大学相关权威专家解疑释惑，却仍未能阻挡部分市民恐慌心理和抵触情绪的滋长乃至“决堤”。当地政府为尽快平息街头游行抗议，只好表示尊重民意，承诺在市民没有达成充分共识前不会启动该项目。

央视揭开"PX的真相"

2014年5月10日，杭州市余杭区中泰街道一带群众反对垃圾焚烧厂项目选址，发生规模性聚集，有人趁机打砸车辆、围攻殴打执法和管理人员，造成多名民警、辅警、群众不同程度受伤，数辆警车和社会车辆被掀翻。翌日，余杭区政府主要负责人表示，项目在未履行完法定程序和未征得群众充分理解支持的情况下一定不开工。

同日，路透社对余杭"反烧"事件报道称：这似乎表明，与警察发生冲突、声称担心焚烧厂损害健康的抗议者取得了胜利。政府的让步实属无奈，正如杭州市一位负责人所言：市区垃圾年增长率达10%，现有4座焚烧厂、2座填埋场早已"力不从心"。"我们不可能把自己的垃圾拿到别的地方去处理。"

事实证明，在公众环境意识和权利意识日益高涨的"环境敏感期"，涉环保建设项目远非"信息公开""议题引导"就能化解反对声音，赢得群众配合支持。

2014年4月，广州萝岗区（现已并入黄埔区）鉴于处在规划、环评阶段的"广州最大垃圾焚烧厂"引来不少反对声，决定请中国城市建设研究院总工程师徐海云与市民座谈交流，试图以专家说法打消市民疑虑。但政府部门万万没有想到，附近业主居然自筹经费从北京请来3位专家拟赴会讨论，导致这场事先约定的对话未能如期举行（注：后经充分沟通，取信于民，项目得以建成使用）。

对此，有媒体评论称：“一边说市民没有专业知识，对专业问题有误解，需要科普宣传，而且准备专门请专家来给市民讲，但面对‘市民也请专家’的小插曲，项目主导方的不淡定、不自信却溢于言表。话不说不明，理不辩不清，难得的说话、辩理的机会，真不用担心几个不同声音的出现，哪怕是专家们的观点在座谈会上出现‘对打’，那又何妨呢？况且，项目既然已经到了第二次环评阶段，都已经在广泛征求公众意见了，难道项目从动议至今，对不同的专业性看法，都还未曾有过多元化的听取和斟酌？”“一项足够符合科学、理性原则的工程，从立项、论证、环评及至建设，都应当而且必须充分吸纳专业领域的意见，这意见必须足够多元，足以让社会各界尤其是决策者能充分考虑、权衡利弊，进而做出最符合公共利益的决定。”

笔者认为，上述评论言之成理。因为，每一项公共决策的酝酿与出台过程，必然是公众广泛关心、参与的过程。既然垃圾焚烧已在发达国家反复实践、验证，公众对环境风险的担心大大高于真实情况，政府部门就应该让周边居民知情参与，明白这项技术已非常成熟。从一些“邻避”设施上马的过程看，个别地方政府就是由于程序不透明，决策“千里走单骑”，导致民众不知情、不认可，最终丢掉了自己的解释权和公信力。其实，群众对环保的深切关心、热情参与，与政府规划项目的初衷和目标原本一致，这正是互信和沟通的基础。只是不时从媒体报道某地“决策一出台，矛盾跟着来”“果断叫停PX项目应对公共危机”的情况看，解开心结的工作却总没那么顺畅。很多时候，无论政府、企业、媒体关于PX的科普做了多大努力，现实反对声浪依旧强烈，似乎想要平息舆情或抗议，唯有妥协让步叫停项目，甚至做出“永久停建”的承诺。

那么，究竟怎样着力才能破解PX信任困局，走出“逢建必闹、一闹就停”的怪圈？不妨借鉴一些国家充分满足公众知情权、参与权的做法。如新加坡裕廊岛PX工厂、日本横滨PX生产基地建设的成功经验，就是设立“公众参观日”和群众代表监督会，邀请群众代表参观生产车间，广泛听取意见，最终穿越隔阂、消除误解、赢得信任。2014年3月18日，知名PX科普专家、清华大学化工工程系教授金涌院士在粤西某市石油产业专题学习会上做报告时，向在场官员讲述了厦门和大连PX项目事件的起因和处理情况，并建议他们学习效仿国外企业的经验做法，邀请群众察看车间，与群众坦诚交流，争取理解支持。也有专家认为，在相当一部分民众科学素养不足的当下，政府可把一些小型“邻避”项目建在自家大院，以示范带动获得公众信任。如，海南三亚市委市政府在办公大院建起了各地群众普遍极力排斥的移动通信基站，以此提升当地市民的信任度，逐渐消除了围绕基站建设衍生的社会矛盾。可见，政府只要以身作则，率先垂范，就能征服民心，取得“四两拨千斤”的奇效。

因此，地方政府在推进涉环保建设项目时，应加强论证决策的科学性、公开性、民主性，开展自下而上的参与、官民平等的互动，特别是环评要透明公正，由独立的第三方权威机构参与，并引入社会监督，增强群众话语权，变“替民做主”为“与民协商”，避免单向宣传被看作是“操纵舆论”，防止权威解读被理解成“为决策背书”。若能在互动上多下功夫，一开始就举办项目听证会，邀请群众代表实地考察、参与环评，诚恳交流、缩小分歧，或可收到春风化雨、水到渠成的效果。

简而言之，只有重大情况让人民知道，重大决策让人民讨论，从“决定-宣布-辩护”模式走向“参与-协商-共识”模式，在充分考虑人们利益焦虑的基础上因势利导，通过生态补偿和利益平衡机制，达成个体诉求与公共理性、少数权益与公众利益的最大公约数，“邻避”项目建设才能打下广泛、坚实的民意基础，从而减少潜在的冲突压力和下马风险。当然，只要立项过程公开透明、依法依规，政府就要敢于担当、善于作为，不能一听到反对声就慌忙叫停，一概以“维稳”为由迁就少数人的意见。何况，民意有时是以当下、眼前感知而产生的直观化、不专业的呼声，往往会随着时间的推移和认知的变化而改变，所以，必须重视民意，但也不能简单依从。

但愿地方政府能找到走出“邻避困境”的路径，真正消除公众偏见导致的杯弓蛇影、曲解带来的风声鹤唳，确保“邻避”项目建设能够顺利完成，让群众享受到项目落地带来的福利。

五、网络高地亟须占领，微博微信大有可为

随着微博、微信、移动客户端和自媒体的快速崛起，以及大数据、云计算、人工智能等前沿信息技术的突飞猛进，网络深刻改变着媒体格局、传播方式和舆论生态，影响着人们的思想和行为，冲击着主流舆论和价值观，导致多元信息真假难辨、舆情事件易发高发，严重威胁社会、政治稳定。故此，习近平总书记指出，要顺应互联网发展大势，把网上舆论工作作为宣传思想工作的重中之重来抓，坚决打赢网上舆论斗争；在互联网这个战场上，我们能否顶得住、打得赢，直接关系我国意识形态安全和政权安全。

可以说，当今万物互联、信息互通时代，网络已经延伸到世界每一个角落，连接个人、联通全球，让世界各地人们获取信息、沟通交流空前便捷，已然成为新闻信息传播的主阵地、公众意见表达的主平台和思想舆论博弈的主战场。从这个角度看，互联网不仅是技术、产业，更是社会发展的核心要素和主流媒体的重要组成，是思想文化、意识形态和国家软实力的重要体现。

因此，我们只有占领互联网这个主阵地、主战场、最前沿，做

好网上宣传引导和舆论斗争工作，在众声喧哗中唱响主旋律，在众说纷纭中凝聚共识，不断消减网上假音噪音杂音的负能量，不断增强网上积极健康向上的正能量，不断激发全社会团结奋斗的无穷力量，才能为维护国家安全和社会稳定，以中国式现代化全面推进中华民族伟大复兴，赢得更为深厚的群众基础和强大的舆论支撑。

1. *办好政府门户网站*

建设政府网站，顺应了网络社会发展进步的时代潮流和政务信息公开共享的百姓需求，但怎么建却大有学问。

一段时间以来，政府网站建设存在多、散、乱等问题，不仅重复建设现象普遍，资源浪费情况严重，而且还稀释了政务信息和公共服务，影响了网站的功能效用。特别是一些地方政府网站，因疏于监管或工作人员媒介素养较低，让本应成为政务公开窗口的“惠民工程”，屡屡沦为引发群众不满、损害政府形象的“面子工程”。如，在线服务不便民、内容更新不及时、互动渠道不畅通、信息发布不严谨、政绩文章一大抄、监督管理不到位等，已成为部分地方政府网站的通病；而悬浮照、拼接首页等，则是典型的弄巧成

各地政府越来越重视利用网络开展工作

拙。这背后，不仅反映出一些部门对政务公开的漠视，更凸显政府网站建设运维能力的不足。

如，2014年8月12日，有网民爆料称，在南京市建邺区政府门户网站，两则前后相隔近4个月的领导人视察同一地点的消息，内容高度雷同，仿如一对“双胞胎”。这两则消息分别报道1月8日南京市长、5月4日南京市委书记“来CBD孵化器视察工作”，均为280余字，除日期、人名和职务不同外，格式、内容甚至标点符号都完全一致。内容显示，书记、市长视察同一家企业，都充分肯定CBD 的基金+孵化器的扶持模式，提了三点要求。“三点要求都一模一样，书记、市长真是团结呀，心往一处想。”网民揶揄道。

12日晚，南京市建邺区委宣传部通报了此事的来龙去脉及处理情况：CBD投资部负责人张某为迅速完成信息报送任务，在未充分掌握市委书记具体讲话内容的情况下，按照前次市长讲话内容编写了完全相同的信息，并发送至区政府内部协同办公网。区政府网站管理员疏于把关，将信息发上网站。区有关部门已对责任人张某予以停职检查，对网站管理员进行批评教育。

类似“奇文”此前已再三出现——

2014年3月13日，网民在中国消防在线惊讶地发现，出自“河南开封消防支队”、署名刘铁柱的文章《开封市副市长：消防工作也是派出所的“主业”》，与3月4日源于“河南漯河消防支队”、署名张建华的文章《漯河政法委书记：防火监督是预防火灾的前沿阵地》，内容如出一辙。更为滑稽可笑的是，开封市副市长的讲话中，居然出现“构建和谐平安漯河”的指示，被网民讥讽为“开封指导漯河工作”。

2009年10月24日，同在河南，网民发现商丘市睢县政府网站一文《平岗镇林业生态建设突出三个特色》，与南阳市桐柏县政府网站一文《程湾乡林业生态建设突出三个特色》，除“程湾乡”和

"平岗镇"3个字不同外，其余内容一字不差，连两地的面积和人口、植树的品种和数量也惊人一致。据查，是程湾乡网站管理员模仿平岗镇的文章时因"技术操作失误"所致。

"文抄公"普遍生搬硬抄，内容、段落、顺序基本套用，改动的只是相关数据，有的连差错也照抄不误。

抄袭古已成风，绵延不绝，代不乏人，当下尤甚，手段之多自不待言，抄袭者"量级"亦"上不封顶"，即便著名学者乃至院士，亦落"窠臼"。且人们普遍对此公害认识不足，宽容过度。

抄袭者抱何种心理？宋朝的魏周辅抄袭被捉后自辩："文章大抵多相犯，刚被人言爱窃诗。""文章大都相抄袭，我被人说是偷诗。"两句自辩表意相同：大家都是这副德性，怎么就逮着我不放呢？今人还可能以为：上述抄袭的都是照例敷衍的虚文滥调，注定无人问津。殊不知，互联网是有记忆的，如同传统媒体的白纸黑字，信息一旦挂上网，就永远不可能收回，若有"马脚"，迟早都会暴露。因为，网民的眼睛是雪亮的，"不是不露，时候未到"而已。

如何才算抄袭？文学评论家、清华大学教授肖鹰直言："引用率如果高达70%，引用时是否注明出处已经不重要了。如果未注明，那就是在'偷'；如果注明了，那就是在'抢'！"

抄袭可耻。政府网站管理员绝不能沦为照抄照搬的"文抄公"，也不可一味"炫"政绩、"秀"形象。

当前，亟需对政府网站进行升级优化，更好地发挥政务公开、服务群众、纾解舆情的作用。为此，要做到定位明晰，内容实用，表达生动，更新及时。如，应以舆情监测分析为依据，围绕社会关注的热点难点，特别是群众的利益诉求，有针对性地开展舆情监督和引导，促进责任主体解决实际问题；应第一时间发布群众关心的重要政务活动、重大政策措施，让人们充分了解政府决策过程和实施效果；应加强互动交流，及时受理、回复群众投诉和咨询……从而满足公众多样化的需求，提升政府网站的形象与声誉。

平安南粤网以亲民、实用广受好评

办好政府网站，不仅要丰富内容形式，提高服务质量，强化用户体验，还要按网络舆论规律办事。如，中央纪委国家监委网站巧妙运用传播规律——坚持一段时间里相对较多地在周末公布“大老虎”落马案件，几周下来，敏感的媒体和网民就发现了这个规律，开始定时守候。这种选择“周末见”的“点击期待”，迅速成为社会热点话题，网站影响力飙升，日均访问量超过120万次，最高一天达600万次。可以说，这个公众高度关注、频繁点击的网站，已经成为廉政建设的舆论高地和监督执纪的有效平台。

2. 发挥微博微信作用

微博、微信、今日头条、抖音、快手、小红书、B站等“人气平台”，已然成为超强的舆论“寡头”，传播力远超任何一家新闻网站和传统媒体。特别是微博、微信，已超越手机新闻客户端和电视，成为民众最主要的资讯获取和意见表达平台。故此，政府部门在办好门户网站的同时，应努力让主流声音占据微博、微信、短视频等舆论高地，发挥这些平台在发布突发事件信息、引导网上舆论热点、畅通官民对话渠道、拉近官民距离、塑造亲民形象等方面的即时、便捷、高效优势，提高政府在新兴重要舆论场的影响力和公信力。

近年来，已有许多地方政府和部门充分利用微博、微信等新媒体平台，建立起舆情收集、信息发布、政策解读和沟通协调四大机制，让政务新媒体真正成为构建舆论的“定盘针”、宣传政策的“扩音器”、了解信息的“一点通”、凝聚共识的“催合剂”。

眼下，不但人大代表、政协委员开微博蔚然成风，党政官员开博也渐成潮流。可以说，互联网的普及和信息技术的演进，使领导干部及党政机关与网民互动交流的门槛越来越低，党的群众路线这个“传家宝”正在网络空间发扬光大，利用网络听民声、聚民智、解民忧、促和谐，已成为各级党政部门问政施政的重要方式。

截至2020年12月，微博平台认证的政务微博达到17.7万个，其中政务机构官方微博14万个，公务人员微博3.7万个。开博官员的行政级别分布呈“金字塔”型，大多数为县处级以下干部所开。其中不乏百万“粉丝”量级的“明星官员”，比较出名的有：广东省卫生厅原副厅长廖新波，浙江省委原常委、组织部原部长蔡奇（现任中共中央政治局常委），浙江省原副省长郑继伟，江苏省委宣传部原常务副部长章剑华，公安部刑侦局副局长陈士渠，以及官员级别最高的新疆维吾尔自治区党委原书记张春贤。

2011年3月2日晚8时许，正值全国两会开幕前夕，“封疆大吏”张春贤在腾讯开通个人微博，回复网民到凌晨2时。他的微博“处女秀”是一封写给网民的信——《民生连着民心》，信中转述群众来信：“我们老百姓在这一年中感受到团结、爱心的温暖，现在哼着歌下班，在回家买菜的路上哼着歌，哼着歌在家里做饭，和家人一起有说有笑地吃饭。因为我们身边发生着很多让我们高兴的事情。”一天内，该微博吸引了1.2万网民关注，“粉丝”亲切地称张春贤为“贤大哥”。

张春贤开微博的新闻价值和示范意义不可低估。但笔者不太看好官员开微博，理由如下：

首先，角色定位，即单位职务与个人身份如何转换，就是一个难题。因为官员与普通群众的话语表达方式、言论自由尺度有很大差异，官员微博要贴近生活、吸引“粉丝”，就要说有个人风格的话，学会个性化、人性化表达，但说大胆话、过头话，又会影响单位形象乃至个人仕途，而说保守话、官话套话、假大空的话、不痛不痒的话，则会与网络话语体系格格不入，与网民需求相距甚远，网民不但不“买账”，还可能嘲笑讽刺，甚至围攻谩骂。

其次，微博交流经常会碰到反对意见，尖锐刁钻的质问、苛责怒骂的驳斥会不会被删，关系到官员的认识水平、立场态度与胸襟雅量，且删与不删都可能陷入被质疑、遭非议的两难境地。

再次，官员与网民互动交流太多，隐私就会相应减少，弄不好会泄露自己不宜见光的秘密，后果不堪设想，实在得不偿失。

另需提醒的是，如果开博官员工作特别忙，不可能总是亲自回复网民的问询，就得有一个服务团队，这要消耗大量人力精力，恐怕一般官员很难做到。如果与网民交流频率太低，甚至长期不发声，干脆就不要开微博，以免留下一句“大家好，我是某某某”，便甩手不管，让热心追捧的网民苦着脸面对单调无言的页面黯然怅叹。不开微博也许显得有点落伍，但起码不会被套牢，少了惹事挨骂的烦恼和隐私外泄的风险，较为安宁自在。

事实上，早期许多尝试“触网”的官员，囿于时间、精力或其他原因，都纷纷偃旗息鼓了。张春贤也不例外，一开始就理智地对媒体表示：“开微博只是暂时的，因为工作繁忙，长时间坚持有难度。”他在2011年全国两会期间的半个月内，共发微博86条，阅读量近30万次。两会落幕当晚，他连发3条微博，与网民依依话别。其中一条写道：“回乌鲁木齐后，像两会期间这样集中时间关注这里不易做到，所以和大家的微博交流要暂时告一段落了，但是我还会通过各种方式和渠道了解大家的意见和心声，使得我们的工作更加贴近群众，决策更加科学。”

官员开微博需要勇气，想要获得好评就更难。网民普遍认为，官员微博存在互动性不够、形式大过内容、充斥公文言辞等问题。要解决这些问题，首先要改变文风。应与普通网民保持同一个话语体系，做到言语通俗平和，没有官架子。其次要找准定位。有些官员微博为改变以往居高临下、不接地气的刻板形象，热衷于评论、转发一些轻松有趣的话题，如关注美图、美女、段子、养生、心灵鸡汤等，以追求人气、吸引“粉丝”，满足自己“名声显赫”的虚荣心。殊不知，如此本末倒置，只会过犹不及，影响网民对其本人及其所在机构乃至整个党政系统的评价。网民期待官员微博能够跳出“对手思维”，走好网上群众路线，杜绝假大空的论调，追求实在的、高质量的内容，多谈一些“正事”“要事”，多搭建解决民生热点问题的“绿色通道”。

对官员开博，网络生涯逾10年、“粉丝”量高达800万的广东省卫生厅原副厅长廖新波（已以省卫生计生委巡视员的身份退休）以“过来人”的身份忠告：官员开博首先要淡化自己是“官员”，“如果过于谨小慎微就不要开博，如果希望得到掌声与鲜花就不要开博，如果以此作为晋升阶梯就不要开博，如果气度很小就不要开博，如果个人问题很多就不要开博，如果没有时间就不要开博”。

廖新波是国内厅级以上官员中为数不多的敢于张扬个性、体制内外褒贬不一的网络名人。他于2010年副厅长任上开通微博，大胆直言，无畏纷争，一往无前，殊为不易。应当说，其“过来人语”直抒胸臆，颇有见地，切中要害。

但扪心自问，作为官员，有几人能像廖新波那样不顾个人得失而尽情享受开博的乐趣与成果？恐怕多半都无此勇气与底气。为少惹是非，还是要适应环境、面对现实，处理好个人与公职身份之间

广东省卫生厅原副厅长廖新波微博

的关系，保持必要的审慎和谦抑，避免发布不符职业要求的个性化言论，不擅自公开本单位的公务信息，更不能挑战政治法律道德底线，否则就有违纪丢官、犯法坐牢之虞。

姑且不论官员开博之利弊，政府部门无疑要发挥微博、微信的作用，开设政务微博、微信公众号，做好权威信息发布和社会舆论引导，促进突发事件处置、政策措施实施等重要工作。

当前，政务微博的功能定位以综合型居多，融形象宣传、舆情监测、信息发布、危机公关、政策咨询、业务办理、互动交流（网络问政、诉求回应、民智吸纳）于一体。

据2018年5月发布的《2018年一季度人民日报·政务指数微博影响力报告》统计，全国新浪平台认证的政务微博规模已超过17万个，以政府系统居多，党委系统次之。特别是公安微博发展迅速，在发布信息、提供服务、获取线索、调查取证、介绍案件进展、提高办案效率等方面作用显著，已经成为公安系统信息公开的便捷平台和协助办案的重要工具。

《报告》显示，政务微博集群化发展，形成从中央到地方，覆盖不同级别、不同职能部门的政务微博矩阵，在信息发布、舆论引导、应急管理等方面的价值持续提升。它已成为政府部门应对重大突发事件的“标配”，在发布权威信息、回应社会关切、安抚民众情绪、引导坊间舆论中发挥了重要作用——

2013年4月20日，四川雅安芦山发生7.0级地震后，@中国地震台网最先播报震情消息、@中国国际救援队时刻关注微博上的求助信息、成都军区开通@雅安芦山抗震救灾官微直播救援进程、@雅安市政务服务中心普及地震救生常识……这些政务微博，多角度、多层次构筑起抗震救灾信息的“绿色救援通道”。

同年8月18日，台风“尤特”造成京广铁路广东段间歇性中断，@广州铁路联合@中国铁路、@武汉铁路、@北京铁路等多地铁路系统微博，及时发布列车晚点信息，引导网民出行，安抚网民情绪。多数网民对政务微博的回应速度、内容及态度表示赞赏。

2016年7月12日，美国挑起的所谓“南海仲裁案”经国际仲裁法院最终“裁决”菲律宾“胜诉”后，@共青团中央、@国资小新、@外交小灵通、@中国维和警察、@国防部发布等中央部委微博及

北京政务微博

广东东莞政务微博

时联动发声，表明严正立场、辨清南海归属、驳斥非法仲裁，发挥了凝聚爱国共识、彰显坚定意志、放大国际声音的重要作用。

对此，时任人民网舆论与公共政策研究中心主任祝华新表示，借助政务微博，“党和政府已经在相当程度上夺回了互联网上的麦克风，夺回了一些突发事件和敏感议题的话语权”。正如中央网信办网络新闻信息传播局原副局长孙凯所言：“微博正扮演着凝聚社会共识不可或缺的平台、推动社会治理不可或缺的桥梁、发展公益事业不可或缺的力量。”

与此同时，越来越多的党政部门为了兑现“让信息多跑路，让群众少跑腿”的承诺，积极运用微信平台发布政务信息、提供便民服务、了解社情民意，取得了良好效果。截至2018年6月，全国政务微信公众号逾67万个，其中中央部委微信公众号拥有率超过五成。不少政府网站同时入驻腾讯微信和新浪微博，开启了政务信息传播的“双微”模式。

但也要清醒地看到，当前不少基层政府官网休眠、官微失语现象仍未根本扭转。来自新浪的有关调查显示，政务微博存在问题主要是“官腔严重，不接地气，百姓不爱看”“内容缺乏实用性”“更新频率低”“对留言反馈不及时，对咨询回复敷衍了事”“自娱自乐，互动少”“发言不认真、不严肃，随意化、娱乐化、低俗化、情绪化，‘卖萌’‘怼人’时有发生”“表现形式单一”等。其中，96.5%的受访者认为，当下一些官微“不务正业”，没能直面问题，与政务服务宗旨南辕北辙。有的“只建不管”，只为迎合文件要求、应付上级检查，长期“零发稿”，处于“睡眠”状态，对群众咨询、诉求更是无人问津；有的便民服务不便民，办事效率低，让群众失望；有的唯流量化，盲目“吸粉”，存在语言轻浮、追星娱乐、推销商品等偏离主业的“自由任性”行为。这些失管、失度、失语的问题和现象，消解了官方微博的公共性、专业性、权威性，反映出个别公权力部门对民情民意的漠视、对宗旨观念的淡薄。

故此，在政府网站和政务微博微信被视为提升政务公开水平和政府治理能力利器的今天，对那些成为摆设的官网、官微，追责问责机制决不能成为摆设。只有将其运维情况纳入单位和个人年度考核，足以影响官帽，才不会让相关工作流于形式，真正把官网、官微办成信息传播、政务服务、政民互动、舆论引导的高效平台。

3. 学会在微博上发言

领导干部特别是新闻发言人在微博时代如何说话？综观《人民日报》等权威媒体的有关评论，结合专家意见，笔者认同微博发言要注意如下几点：

不说套话、不说假话，是微博发言的第一准则。

微博平台“将平民和莎士比亚拉到了同一水平线上”，其草根化的平民话语环境与一些领导干部习惯的官场话语体系有很大差别，这就要求一些官员要“重新学会说话”。试问：只讲官话大话而不讲百姓听得懂的话，谁听你的？因此，在140字容量的短微博上，你要字斟句酌，只有不说官话、套话，才能让你的微博有实情、有真意；而微博几何级数的扩散、直达受众的传播，令说假话、说错话的后果不堪设想。

北京市公安消防局原副局长、新闻发言人李进，就是一个善用微博发言的榜样。2013年10月11日，北京市石景山喜隆多商场发生火灾，两位消防军官在救灾中不幸牺牲。参与现场灭火指挥和搜救失踪战友的李进，当天就在其微博发声：“面对眼前生死相依搂抱一团的遗体，视觉受到了强烈的冲击，无法言喻的悲壮，眼角的温度似乎比火灾现场的水滴更滚烫得多。为了事业总有牺牲和奉献，愿逝者安息，生者坚强。”这条带着汗水和泪水的微博，在网上广泛传播，打动了无数网友。

平等对话、真诚对话，是微博发言的基本原则。

去中心化、平等、开放、互动、体验、分享，是互联网的核心要素和精神内涵，也是其传播优势和魅力所在。网上没有主席台，人人手持麦克风，个个都有话语权，只有放下傲慢、学会包容，平等交流、坦诚沟通，我说你评、你问我答，才能消除情意隔阂和信息不对称，赢得公众信任，增进社会共识。

华中科技大学新闻学院教授赵振宇认为，新闻发言人开通个人微博，在与机构官方微博保持总体一致的前提下，强调个性化，通过生动质朴的语言、轻松活泼的手法、恳切真挚的情感，拉近和网民之间的距离，让网民更易接受。

中国传媒大学网络舆情研究所所长李未柠指出，发言人不能把新闻稿原样搬到微博上，一定要放下身段，以人性化语言表达，吸引网民关注，增强互动交流。

如今，不少官微也逐渐改变语言枯燥、面目呆板的模样，如在发博时常常自称“小编”、中石化官微自称“小石头”等，都是把

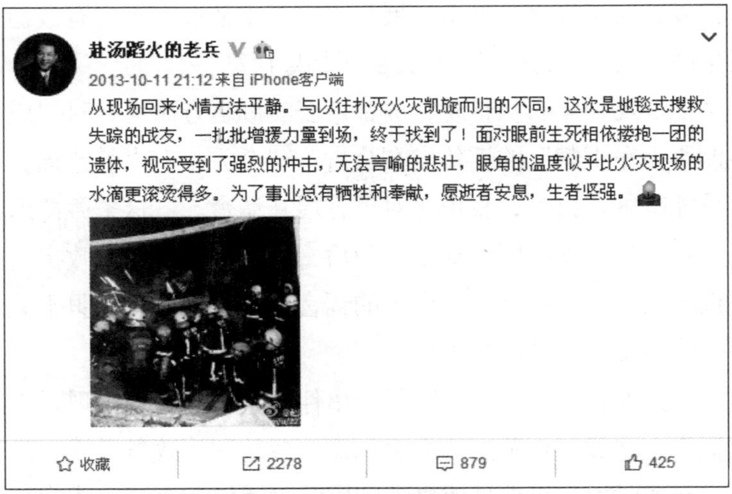

北京市公安消防局原副局长李进 @赴汤蹈火的老兵 当天微博截图

自己置于和网民同样的位置，在谦卑中拉近了与网民的心理距离，消除了过往高高在上、不可靠近的刻板印象，使平等互动变得亲切自然，更容易引起共振、共情和共鸣。

及时发言、准确发言，是领导干部和机构微博的力量所在。

与普通网民的微博相比，领导干部和党政机构的微博具有特殊重要性。他们掌握更多的权威信息，对党和国家的方针政策有更深刻的认识和理解，这是网民关注的主要原因所在。通过微博平台，及时、准确、有效地回应网民关切，才能达到政务微博开通的最终目的——听民意、知民情、惠民生、解民忧。

北京市政府新闻办原主任、新闻发言人王惠认为："受众在哪里，发言人就要走向哪里。""如果不及时与网民真诚沟通，就会有别人代替我们去'沟通'，甚至可能错误引导舆论，所以我们要走上网络平台，主动发声。要通过新媒体倾听社情民意，与网民沟通互动，解决群众实际问题。同时，对重大事件和焦点热点话题要及时回应，提升政府公信力。"

如，2014年4月底，云南部分地区发生严重旱情，各地持续用政务微博发布抗旱投入、最新进展与水库蓄水情况，不仅有效稳定了旱区生产局面，也为抗旱工作提供了指导信息。

又如，2014年4月4日晚，成都市公安局官方微博针对"成都可能限制小汽车上牌"的谣传发布公告："今天，有人编造谣言称成都市可能限牌。目前，我市正对谣言展开调查。"这条微博迅速攻破了当日下午出现的网络谣言。随后，续报造谣者被行政拘留的消息。仅半天时间，一则全市疯传的谣言就被权威信息消弭于无形，政务微博的及时发布功不可没。

再如，2014年3月1日昆明暴恐事件发生后，多地出现了不同版本的谣言，造成一定范围的社会恐慌。各地利用政务微博、微信等平台，在实时发布事件处置进展的同时迅速辟谣澄清，成为社会情绪的“压舱石”和“稳定器”。

北京师范大学新闻传播学院教授、执行院长喻国明认为，官方微博要发挥社会影响力，就必须实现话语方式转型，使其能够有效融入社会生活当中。这就要求做到：讲道理，更要讲感情；讲价值，更要讲魅力；讲自信，更要讲公信。

综上所述，微博发言与新闻发言人面对媒体记者一样，要做到及时、准确、真诚、巧妙，主动不被动、坦言不假言、交流不交恶、回应不回击、规范不失范。

微博时代学会说话，何尝不是一种作风转变?

不少领导干部在网上、在微博中表现出的坦然、从容，往往来自于对工作的自信，对情况的熟悉，对百姓的真诚，对责任的担当。但也有一些领导干部谈网色变，不愿、不敢、不会回应热点，造成工作被动。究其原因，大抵有二：一是觉得没必要说，二是不知怎么说。热点往往是工作的重点难点，若没思路、没举措、没成效，自然就无话可说，也不敢说。故此，敢说、善说体现的是一种工作态度和能力，也是一种人生智慧和处世哲学。

在网络执政已成常态的今天，能否驾驭网上突发敏感舆情，体现的是领导干部的施政能力。领导干部想要不“怵”网，除了熟悉网络传播规律、具备舆情处置技能，还要充分了解本单位工作情况，及时掌握所涉舆情信息、公众关注焦点及相关背景。有些事情极其复杂敏感，如果信息不全、研判不准、决策不周，就可能“一说就错”“越描越黑”，引起“舆论发炎”。

网民也期待在网上会说话、受追捧的领导干部层出不穷，盼望利用网络察民情、解民忧的领导干部越来越多。

为顺应网民期待，宁夏银川市委办公厅官微@问政银川曾点名批评该市地税局官微@银川地税，指其对交办的34条市民投诉很少在微博中回复，责令其公开道歉、说明原因。知耻而后勇。此后，@

问政银川用心用情用力为民办实事，市民投诉办结率超过97%。

令人欣喜的是，2014年12月国务院办公厅印发《关于加强政府网站信息内容建设的意见》，着力解决部分政府网站存在的内容更新不及时、信息发布不准确、意见建议不回应等问题。《意见》要求政府网站强化信息发布更新，加大政策解读力度，做好社会热点回应，加强与公众的互动交流，接受社会的批评监督。《意见》规定，收到网民意见建议后，对其中有价值、有意义的应在7个工作日内反馈处理意见，情况复杂的可延长至15个工作日。2017年5月国办又印发《政府网站发展指引》，对网页设计、信息发布、解读回应、办事服务、互动交流、应急处置等做出明确要求。

4. 掌握微博发布技巧

发布方式：普遍采用“标题+摘要+链接+配图”或 “导语+摘要+链接+配图”形式。第一句话应突出微博的核心信息。如有图片、音视频，就尽量配上，提升用户体验。

发布时间：政务微博运维不能因循常规的8小时工作制，每天8时至24时应有专人在岗维护。要把握不同信息的发布时间，重要信息应尽可能选择在流量高峰时段发布，通常为10—12时、16—18时、21—24时。用餐、休息等流量低谷时段，可发布一些轻松的或人文关怀类的信息，如问早安、关心午饭、提醒下班注意休息等，从而与网民产生情感共鸣。

午夜到凌晨也是微博发布的好时段，因为微博用户多住在城市，夜生活丰富，往往睡前会习惯性地刷一阵微博；且深夜时段，人们的大脑已进入昏昏欲睡状态，理性判断意识较弱，很容易跟着发布者的声音走，加之此时难有其他信源做比证，处于信息空窗期，从而使独家发布获得压倒性的传播效果。

如，2014年3月5日，广东潮州市中心医院发生一起因病人抢救无效死亡而围困医生的医患纠纷事件。针对网上不实传闻，当地官微@潮州发布于6日午夜零时8分发布事件处置新闻——《潮州市依法处置一宗医患纠纷》，仅当天阅读量便超过380万次，极大地压缩了负面声音的传播空间，赢得了舆论主动权。

又如，2016年8月14日午夜零时21分，知名演员王宝强在个人微博发布离婚声明，称“无法容忍恶意背叛婚姻、破坏家庭”，决定解除与妻子马蓉的婚姻关系。由于事发深夜，马蓉措手不及，新媒体也一时难觅真相，以致微博微信疯传的全是王宝强的离婚声明，24小时内全网阅读量超过7亿，形成一边倒的舆论强势，让王宝强一夜之间抢占了时机和道义制高点，被赞为“正直善良、白手起家、勤奋工作、老实为人、忠于婚姻”的草根成功者，马蓉则成了千夫所指、口诛笔伐的对象，遭到众多网民铺天盖地的辱骂和谴责，被斥为“不劳而获、私欲极重、虚伪其表、凶残恶毒”的现代拜金女。像这类离婚事件，如果不是男方主动放料，人们会天然地站在通常被视为弱者的女方一边。

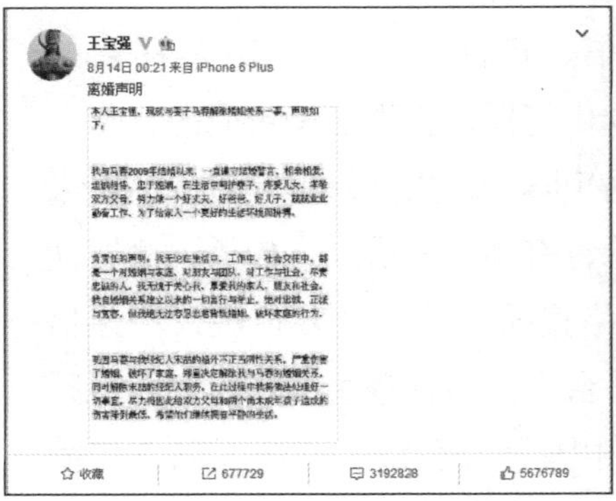

王宝强在个人微博发出的离婚声明；在戛纳红毯上跪地求婚

发布频率：政务微博信息发布不宜过于集中在某一时段，要保持适当的节奏，否则会给“粉丝”产生刷屏的感觉，且会分散网民对重要信息的注意力，从而降低关注度、减少转发量。除重要活动或新闻发布会可视情直播外，不能出现刷屏现象。日均发布信息5—15条为宜，间隔一般要超过半小时。当然，若遇重大突发事件，应即时播报信息，否则会被视为消极怠慢。

如，2020年初新冠肺炎疫情发生后，我国政务微博与主流媒体微博协同发力，及时公布病例数据、防控知识、政策措施等重要信息，迅速回击谣言传闻和错误言论，缓解了民众的焦虑恐慌情绪，促进了疫情防控工作。据人民网舆情数据中心统计，1月22日至3月23日，我国共有3.7万个政府官方微博参与发声，发布了相关微博379万余条，获得了848亿的阅读量和1.9亿的互动量。其中，@北京发布自1月24日以来直播了200多场“北京市新冠肺炎疫情防控工作新闻发布会”，相关话题阅读量突破6亿。

微博平台虽然占据了政务新媒体的“半壁江山”，但随着抖音、快手等短视频平台跃居“流量高地”，政务短视频应运而生，成为政府部门更好贴近群众、服务民生的新渠道。与此同时，“两微一端”和短视频平台内容同质化、碎片化和各自为政等现象也日益突出。为此，要根据微博、微信、抖音、快手、知乎等平台的不同特点和优势进行差异化、分众化传播，实现各平台间的合作、共生、互补，形成一号多平台传播矩阵和跨媒体集聚效应。一般来说，微信公众号侧重长篇图文展示，有利于思辨观点传播；微博功能丰富、短小精悍，既能开设网络直播，又适合发布短评和短信息；抖音、快手、微信视频号等平台专注短视频生产，适宜以视频切片形式将内容扩散传播。如，中国警方在线在微博上以宣传简短的法律、法规条文为主，在抖音、快手上主要发布普法短视频，在微信、知乎上则重点刊登评论性、解读性文章，矩阵传播各显其能、精准推送，实现从相加到相融，取得传播效果最大化。

总之，办好政务新媒体，首先要发挥“政”的优势，瞄准政事、政务，体现公信，务求实效；其次要增强“新”的本事，创新表达方式，灵活运用动漫、图解、游戏、音视频、表情包、移动直播、虚拟现实、全景拍摄等手段，强化视觉体验；最后要有暖心的情感互动，善与网民沟通对话，增强信任感。

有人总结出政务微博“十二戒”：

1. 戒间断信息更新；
2. 戒不与网民互动；
3. 戒关闭评论功能；
4. 戒关注不当人群；
5. 戒公私内容不分；
6. 戒缺乏原创内容；
7. 戒与网民打口水仗；
8. 戒说套话打官腔；
9. 戒单向宣传政绩；
10. 戒流于形式并不实用；
11. 戒轻率回复妄下结论；
12. 戒发布有违公序良俗的信息和言论。

另需提醒，政务微博微信的运维存在风险。由于平台技术掌控于互联网公司，万一突发信息安全事故，要靠相关企业配合处置，有可能危及用户信誉和话语权。已有境外媒体批评“互联网巨头为追求利润或插手选战，会主动设置议题或过滤信息，操纵公众意见，控制网络舆情”。如，在美国民主党人看来，2016年希拉里在与特朗普的总统竞选中败北，一定程度上缘于右翼资本在脸书等社交媒体上对大选信息的操弄；2022年2月24日俄乌冲突爆发后，推特、脸书、优兔等社交媒体迅速限制俄罗斯媒体在其平台发声，并支持乌克兰打击俄罗斯的“虚假信息”，由此表明技术对真相和舆论的“塑造”已成为国家间信息战的新利器；2022年10月28日，特斯拉总裁马斯克以440亿美元收购推特后，美国舆论普遍认为，这次交易加剧了资本操纵媒体政治生活的风险。难怪万维网发明者蒂姆·伯纳斯-李哀叹："力量的集中使一群新的守门人产生，从而少数平台能够控制人们在网上看到和分享的想法和意见。"其哀叹也在我国得到应验。多家主流媒体披露，新浪微博等大型网络平台在利益驱动和资本裹挟下，通过操纵热搜话题，决定网民"能看什么""会想什么"，由此带来的舆论风险和导向问题日益凸显。早在2020年1月20日第50届达沃斯世界经济论坛上，《人类简史》作者、以色列历史学家尤瓦尔·赫拉利等多名学者就郑重预言，随着人工智能、大数据等技术的不断发展，机器人通过深度学习将轻而易举地影响甚至操控人类行为。依据是谷歌、脸书等互联网公司的人工智能技术应用，已经出现了改变人的心理和行为的现象。2022年11月30日美国OpenAI公司发布的聊天机器人ChatGPT，就以其过人的学习、交流、创作能力而惊艳全球。因为收到ChatGPT有关推特运营的精准建议，OpenAI联合创始人马斯克惊呼："ChatGPT好得吓人，我们距离强大到危险的人工智能更近了。"

故此，党委政府必须强化反垄断和防止资本无序扩张，既要管好用好大型商业网站平台，又要做大做强新型主流媒体，还得警惕非公资本违规介入新媒体新闻信息采编业务，甚而用数据和算法干预信息呈现、操控舆论走向，蚕食党和政府在网络主战场的掌控权，威胁社会稳定、政权安全、制度安全和意识形态安全。

六、评论队伍不可或缺，意见领袖为我所用

做好网络舆情应对工作，亟须调动全社会积极力量，形成政府主动回应、网媒同频共振、网军唱响主调、意见领袖声援等多层次网上舆情引导新格局，营造理性平和、开放包容、积极向上的言

论氛围，发挥解疑释惑、驳斥谣言、澄清事实、凝聚共识、争取人心、化解风险、平息舆情的重要作用。

为此，要建立网络评论员选拔、培训、使用、管理、激励、优化机制，打造一支政治过硬、业务精湛、战斗力强、专兼结合的网评员队伍。这是贯彻习近平总书记重要指示——“建设一支强大网军”的题中之义，是落实总书记有关舆情引导重要要求——“要多层次、高密度发布权威信息，正视存在问题，回应群众关切，增强及时性、针对性、专业性”的迫切需要。

2013年11月，时任西藏自治区党委书记陈全国在《求是》杂志发文表示，要依托各级党（团）组织和广大党（团）员，组建政治可靠、善用网言网语的网评员队伍，不断壮大网上正面声音。

目前，全国许多地方和部门针对网络舆论复杂多变、舆情事件易发频发的态势，从党政机关、企事业单位、新闻媒体、高等院校、学术机构和网络名人中物色人才，组建了综合素质较高的网评员队伍，在重大政策措施、突发公共事件、热点敏感问题的舆情引导中发挥了不可替代的重要作用。

外国同样重视网军建设。据2014年2月15日路透社报道，古巴政府担心“网络异见分子”可能利用推特、脸书等社交网站破坏政府，挑选了1000名亲政府的“革命”博客作者，通过他们集中反击“网络异见分子”的“反革命文宣战”。

古巴政府的担心并非杞人忧天。据2014年7月30日古巴官方通讯社拉美社题为《社交网络：美国操控的新战场》的报道称，美国国际开发署于2010年通过秘密资助方式创建了古巴版推特“ZunZuneo”，旨在古巴年轻人中扩大订阅群，择机渗透煽宣，诱导他们推翻古巴政权。而古巴版推特用户原先并不知道这个表面上由国外银行出资的社交网站与美国国务院有关，更不清楚自己的信息已被用于政治图谋。古巴政府警告说，“美国政府的目的就是打通一条传播反革命思想的渠道”。报道称，美国政府曾在叙利亚、乌克兰、委内瑞拉等国实施类似渗透煽动计划。

古巴的担心在7年后不幸应验。据拉美社报道称，2021年7月11日，在美国资助和操纵下，古巴爆发了几十年来规模最大的反政府抗议活动。率先走上街头的是首都哈瓦那西南部约30公里的圣安东尼奥·德洛斯巴尼奥斯镇数百居民，他们先是抗议因新冠疫情造成经济困难导致的长时间停电，并要求接种新冠疫苗，继而却抛出政治诉求，高喊“我们要自由”“政治要变革”“领导人下台”等口号。抗议活动几分钟后就在脸书上直播，很快引发包括哈瓦那地区在内共8个城市的示威游行。古巴国家主席米格尔·迪亚兹-卡内尔在电视上呼吁所有共产党人走上街头捍卫革命，表示“我们不会允许任何从美国机构那里得到钱财的反革命分子在古巴造成不稳定”。随后，古巴外长布鲁诺·罗德里格斯·帕里利亚在推特上分享了一段视频，显示哈瓦那民众正在游行支持古巴政府处置在不同地点发生的破坏稳定的事件。这位外长称，“人民正在动员起来反对帝国主义对古巴的运动”。与此同时，推特上出现了不少谴责“美帝国主义煽动破坏”的声音。12日，古巴基本恢复平静，民众生活有序。13日，古巴驻中国大使馆向《环球时报》记者披露了美国如何资助并通过社交媒体鼓动和操纵这次“颠覆行动”的内幕。古巴政府表示，社交网络被“革命的敌人”利用，其目的是遵循美国中情局的指示，执行“破坏古巴稳定的战略”。

古巴的遭遇告诉我们，热点问题被推升为涉政事件的风险日益凸显。近年来，境内外敌对势力蓄意将民生问题政治化、个别问题扩大化、单一问题复杂化，在网上极力插手炒作热点问题和敏感案事件，图谋在我境内策动“街头政治”、实施“颜色革命”；一些别有用心者频繁制造噪音杂音，部分网络水军不断搅混水、带节奏，妄图扰乱舆论、煽动情绪、制造割裂，威胁网上政治安全。

面对国内外日趋严峻复杂的网络舆情态势，在今后很长一个时期，网上舆论斗争将更加尖锐激烈、艰巨繁重。而斗争成败，很大程度上取决于网评队伍的规模和实力。

在我国，谁在影响网上舆论走向？主要有五类人群：

一是各界明星大腕，主要由文艺界、体育界有影响力的名人组成。他们拥有庞大的“粉丝”群体，一言一行、一举一动备受关注，一旦介入公共事件，往往能引领话题、左右舆论。

二是学界知识分子，主要由具有社会学、政治学、历史学、新闻学、法学等专业背景的人文学者组成。他们在网络舆情事件讨论处于胶着状态时，往往会以自身专业知识和观察思考做出解释或评论，具有较高公信力。

三是媒体从业人员，主要由时政评论员、评论版编辑和政法文教类记者组成。他们撑握传播学知识和技能，善于客观分析、讲事说理，监督批判意识较强，热衷于评说重大公共事件和热点敏感问题，能以身份优势抢占话语先机，具有较大舆论号召力和社会影响力。

四是法律实务人士，主要由法官、检察官、律师、仲裁员和其他法律工作者组成。他们熟悉法学理论和法律条文，善用法律思维分析评判社会敏感事件，具有较高权威性和较强说服力。

五是其他评论写作者，以体制外人士居多。他们有的以评论写作为乐，有的视之为第二职业，有的以此谋生度日。

这五类人群在经济收入和社会地位方面大都属于中上阶层，他们媒介素养高、民主意识强，普遍关注执法司法、教育医疗、民生福利等热点敏感话题，常借相关舆情事件强势发声，倒逼革故鼎新。如，2016年5月7日晚，接受有偿性服务的中国人民大学2009级硕士研究生雷洋，因北京昌平警方执法不当致死后，不少专家学者踊跃发声，呼吁依法侦查此案，促进执法规范化，最终驱使北京市检察院介入尸检、立案侦查，逐渐平息了无休止的“口水战”（检方最终认定5名涉案警员符合玩忽职守罪构成条件，因犯罪情节轻微不起诉）；2016年4月12日，通过百度搜索慕名前往武警北京总队第二医院治疗肿瘤的西安电子科技大学2012级学生魏则西去世消息传开后，来自司法、新闻、医疗卫生界的网络活跃人士纷纷聚焦百度竞价排名、部队医院外包、民营医疗乱象等议题，要求加强网站监管和医疗改革，促使国家互联网信息办公室成立联合调查组进驻百度（查处结果：百度被责令整改竞价排名机制，医院两名主要领导被撤职）。

魏则西事件

有的网评人士则随意发声，在一些网络舆情事件甫一发生、尚未查明之际，便发表质疑猜测、主观臆断的言论，对网上舆论形成误导，致使舆情反转乃至一波三折。如，2018年10月28日上午重庆万州区一辆公交车在长江二桥与一辆小轿车相撞坠江事件（造成13人死亡、2人失踪）发生后，一些网民和媒体随即轻率断定事件原因，严重误导舆情走向：事发仅1个小时，某报新媒体就将事故归因于“轿车女司机逆行酿祸”，立即点燃了许多网民的愤怒情绪，女司机遭到无情谩骂；当天下午，警方公布行车记录视频，显示“公交车越线撞向对面正常行驶的小轿车，撞断护栏，坠入江中”，网民纷纷呼吁“为女司机正名”；翌日下午，有网站爆料称“公交车司机凌晨K歌导致疲劳驾驶引发事故”，已故公交车司机成为众矢之的；11月2日，警方公布公交车坠江经过和车内监控录像，证实是一乘客坐过一站，要求司机在非停靠点停车，遭拒后打骂司机，导致司机情绪失控，急打了一把方向盘，最终酿成悲剧。真相大白，多数网民转而指责这位乘客，纷纷参与“你错过1站，14个人错过一生”话题讨论，甚至一度出现“表象是公民个体素质低下，根源是执法不严”等偏激言论。

因此，开展网评时，要认清舆情发声主体及其观点和诉求，精准设置议题，影响相应人群，牵引舆情走向。

做好网评工作，具体要做到以下四点：

1. 培养网络评论队伍

舆论战说到底是人才战，必须依靠专才骨干来实施。党政机关、企事业单位可从有关系统和领域，发掘一批政治信念坚定、舆情意识较强、热爱网络宣传、熟悉网言网语、擅长分析说理、具备上网时间和条件、善用微博微信、长期活跃在著名网站和社交媒体的高素质、专业化人才，组建专兼结合、结构合理、规模适度、联系紧密、敢打必胜的网络评论员队伍。

各有关单位可为网评员建立个人档案，统一培养使用，并从中遴选一批综合素质过硬的骨干网评员，若遇突发事件或敏感问题在网上议论纷起，意见观点莫衷一是，就请他们挺身发声，以建设性言论对冲和压制不合时宜的“冷枪横炮”、混淆视听的“杂音噪音”，引领网民理性、客观地看待事件和问题，辨清因果和是非，将网评、跟帖引向有利于事件处置和问题解决的正确轨道。同时，要引导网评员适应网络舆论战的迫切需要，坚持学习党的理论路线方针政策、国家法律法规，不断增强政治敏感性和舆情洞察力，熟练掌握舆情研判、议题设置、网评创作等专业技能，全面提升思想政治水平和舆论引导能力，努力成为助推舆论正向发展的正能量、高流量意见领袖。要关心爱护、扶持激励为党和人民利益敢于碰硬发声的网评员，一旦他们因挺身斗争遭受诬告陷害、网络暴力、威胁恐吓等不法行为，不但要及时给予道义和舆论支持，而且要让公安机关迅速依法查处，体现邪不压正，为他们撑腰打气。

各地越来越重视网评员培训工作

另外，可尝试从爱党爱国、有影响有担当的体制外网评高手中发展正能量骨干队伍，团结带领他们依法有序、冷静客观地参与网络话题讨论，特别是在情绪化论争中发表理性、建设性的引导意见，避免观点极端、舆论极化现象。

2. *关注意见领袖动向*

意见领袖又称网络“大V”，多为社会各界精英翘楚，在其专业领域认可度高，具有一定代表性和权威性，拥有众多“粉丝”和追随者，自带流量和关注度，无论转发还是表态，都能轻易获得百万量级的评论和点赞，是推动网络舆情或话题生成发展的重要乃至决定性力量。他们熟知网络舆论规律，洞悉网民接受心理，善用传播话术，能在公共事件发生后较短时间内策动议题、发酵情感、牵引舆论、凝聚共识、组织行动，对舆情演变和事件处置的影响举足轻重。大量网络热点事件的舆情走向表明，在意见领袖的话语强势和权威压力下，多数网民会逐渐调整甚至彻底改变自己原有的看法，努力在众声喧哗、众说纷纭中与意见领袖保持观点一致。

据新浪微博对2011—2012年30起热点事件的舆情分析显示，转发量超过500次以上的微博热帖只有7584条，而其中305个微博用户发布的5047条帖子，却占热帖总量的66.5%和转发评论总量的80%。可见，貌似庞杂喧嚣的微博舆论场，实际上被部分大V所主导。这也表明，扁平化、分享型的社交媒体使人们自身的角色弱化，人们选择信息时更看重信息传播者的身份而不是信息来源的可靠性，即“谁来说”比“说什么”更为重要。

正能量网络大V、深圳市政协委员、网眼传媒创始人孙国瑜（网名“网眼八分斋”），经常对城市发展、疫情防控、民间慈善等话题发表看法

正能量网络大V、粤港澳大湾区（南沙）改革创新研究院高级研究员、知名财经评论员、自媒体“抱朴财经”创始人张鹏，长期关注粤港澳大湾区城市发展和区域经济等话题

令人担忧的是，在敏感事件的网络讨论中，少数以“公知”自居的大V，打着为民请命、伸张正义的旗号，追求所谓的“后真相”表达，突破道德法律底线，意见重于事实，立场决定是非，许多时候真相还没弄清，就有了倾向性观点或结论，误导公众认知和判断，致使舆情扭曲走偏，事态升级恶化。他们往往带着傲慢和偏见，一边高呼自由，一边却对不同声音鄙夷不屑，充满了智慧和道德的优越感；一边宣称平等，一边却认为别人不配有发言资格，一副真理在握、不容分说的架势；一边批判“文革”的极左思潮，一边却效仿“大鸣、大放、大辩论、大字报”式的“文革”手段，动

辄给别人扣帽子、贴标签，非对即错、非友即敌，恶言相向、戾气十足。有的则玩弄隐喻借代的春秋笔法和明褒实贬的“高级黑”：或借题发挥、含沙射影，或偷换概念、指鹿为马，或主观臆断、偏离实际，或拔高夸大、违反人性，试图解构主流价值，颠覆正面认同，撩拨公众对现实的不满情绪和对政府的不信任心理。更有甚者，竟与炒作话题牟利的网络水军为伍，公然策动他们在重大敏感事件中散布不实信息、制造虚假民意、绑架民众情绪、操控舆情走向、激化矛盾纠纷，严重干扰事件处置工作。

如，2009年7月，广州南沙石化项目的迁出，个别知名专家学者和人大代表的公开反对起了推波助澜的作用；同年12月，广州番禺垃圾焚烧发电厂选址的改变，也离不开周边一群知识界名人及活跃网民的议题博弈。

又如，2020年新冠肺炎疫情暴发后，个别网络名人在美西方一些政客和敌对媒体大肆攻击抹黑我国抗疫政策措施之际，不但没有旗帜鲜明、立场坚定地开展舆论斗争，反而借题发挥，质疑、妄议中央决策部署，严重干扰我国疫情防控大局，自觉不自觉地沦为给西方输送舆论炸弹的“帮凶”。

再如，2022年8月2日美国国会众议长佩洛西窜访台湾事件发生前夕，有的微博大V过度营造“如果解放军战机拦阻无效，可击落佩洛西座机”“解放军派战机‘伴飞’佩洛西专机”等直接“战争”意图的舆论氛围，迎合了网民内心朴素的爱国情感，对网民的期望值造成过度暗示，不利于疏导蓄积已久的情绪势能。亦有观点认为，正是这种高调门，为我方赢得了道义上的胜利，使得随后的突破中线、围岛军演顺理成章、顺势而“围”。

因此，要密切关注意见领袖的动向和诉求。一旦发现他们介入重大敏感事件，就要跟踪分析其言论的性质、影响和走势，视情做出适当回应；亦可与他们坦诚沟通，谋取共识，通过他们传播事件真相、转达政府立场，而不是任由他们扔砖放炮、裹挟舆论、扰乱视听，诱使不明真相、盲目跟风的网民随波逐流、推波助澜。

诚然，要争取意见领袖的理解支持并非易事，既要理直气“和”，耐心讲清依法文明上网的意义作用，又要善于公关，认真细致做好团结、培养、引领工作。平时要与他们保持紧密联系，适当组织座谈交流和联谊交友活动，或邀请他们参观考察重大公共项目，拉近彼此距离，增进彼此信任，让他们成为合作方或同盟军，能在开展批评监督时弄清事实和真相，摆脱激进和极端，发表建设性、负责任的意见建议，发挥示范带动作用，引领广大网民依法、客观、理性建言，形成积极正面舆论，广泛凝聚社会共识。对一般性的情绪宣泄，应给予包容和引导；对具体工作的批评质疑，应及时核查和回应。但对那些唯恐天下不乱、触碰法律底线的攻击抹黑、造谣传谣、煽动闹事等劣行，必须迅速落地查人，依法惩处，以儆效尤；如果不敢亮剑打击，听之任之，势必形成“破窗效应”，加剧网络舆论乱象，恶化舆情生态环境。

3. 打造网评品牌栏目

培育网评品牌栏目，是做好网评工作的重要支撑。为此，要建强以多层次党网为主、规模化自媒体为辅的立体化网评阵地，形成一批有活力、有人气的栏目和账号。目前，人民网、新华网、央视网、中国网、环球网、南方新闻网、金羊网、大洋网等中央和地方重点新闻网站都已创建原创评论栏目，吸引社科、政法、文教、金融、科技等领域高素质专业化网评人才踊跃供稿，推出大量建设性和说服力俱佳的分析评论，知名度和影响力不断提升。如，上海东方网“东方时评”栏目，拥有大批特约评论员，其中不乏各界名人，凸显了栏目品牌优势。

各地各部门、高等院校、科研院所也要培育有影响力的新媒体账号，打造符合自身行业特点和工作需要的特色网评阵地。有条件的单位可设立网评品牌建设专项资金，加大经费保障和稿酬激励力度，为推进网络评论工作高质量发展注入强劲动力。

4. 提高网评引导效果

网评引导要有强烈的舆情意识和鲜明的效果导向，切热点、说人话、有态度，直面问题、一针见血、亮明观点，使用带有“网感”的话语，让网民易于理解和接受，形成共识和共鸣。这就要求网评员密切关注舆情热点，经常评论时事要闻，积极与网民互动交流，保持一定的语言风格和知名度。不然，平时不声不响，有朝一日突然上网发帖，且行文貌似公文、装腔作势、照本宣科、空洞无物，甚至教训受众，网民一看就断定是一味替政府说话的“五毛党”所为。如此居高临下、自说自话，只会令人反感、侧目，要么激起质疑、形成对立，要么敬而远之、厌而弃之。

笔者认为，增强网评实效主要有以下五个着力点：

一要把握好文风。文风体现作风，眼里要有受众。网评的受众是广大网民，目的是让网民信服认同，既不能写成夸夸其谈、讨好上司的官样文章，也切忌沦为自我陶醉、孤芳自赏的“个人秀”。记住：网评最鲜明的风格，就在于“真、短、实”。

所谓“真”，就是真诚地展现真实，要像那个点破“皇帝没穿衣服”的小孩一样，敢于说真话、讲真理、报真事、揭真相，做到言之有理、言之有据、言之有情、言之客观、言之可信。

所谓“短”，就是能短则短、繁简适度，用短文章写明白长故事、小篇幅讲清楚大道理，努力做到意尽言止。为此，要拒绝宏大叙事、长篇大论，从此时此刻、此人此事谈起，避免拖泥带水、短话长说，穿靴戴帽、添枝加叶，看似面面俱到，实则离题万里。文贵简约，要做到主题集中、针对性强，结构紧凑、短小精悍，一针见血、发人深省。因为在信息大爆炸、阅读碎片化时代，特别是140字的微博风行之际，交流便捷的微信崛起之时，网民希望从评论中获取的是对某一事件、某一现象、某一问题的透彻分析和解决办法，而不是那些漫无边际、泛泛而谈的观点大全和空洞说教。

所谓“实”，就是讲符合实际、务实管用、有感而发、给人启示的话，不讲空洞抽象、脱离实际、虚情假意、无病呻吟的话，更不讲夸大其词、言不由衷、歌功颂德、虚与委蛇、文过饰非的话。要用最朴实、最通俗、最生动的语言去阐释深刻的道理，以最深入、最特别、最新颖的观察发出独到的见解、公允的观点。要善用事例和数据支撑论点，因为它能形象揭示事物的本质，具有广泛的代表性和强大的说服力，能起到以一当十的作用。

做到了“真、短、实”，就有望写出内容精练、观点鲜明、意蕴深刻、事例鲜活、语言生动的精彩网评，让网民喜闻乐见，甚至眼前一亮、心头一震、恍然大悟，饶有兴趣地反复阅读、耐心体会，产生二次传播、持续发酵、真心点赞的理想效果，甚或起到拨开迷雾、明辨是非、一锤定音的重要作用。正如著名作家王蒙在《文风与话风》一文中呼吁：“让我们提倡一种更亲切、更纯朴、更简练、更活泼也更真实的会风、文风、话风吧！”

王蒙倡导的“亲切”文风，也是网评的风格之一，即“平等发言”。我国草根民众向来受困于传统阶层意识，如今欣喜地在网上找到了平等交流的感觉，自然对那些带有官方说教味和明显阶层感的评论更加反感。故此，网民期待官方微博微信少些枯燥无味、严肃古板的官腔话语与单向灌输，多些生动易懂、亲切平和的网言网语与互动交流。在网民看来，官样文章四平八稳、刻板生硬、味同嚼蜡，没有半点吸引力、亲和力、感染力和说服力。

正因如此，王蒙在《文风与话风》一文中指出：“同样一个真理，对于不同时间地点条件下的不同实际状况，必然会作出不同的挑战因应与侧重点的强调，引出不同的对待与思路。有同，有不同，有变，有不变。我们不可能只是照抄照转就把事情办好。”简言之，照本宣科的东西令人生厌，我说你听的言传难以服众。

在西方，“宣传”一词带有贬义，多指单向灌输。而网络传播的多向性、自主性，决定了单向“宣传”的低效，若文章高调说教，就更加少人问津。2018年5月13日央视网首发的特稿《习近平和母亲》，之所以取得“24小时内全网阅读量突破10亿”的奇效，就在于全篇以习近平与母亲齐心的日常点滴穿针引线，用朴实平易的语言将体现母子亲情、美德传承的故事娓娓道来，亲切自然、情真意笃、感染力强、触动人心，让网民爱不释手。2021年全国两会期间，人民日报新媒体推出的建党百年主题MV《少年》，不但旋律美妙动感，而且歌词朴实亲切，如“我还是从前那个少年，初心从未有改变，百年只不过是考验，美好生活目标不断实现”等，令人心潮澎湃，争相传播。

网评还要有个性。正如王蒙在《文风与话风》一文中所言：“话语和文字要有个性，要联系自身，现身说法，出现你的‘真身’。共性是寓于个性之中的。我们所以要修辞，讲究文风话风，不是为了形式上的漂亮与红火，而是为了最真诚准确地表达我们的思想观念。话语文字有了个性，才有了最真诚、最动人的共性，才能发挥凝聚人心、推动事业的作用。”因此，文章的个性要构筑在事实、逻辑与见识之上，不是以花里胡哨的技法吸引眼球，而是靠质朴自然的真情实感和掷地有声的思想内涵获得拥趸。

如，国家主席习近平在2015年新年贺词中赞扬“我们的各级干部也是蛮拼的”“我要为我们伟大的人民点赞”，在2017年新年贺词中号召大家“撸起袖子加油干”，在2023年新年贺词中慨叹“每个人都不容易”……这些富有时代气息、通俗生动、让人倍感亲切和振奋的话语，道出了行进中国的精气神，拨动了无数人的心弦，成为全网刷屏热传的“金句”。

习主席的示范教导我们，文风话风要清新质朴、鲜活生动，切忌落入俗套、枯燥无味，即便官方话语，也可个性化表达。事实证明，无论是李肇星式的“黄河奔腾”，还是赵启正式的“曲水流觞”，都可谓独树一帜、各领风骚，给人留下深刻印象。

二要把握好尺度。网评要讲究力度和分寸，切忌简单粗放、脱离实际、生搬硬套、弄巧成拙，无谓地给负面解读、舆情炒作提供口实；要掌控火候和节奏、篇幅和数量，针对舆情关注焦点确定评论主题、规模和密度，既不能因议题过多、大水漫灌而推升舆情热度，也要防止引导数量、频次和时长不足而被一些不良自媒体、网络大V带偏舆情。具体来说，要避免以下四种倾向：

一是避免主要观点一边倒。不能一味站在正方立场说话，而无视反方观点包含的合理性与客观性。如，2009年11月，某市政府有关部门联合发布《关于依法处理非正常上访行为的通知》，认定14种上访行为属于“非正常上访”，并对其法律后果做了具体规定。该通知立即遭到社会公众强烈质疑，网上舆论几乎一边倒地认为这14条规定有威胁、限制上访之嫌。

为回应质疑，平息舆情，有关部门组织网评员撰写了系列评论，想在当地主要网站连载，以引导网民认识治理非正常上访的积极意义。其中一篇评论无视网民感受，只顾为官方辩解，坚称“制订非正常上访14条的目的是为了保护上访人员，对访民有好处”。试想，若这篇涉嫌“高级黑”的评论上网，一定会给人以动机不纯、刻

网上出现的有关漫画

意洗白的观感，被网民批驳怒骂的“口水”淹没，不但丝毫起不到正面引导作用，反而会激化舆论情绪，进一步损害政府形象。当地网站本着实事求是的精神和客观公正的原则，没有采用这篇一味替政府说话、主要观点一边倒、显失公允的评论。切记：自下而上、草根视角、情感沟通是网络舆论的内在规律，如果评论引导一味强调自己无错，很可能会导致舆情逆反；只有体现听取意见的诚意，才能安抚网民情绪，在互动交流中达成共识。

二是避免粗暴对待不同声音。善辩者无锋。真正的辩论高手，懂得辩论并不是要打倒别人，而是要使人信服；善于藏起锋芒，用更容易让别人接受的柔软方式将观点送进对方心里。因此，要有效引导网络舆论，首先得尊重网民依法享有的自由表达权，对其焦虑、担忧乃至愤怒等非理性情绪，给予一定的表达和宣泄空间；而对自己的不同看法和观点，也要绵里藏针地阐述，力求语言中性、情绪温和、释放善意，论据充足、论证有力、令人信服。针锋相对、唯我独尊的话语，虽有一种不容置疑的气势，但在开放包容、平等交流的网络社会，从第一句话起就输在了起跑线上。如，某市针对“非正常上访14条”舆情约写的网评中，有一篇俯视感十足，居然以“文盲是看不懂我的文章的”开头，继而对反对14条的网民进行傲慢批驳，通篇没有事理和论证过程，全是“众人皆醉我独醒”的说教。如果发表这类“扣帽子”“挥大棒”“强加于人”的网评，网民一看就会断定是为政府辩解的“五毛文章”，不但起不到正面引导作用，反倒会因其粗暴无礼、强词夺理而招致网民更为猛烈的反击。这种“吵架式”“打手式”网评绝不能登载。

三是避免进入主题太慢。网评文章应控制篇幅，800字以内为宜。标题要简短有力，准确提炼主题，体现作者意图。起笔要切入正题，开门见山、开宗明义，直截了当、一目了然；如果搞“柳暗花明又一村”之类的章法技巧，绕来绕去，铺陈过长，迟迟不见文章主旨，就会让读者失去看下去的耐心和兴趣。若是论坛跟帖、微博留言、微信评论，更要言简意赅，短则一两句话，长也尽量不过百字。

四是避免评论数量过多。网评要根据舆情导控需要，把握数量、适可而止，以免画蛇添足、适得其反。因为，并非所有舆情事件都是网评引导越多越好：对于简单普通的议题，网评不宜过多，防止催热舆情；即便复杂敏感的议题，也要视情点到即止，避免言多有失。以2009年6月26日广东韶关旭日玩具厂汉族员工与新疆维吾尔族员工斗殴事件为例：这本是一起误会引发、事实清楚的刑事案件，却由于造成两名维族员工死亡，被境外敌对势力和境内别有用心的人炒作利用，制造了震惊中外的乌鲁木齐“7·5”打砸抢烧严重暴力事件，造成197人死亡、1700多人受伤。对“6·26”事件及时组织网上评论很有必要，但只要表明维护民族团结的重要性、引导网民认同事件性质纯属斗殴，就基本达到目的了；如果持续发声，铺天盖地，就难以冷却舆情，还会招惹网民猜测甚至误解误读。但对性质完全不同的“7·5”暴恐事件，则要及时准确、持续有力发声，表明立场、揭穿假象、还原真相，让世人彻底认清以热比娅为

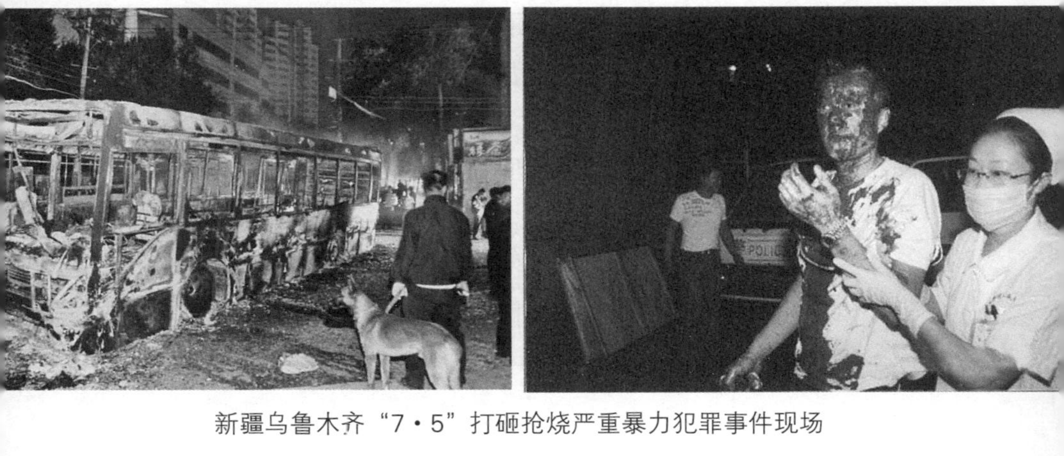

新疆乌鲁木齐“7·5”打砸抢烧严重暴力犯罪事件现场

首的境外"疆独"组织——"世维会"指挥造谣煽动、挑拨民族关系、以暴力制造分裂的险恶用心。因为总部设在德国慕尼黑的"世维会"，不断散布虚假消息，将"7·5"事件描述成维吾尔族人的"和平示威"，并遭到了"残酷镇压"；如果不把事实真相大声讲出来，境外敌对势力就会更加恶毒猖獗地编造各种离奇谎言和极端故事，使世人对事件的认识偏离其暴力恐怖主义性质。

有时，网评要与网宣互动。如，2020年春新冠肺炎疫情防控吃紧阶段，湖北有关部门针对网上反映的"胡萝卜50元/斤"等天价菜问题，既及时开展网评引导，谴责"发国难财"的无良行为，又组织媒体大力宣传居民生活物资保供措施，有力推动了舆情的化解。

有时，网评要靠网管支撑。如，就重大公共事件组织网评时，一旦舆情过热走偏，事实在传播过程中扭曲、失真，甚至出现造谣传谣、泛化炒作、恶意攻击，就要依法依规履行管理职责，规范网络传播秩序，有效调降舆情热度，严密管控有害信息，巩固网评引导实效；否则，不但网评难以奏效，还会加剧谣言惑众和对政府的不信任，削弱公众对事件处置工作的理解和支持。

有时，网评难以一锤定音。如，对一些分歧较大、形成对垒的争议性话题，参与各方往往避开正面交锋，以错位化角度展开争辩、各持己见，很难分出胜负，更遑论达成共识。对此类各种观点意见犬牙交错、舆情导控难度很大的话题，应从中选择公约数最大的论点组织网评，引导多元话语主体在客观理性思考、平等互动交流中增进理解认同、实现定纷止争。

三要把握好时机。舆情的生成发展是一个持续的动态演变过程。网评工作者既要密切关注事件及舆论变化，精准研判舆情热度、态度、烈度，抢占舆论引导先机，又要根据舆情走势，选择合适时点推出网评。切记：不是所有网上热点都适合做网评，不是所有网上热点在舆情发展阶段都需要做引导，不是所有网上热点的网评战术打法都一样。

一是准确判断哪些热点不必引导。多数情况下，网评引导主要针对网上负面敏感舆情热点。但有些热点不必急于引导，因为网上热点频出，新热点很可能迅速覆盖旧热点。如，一些个案类负面舆情，往往惹人关注一下就被新的热点淹没了，没必要组织引导，可跟踪研判，如果出现谣传，就视情予以解释澄清。否则，本是一起很快就会沉寂的事件，由于做了网评引导，设置了相关议题，延长了舆情周期，反而激起更多网民关注、转发、评论，人为将其推成热点。如，对有些地方发生的企业员工罢工维权事件，地方媒体大都采用权威部门发布的通稿，新闻网站和“两微一端”的互动栏目通常也不会开展没必要的话题讨论。如果这时还大张旗鼓地组织网评，就等于变相炒热了罢工事件，很容易传导到其他地方，引发各地维权劳工群体效仿，形成“多米诺骨牌效应”。

实际上，有些负面热点难以用网评方式去化解。如，2009年4月23日凤凰网论坛引爆的河北省临城县地税局郝庄分局建造豪华税务所事件，发帖者上传了几张“豪华”照片，声称该分局创造了中国税务所的“八项之最”。像这类图文并茂揭露奢靡享乐之风的负面热点，如果确实存在，根本无法通过跟评引导扭转舆论风向，只能承认事实，接受批评，纠正错误，或者壮胆沉默以对，企求自然冷却，逐渐被人淡忘。当然，也可通过设置新的议题，推出内容和形式引人关注的正面报道，转移公众视线，让好新闻冲淡坏消息，降低原有负面影响。

被网民称为“豪华税务所”的临城县地税局郝庄分局

有些事情即使已成热点，但若非当事主要相关方，也不能轻率介入发声，以免引火烧身。如，2015年9月20日，中国人民大学历史学院教授孙家洲发出公开信，宣布断绝与新招硕士生郝相赫的师生关系，并斥其为“狂徒”。原因是该生在朋友圈发微信嘲讽北大教授阎步克、人大教授韩树峰。这桩“师生公案”速引网民围观热议。笔者认为，这是师生之间私域冲突的公开化，未触及校方根本权益，校方可不予理睬。事实上，这场师生冲突仅打了一天的“口水仗”，21日晚该生便在网上公开道歉，恳请老师

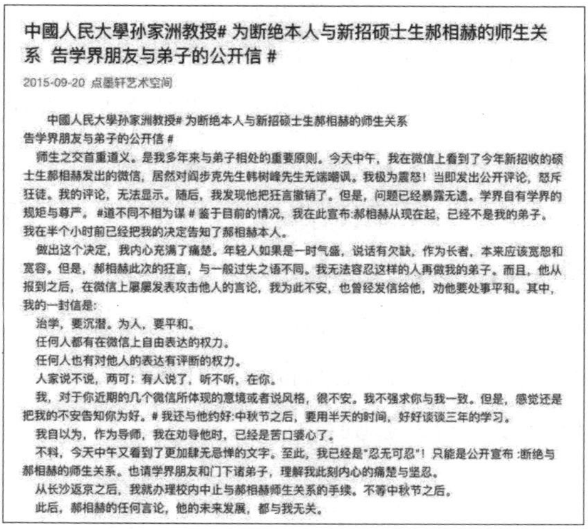

中國人民大學孙家洲教授# 为断绝本人与新招硕士生郝相赫的师生关系 告学界朋友与弟子的公开信 #

2015-09-20 点墨轩艺术空间

中國人民大學孙家洲教授# 为断绝本人与新招硕士生郝相赫的师生关系
告学界朋友与弟子的公开信 #

师生之交首重道义。是我多年来与弟子相处的重要原则。今天中午，我在微信上看到了今年新招收的硕士生郝相赫发出的微信，居然对阎步克先生韩树峰先生无端嘲讽。我极为震怒！当即发出公开评论，怒斥狂徒。我的评论，无法显示。随后，我发现他把狂言撤销了。但是，问题已经暴露无遗。学界自有学界的规矩与尊严。#道不同不相为谋 # 鉴于目前的情况，我在此宣布:郝相赫从现在起，已经不是我的弟子。我在半个小时前已经把我的决定告知了郝相赫本人。

做出这个决定，我内心充满了痛楚。年轻人如果是一时气盛，说话有欠缺，作为长者，本来应该宽恕和宽容。但是，郝相赫此次的狂言，与一般过失之语不同。我无法容忍这样的人再做我的弟子。而且，他从报到之后，在微信上屡屡发表攻击他人的言论，我为此不安，也曾经发信给他，劝他要处事平和。其中，我的一封信是:

治学，要沉潜。为人，要平和。

任何人都有在微信上自由表达的权力。

任何人也有对他人的表达有评断的权力。

人家说不说，两可；有人说了，听不听，在你。

我，对于你近期的几个微信所体现的意境或者说风格，很不安。我不强求你与我一致。但是，感觉还是把我的不安告知你为好。# 我还与他约好:中秋节之后，要用半天的时间，好好谈谈三年的学习。

我自以为，作为导师，我在劝导他时，已经是苦口婆心了。

不料，今天中午又看到了更加肆无忌惮的文字。至此，我已经是"忍无可忍"！只能是公开宣布 :断绝与郝相赫的师生关系。也请学界朋友和门下诸弟子，理解我此刻内心的痛楚与坚忍。

从长沙返京之后，我就办理校内中止与郝相赫师生关系的手续。不等中秋节之后。

此后，郝相赫的任何言论，他的未来发展，都与我无关。

人大教授孙家洲发公开信，宣布与弟子断绝师生关系

“能够继续容留”，很快获得老师原谅，网上舆情随之平息。如果校方急于回应，无论站在哪一方立场说话，都可能卷入无休止的纷争，令舆情话题迭出、高热难退、连累校方。

但对有损单位形象的个人负面事件，则应尽快回应表态或巧妙“切割”脱身。北京大学对陈春花事件的应对值得借鉴。陈春花是北大著名管理学教授，从2017年1月开始在自己的微信公众号上多次解读深圳华为技术有限公司，并谈到华为邀请她做军师、任正非给她当司机……在众多自媒体的演绎夸大下，陈春花俨然成了拯救华为、深受任正非敬重的“华为第二大脑、幕后军师”，对华为的形象造成严重伤害，陈春花本人也被网友质疑学历造假，意外地把北大拖入舆论旋涡。2022年7月6日，华为忍无可忍，发布辟谣声明，称“华为与陈春花无任何关系，华为不了解她，她也不可能了解华为”。就在华为撇清关系，舆论紧盯北大反应之际，北大于8月3日发布声明，称该校“收到了陈春花老师的辞职申请，已按程序终止其聘用合同”。可以说，北大的“切割术”充满机智，一下子让自己躲到一边静静吃瓜，令陈春花独对舆论风暴，徒劳辩白，名利俱损。正如媒体评说：“陈春花：从来不是华为军师，从此不是北大教授。”

二是准确判断网评何时切入、何时停止。网上舆情一般经历潜伏、萌芽、爆发、蔓延、消退等五个阶段。只有在合适阶段选准网评介入时机，才能收到最佳舆论效果。实践证明，在舆情萌芽期舆论争议初起阶段，或在爆发初期众说纷纭阶段，如果能有权威公允的观点或客观理性的评论，就可快速填补公众的认识真空，避免情绪裹挟舆论，起到息纷止争、定向定调的作用；一旦错过时间窗口，舆情广泛扩散蔓延，不当言论成为强势声音，就很难再靠网评引导去平复或对冲。

如，2009年5月10日发生的湖北巴东邓玉娇案，经网民“超级低俗屠夫”（实名吴淦，2015年5月27日因涉嫌寻衅滋事罪、诽谤罪被福建警方刑拘，2017年12月26日因犯颠覆国家政权罪被天津市第二中级人民法院判刑8年）策划捐款声援行动，北京律师夏霖（2017年4月21日被北京市高级人民法院以诈骗罪判刑10年）、夏楠受“屠夫”邀请赶到巴东代理此案后，网上舆情热度达到峰值，全网相关信息逾4亿条，负面信息占2.3亿条。虽然当地有关部门组织发布了成千上万条正面引导帖文，但在声援邓玉娇、谴责司法不公的亿万信息海洋中，这些帖文如泥牛入海，毫无声息。试想，你方有1000人发声，对方就有1万人唱反调，怎么能抵挡住反对声浪？此时，网络宣传管理部门该做的就是及时封堵、删除违法有害信息。当然，最关键的还是职能部门要快速公正处置事件，消除舆情生发土壤。

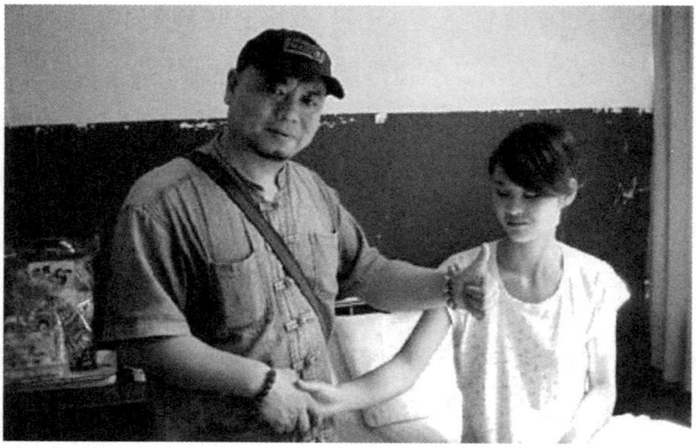

网民“屠夫”声援邓玉娇

又如，2020年新冠肺炎疫情暴发初期，由于疫情的不确定性、防疫知识的稀缺性以及信息发布和管理的滞后性，导致谣言和不实信息充斥网络，给疫情防控和社会稳定造成严重影响。为此，全国各级各类媒体针对舆情热点和群众关切，围绕疫情形势、防控措施、卫生知识、物资保障等重要议题，密集推出评论文章，传递权威声音、解读政策措施、澄清不实信息、推动解决问题，有效疏解了群众的紧张、焦虑、恐慌心理。

对那些预判将要发生、极易引发负面炒作的舆情事件，则要提前策划，选准议题，备好稿源，以便事发后抢在舆情热炒前及时密集发稿，取得先声夺人、定向定调的最佳引导效果。如武汉武昌医院院长刘智明因感染新冠病毒去世一事，本是一个极易渲染悲情、带偏舆情的重大敏感话题，但网上监测显示，表达哀思、致敬以及同心抗疫的声音完全占据主导地位，说明网评工作者预判精准、发声及时，舆论引导和情绪疏导有力有效，在时机把握和议题设置上抢占了舆论制高点。

三是同一地方或行业出现类似新热点时，就不再对旧热点做引导。如，2010年上半年，深圳富士康科技集团连续发生12起员工跳楼事件，造成10死2重伤，激起网上舆论对深圳富士康“到底把员工怎么了？”“会不会出现第13跳？”之类的集中质疑和猛烈抨击。为此，有关方面计划开展两次较大规模的网评战役。第一次网评贯穿舆情发酵发展期，紧扣“劳动者需要尊严”“关心员工生活”“适当提高工资”等议题，取得了良好引导效果。第二次网评刚开始，正巧碰上佛山南海本田配件厂工人罢工，舆论关注焦点随即从富士康转向本田厂。有关方面综合研判、权衡利弊，果断中止第二次网评，网民也逐渐淡忘富士康事件。

四要把握好平台。网络新媒体迭出，形态、功能多样，定位、受众各异；即便同类新媒体，也因体制机制和特色优势不同而受众对象有别。只有坚持分众化、差异化、精准化传播，选准平台渠道，触达目标受众，才能增强网评针对性、实效性。

一是选择本地合适媒体。突发事件特别是影响社会稳定的群体性事件，网评对象主要是事发地群众，尤其是利益相关方和不分是非的跟风滋事者，宜在当地社会网站、自媒体或微信群圈发声引导。如，2016年6月17日广东陆丰市东海镇乌坎村委会主任林祖恋涉嫌受贿被刑事拘留后，其追随者竟然煽动村民持续多日游行抗议，无理要求释放林祖恋。一位“老乌坎人”忍不住在陆丰在线发帖《乌坎村民的心声：我们不能被人当木偶当枪使了！》，披露林祖恋受贿丑闻，呼吁“我们的善良再也不能被某些能说会道、会导演的家伙们利用了”。此帖被大批网媒转载，让更多网民看清了林祖恋“假公济私”的蝇贪嘴脸。若是政府声明、公告类信息，则应在当地官方媒体首发，以体现其严肃性、权威性。在乌坎事件处置过程中，敦促涉嫌非法聚集者投案自首、依法打击造谣煽动行为等官方公告，均首发于官微“平安陆丰”，获得当地微信群、朋友圈广泛转发，起到了强大震慑作用。当然，亦可利用算法推荐机制，让相关信息精准触达特定受众。

广东陆丰乌坎村委会原主任林祖恋供认收受贿赂

但对于重大突发公共卫生事件，不同网络平台和圈层的广大网民都会高度关注，应开展全媒体、多渠道信息发布和舆论引导，尤其要善用微信、支付宝、今日头条、抖音、爱奇艺等已经融入人们日常生活的大型平台以及“粉丝”众多的自媒体，第一时间把政府权威声音传到千家万户，最大程度驱散社会公众的疑虑不安情绪。

二是选择外地著名媒体。按惯例，配合重大突发事件舆情引导的评论，通常交给省级以上或事发地党委机关报或官方网站刊播，以求稳妥可靠。其实，这样做往往会被受众解读为“本地媒体替本地政府说话”，不但起不到理想的引导效果，还可能引发负面舆情。为此，可先借助外地有影响力的网媒发表评论，再在本地网媒转发。如，2015年深圳“12·20”滑坡事故发生之初，笔者指导南方新闻网针对网上质疑攻击和追责反思声浪，撰写了理据充分、力透纸背的重头评论——《倾力救援是最深沉的悼念和担当》，旨在把舆论视线引向救援这一首要任务上来。此文在新华网广东频道首发后，获得广泛转载，产生积极反响，促进了事件处置工作。

三是选择自媒体大号。借助有影响力的第三方发声，往往能收到“一呼百应”之效。对一些不宜在官方媒体推出的评论议题，可采取“借嘴发声”的策略，通过微博大V或微信大号发表，增强评论的中立性和说服力。如，在深圳“12·20”滑坡事故网评战役中，笔者约请一位网络名人撰写了《深圳事故，坚持公开和坚持救援同样重要》一文，利用其个人账号在奥一论坛和新浪微博同时刊载，获得许多网民转发和点赞。对专业性强的公共卫生事件，则应借助业界权威人士发声引导，以提高公信力。如，2020年抗击新冠肺炎疫情的关键阶段，主流媒体网站频频邀请投身抗疫一线、敢讲真话的权威专家钟南山、张伯礼、张文宏等人评说疫情态势、解答疑难问题、传授防控知识、提出专业指引，对广大群众坚定抗疫信心决心、克服焦虑恐慌心理发挥了重要作用。

四是选择讨论活跃平台。针对舆情生发日益圈群化的特点，应在网民较为活跃的微博、微信平台开展评论，或在重点报道、热点话题下组织跟帖。如，教育部推动的“独立学院转设”（转为民办或公办、终止办学、合并转设），本是体现教育公平、提高办学质量的大好事，但在实施过程中，有的学生却被他人利用，在微博、豆瓣、知乎和校园论坛等平台发表反对“转设”的情绪化乃至煽动性言论，对“转设”工作造成干扰。为此，不少网评员在相应平台互动评论区积极发声，引导学生群体理性表达诉求，并将获得较多认同的观点写成新闻进行二次传播，取得良好舆论效果。这就说明，在无互动不传播的今天，新媒体评论区对于实现有效互动、疏导不良舆情具有重要作用，非到万不得已，不要因担心评论内容出问题而一关了之，无谓地放弃这个互动交流的好平台。

五是选择海外社交媒体。在国际媒体巨头助推下，一个区域性的事件很容易被操纵成一个全球性的政治话题，进而成为攻击抹黑涉事国形象的舆论炮弹。因此，要密切关注境外媒体舆情，视情开展国际舆论引导和斗争。但长期以来，以美国为首的西方发达国家在国际传播格局中占据统治地位，总是对涉及别国的敏感议题恶意定调、强势围攻，形成舆论霸权。目前，全球传播的新闻信息中，逾90%来自西方四大通讯社（美联社、路透社、法新社、合众国际社），其中仅10%—30%报道发展中国家；近70%海外受众通过西方媒体了解中国，且多为负面报道。而我国在国际舆论场上依然处于弱势地位，经常陷入“有理说不出，说出传不开，传开叫不响”的被动窘境，存在信息流进与流出的“逆差”、中国真实形象与西方主观印象的“反差”，不时遭到西方强势媒体的话语“霸凌”而反击乏力。这种国际话语权的“落差”，与新时代我国综合国力和国际地位不相匹配。因此，在习近平总书记强调要加强和改进国际传播工作，讲究舆论斗争的策略和艺术，提升重大问题对外发声能力的今天，我国国际舆论工作应当进行必要的战略调整，逐步从消极被动的防御转向积极主动的构建，既要用我国给予世界的重要贡献和令人信服的生动实践，冲破西方舆论霸权的屏蔽、扭曲、捏造，向世界展现真实、立体、全面和可信、可爱、可敬的中国形象，又要针对境外媒体高度关注的重大敏感事件，组织网评队伍敢于直面外界的评判质疑，善借推特、脸书、优兔等海外社交媒体发出中国声音，巧用国外受众易于接受的话语体系和表达方式传播信息、设置议题、表明立场、澄清事实、批驳谬论，有效影响外媒报道倾向和基调，营造于我有利的国际舆论环境。而面对西方媒体造谣抹黑、歪曲解读，亟需维护我国立场和利益之际，就要理直气壮、有力有效地开展舆论反击，让对方的无端指责、恶意中伤难以达成舆论共识，将对我国的不利影响降到最低。

失语就要挨骂，沉默助长谎言。为此，中央媒体纷纷在海外大型社交平台开设账号，努力形成高质量的对外传播，提升我国的国际影响力、感召力和塑造力。其中，中央广播电视总台CGTN新媒体脸书主账号，注重以专业视角报道国际突发事件，建立了“事实—平衡—负责任”的话语叙事体系，“粉丝”逾1.2亿，稳居全球媒体脸书账号首位，已在对外传播和大国舆论博弈中发挥积极作用。如，2020年初新冠肺炎疫情暴发后，针对时任美国总统特朗普在推特上公然用“中国病毒”这一种族歧视言辞称呼“新冠病毒”等政治化、标签化、污名化、妖魔化的恶劣言行，CGTN脸书主账号敢于接招、善于出招，持续深入起底特朗普“为掩盖其抗疫不力，将病毒根源转嫁给中国”的险恶用心，在国际舆论场“扭亏为盈”，获得不少国家政要和网友的认同与声援。美国前国务卿希拉里在社交媒体上表示：“总统正在滑向种族主义言论，想转移人们注意力，掩盖他未能及早认真对待新冠病毒、广泛提供检测、为美国应对危机做好充分准备。不要上当了，不要让你的朋友和家人上当。”普京、比尔·盖茨等国际政要和名流也公开批评美国政府高层的主观臆断、造谣栽赃与甩锅推责。境外网友纷纷评论称：“武汉不需要道歉，全世界应该团结起来对抗新冠肺炎。”迫于舆论压力，特朗普一度宣称不再言及“中国病毒”。但他言而无信，很快故态复萌，老调重弹，甚至勾连盟友进一步向我泼脏水，彻底沦为“政治病毒”传播者，自己也因“不喜欢戴口罩”而染上新冠病毒，并因国家抗疫失败导致竞选连任失败。耐人寻味的是，习惯以推特发号施令的他，最终却因涉嫌煽动支持者冲闯国会以阻止拜登当选总统而被推特等各大社交平台联手封杀，成为美国历史上第一位“社会性死亡”的在位总统。

在国际舆论斗争方面，俄罗斯破围发声的经验做法值得我们借鉴。俄罗斯政府斥资3.5亿美元打造、2005年12月在莫斯科开播的

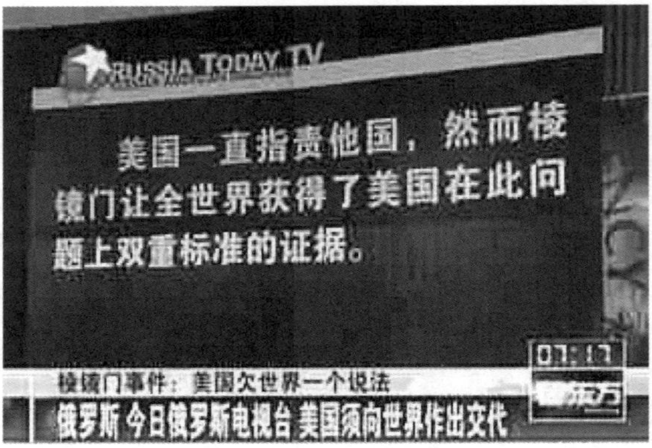

今日俄罗斯电视台新闻报道

24小时新闻电视台——今日俄罗斯，为了反击对俄罗斯不利的国际舆论，打破美、英等西方媒体垄断国际“意见市场”的局面，向世界及时阐明和传播俄罗斯在国际事务中的立场和主张，重塑俄罗斯的大国形象，利用社交媒体直接打入美国舆论场的腹地，把“触角”伸向了全球最大的社交网站脸书，以求在国际社会特别是非西方国家受众中扩大其影响力，而且敢于碰触敏感议题，短兵相接展开斗争，有效提升了俄罗斯作为独立力量中心和多极世界之一极的外交地位。无论是2008年的“南奥塞梯之争”，还是2014年5月的“克里米亚危机”，在西方媒体众口一词的批评质疑和攻击抹黑声中，今日俄罗斯电视台站在本国立场的报道和评论，通过脸书账号广泛传播，成为国际舆论场上引人注目的“异见”。2014年2月，该台阿拉伯语版在脸书网站的订户达到200万，“粉丝”量是美国有线电视新闻网阿拉伯语版的4倍，是法兰西24新闻台的1.5倍，是德国之声的7倍。在社交网络的助力下，该台在北非和中东地区等非西方国家的影响力大大提升。按照普京总统亲自推动实施的国际传播战略，该台于2013年12月整合了另一家历史悠久的传统媒体——俄罗斯国际新闻通讯社（简称“俄新社”），努力升级打造成具有国际竞争力和影响力的全媒体“外宣航母”。

令人欣喜的是，我国互联网巨头腾讯、阿里巴巴、今日头条等通过投资收购借船出海，尝试打造具有中国叙事风格，助力讲好中国故事、传播好中国声音、提升国际话语权的主流平台。如，今日头条于2015年6月启动国际化战略，以自建及收购方式在日本、印度、巴西和北美、东南亚等地做了布局，其中以2500万美元领投印度最大信息分发平台Dailyhunt的D轮融资、以更大手笔全资收购月活用户量逾3000万的北美主流短视频应用Flipagram，被舆论称为改变“西强我弱”国际传播格局的有效举措，必将成为未来国际舆论战场上更加机动灵活、快速高效的生力军。

与此同时，随着我国微博、微信和B站等网络社交平台聚拢了不同地域和阶层的广泛人群，不少国家、跨国企业和各类社会组织都将其视为必争之地。俄乌冲突爆发前夕，“乌克兰在微博发声明”的话题一度冲上微博热搜第一，俄罗斯、美国、英国、法国、德国等国驻华大使馆纷纷在微博发表声明，就是鲜活例证。有专家在《环球时报》发文认为，美西方发起的公共外交“叙事战”和“认知战”已在中国网络空间打响，利用互联网与社交媒体平台影响、诱导乃至操纵我国国内舆论、舆情，满足其国际政治斗争背后的国家利益，将是今后的常态。为此，我们要保持信心和耐心，充分认识到我国国际形象的转变，本质上是中华民族伟大复兴在全球舆论场的同步映射，这注定是一个长期的历史性进程。但笔者坚信，随着我国在国际社会中的贡献和地位快速提升，美西方若幻想永远用话语霸权垄断事实真相、左右涉华舆论，那无异于新版的“格林童话”“天方夜谭”。

五要把握好手段。网评要吸引受众，产生共鸣，除了议题设置好，还要表达手段新。正如习近平总书记指出，有铁的事实、好的道理，还得有耳目一新、引人入胜的表达。

如今，移动端已成为舆论生成传播和网民获取资讯的主渠道，应优先开展移动端评论，借助微博、微信、客户端、小程序等强势传播形态，活用H5、图解、视频、动漫、音乐、弹幕、海报、表情包、

Vlog等新锐表达方式，把核心观点通过感性直观的形象予以呈现，增强内容表达的生动性、趣味性、互动性，提升网评的到达率、阅读率、点赞率和转发率。

如，笔者在指挥深圳滑坡事故网评战役时，指导南方新闻网制作了总题为“这座城、这些人”的H5动画纪实系列作品，每个时长约2分钟，在事故救援不同阶段在手机客户端适时推出。其中，《黄金72小时救援记》H5动画，配以激昂斗志的音乐，展现了党和政府及社会各界倾力救援的感人情景；《救援第一线：光明的温度》H5动画，配以舒缓、温情的音乐，再现了救援一线的温馨场面；《此刻，我们都是你的亲人》H5动画，彰显了深圳人和衷共济、守望相助的大爱精神。这组直观形象、简洁明快、动听感人的动画纪实网评，获得大量转发、跟评和点赞，阅读量突破80万，近6万网民参与互动，刷爆深圳市民微信朋友圈，彰显了即时快捷、覆盖广泛、互动性强的移动传播优势，收到了良好引导效果。

“这座城、这些人”H5动画截图

又如，在2020年初新冠肺炎疫情突发的关键时刻，我国各大主流媒体纷纷发力移动端，通过科普微动画、短视频等视觉冲击力和情绪感染力俱佳的表达方式，迅速击碎谣言、澄清事实，有力引导了网络舆论。特别是新华社策划推出的视频产品《病毒往事》（*Once upon a virus*），以打趣调侃的方式进行国际舆论斗争，巧妙运用乐高玩具中兵马俑和自由女神像两种形象展开对话，向世人揭开美国混淆视听、转嫁责任的真实面目，受到全球大量网民关注和认同，被业界认为是“有意义”和“有意思”相融合的精品力作。可见，视频本身更强的叙事性、更有力的氛围渲染、更多样的表达技巧和恰当的背景音乐加持，使它比其他形式更生动形象、可听可感，更能在海量信息中抓人眼球、刷屏热传，取得理想传播效果。

综上所述，在重大突发事件舆情应对中，网评引导要坚持大处着眼、小处发力，准确设置议题，及时适时发声，做到权威定调、先声夺人，释疑解惑、以理服人，创新方式、引人入胜，精准投放、增强实效，真正起到疏导公众情绪、凝聚社会共识的作用。

当然，网评引导战术并非一成不变，当随舆情生成传播方式的变化而与时俱进、创新举措。可以预料，随着智媒时代的到来，5G、大数据、云计算、区块链、物联网、人工智能、元宇宙、量子通信等颠覆性技术对媒介形态功能的重构和传受方式的变革，尤其是暗网传播、机器发帖、水军控评、深度伪造以及AI生成的滥用，不可知、不可控变量越来越多，网络舆情事件的发酵源头、传播路径、演化特征将更加复杂多变、难以捉摸，处置主体必须主动识变、应变、求变。如，2020年春新冠肺炎疫情防控的关键时刻，《人物》杂志微信公众号发表的对李文亮同事艾芬医生的专访《发哨子的人》一度被撤下后，有网民将该文上传到区块链平台，试图实现“理论上永远删不掉，负面影响长期存在”。可见，区块链传播一旦普及应用，其“不可删除”“去中心化”等特性，必将加大舆情风险和应对难度。为此，应借助人工智能内容生成分发技术，形成受众与内容的连接，培育圈层社群，提升传播效能，让舆情引导的信息内容“讲得出、听得到、传得开”。

走笔至此，笔者不揣冒昧，“晒”出自己长期实践中总结、传授的网评写作引导“十要十不要”，一并供读者批评指正：

一要开门见山，不要绕来绕去。网评篇幅短小，务必直奔主题。“兜圈子”“绕弯子”会影响表达效率，令网民厌烦而失去阅读耐心。起笔要开宗明义、直截了当，或表明观点态度，或亮出批驳靶子，或简述评论由头，起到提纲挈领、引出主题的作用。

二要突出重点，不要面面俱到。全面、繁复是网评的大敌。要避免发散性思维，紧扣文章主题下笔，择其关键，一气呵成。对某一事件、现象或问题的评论，会有多个论点可供选择，选一个最有价值的论点去写，做到鲜明得当。结尾力求激荡人心、回味无穷。

三要角度新颖，不要老调重弹。新角度切入，提起对老问题的关注；小角度切入，在以小见大中产生贴近性；见人之未见，在独特细节中挖掘新角度。角度不新、人云亦云，老生常谈、毫无新意，是因为受限于刻板思维、站队思维、标签思维、受害者思维、从众思维、封闭思维。只有突破常规思维禁锢，才能找到新角度、提炼新洞见，使评论常写常新、引起共鸣。

四要降低姿态，不要随意拔高。网民反感“高大全”。评论要平易近人、春风化雨、润物无声，化宣传于无形，寓意图于事理，能产生亲近感，让网民容易接受，亦可避免自己成为批驳的靶子。在网民看来，报喜不报忧、好话说过头的官样文章，缺乏说理论证、生硬“上价值”的空洞说教，是最没味道、最不起劲的东西，它板着脸孔、高高在上、凌空蹈虚、自以为是、不容置喙，甚至盛气凌人，令读者厌而弃之、敬而远之。

五要具体可感，不要抽象概念。读者易被具象和细节所打动，对身之所历、目之所见的事物更能产生情感共鸣。要改掉大而化之、空洞抽象、故弄玄虚、不触及实际问题的文风，做到寓理于事、就事论理，将“大道理”融入易于感知接受的“小故事”之中，用生动翔实的例证、通俗易懂的语言和具体可感的方式表达观点，让人在眼前一亮、心头一振之余，不自觉地颔首认同、点赞转发。不使用复杂艰深、晦暗不明的概念和术语，否则普通读者难以理解，易生歧见。

六要逻辑通畅，不要颠三倒四。要以清晰、缜密的逻辑思维展开论证，做到表达精确，判断合理，层次分明，无懈可击。观点陈旧、文采平庸，顶多被视为写作水平低；若逻辑混乱，词不达意，表述不清，经不起推敲，就会在网评引导中自相矛盾、漏洞百出，造成误解、惹出是非，平添负面舆情。

七要以理服人，不要强加于人。无论是标题用语还是文风措词，都不能以高高在上、我即正义的强硬语气、俯视姿态示人，以免把人说跳。要将认同性、说服性融入话语形式，做到有感而发、理直气和、言之有物、持之有据，切忌片面、说教、强词，杜绝假话、大话、空话、套话、官话。叙事明理，用事实和证据说话，让人心悦诚服；语境相对开放，留有余地，不偏激，不轻易下断言，不把活的事情说死，防止被逼入死角。对某种事物或言行，不必一棍子打死。不回避核心问题和反方观点，应在回应中进行论证，而不是只列举支持自己观点的论据。要举有代表性的事例，尽量提供反例证，正反分析对比，强化说服力。当然，最好掌握共情表达技巧，做到以情动人。因为，理性的说服需要接受的时间，而情感的共鸣却能直抵人心。

八要言简意赅，不要拖沓深奥。不用冗长复杂、生僻拗口、晦涩费解的语言，以免让读者产生疲惫感。表述首先要准确明了、直击要害、言简理尽，然后才讲究文采。少用高屋建瓴、阳春白雪的语言，多用平实质朴、深入浅出的表达，用网民一看就懂、一听便明的大白话，让受众更好地读懂文意、领会内涵。

九要标题醒目，不要冗长乏味。看书先看皮，看报先看题。标题是文章的眼睛和灵魂，能否抓人眼球、引人入胜，关乎文章成败。网上信息庞杂过载，标题只有个性独特、非同凡响，才能脱颖而出、赢得青睐，激发读者阅读兴趣和转发欲望。要表明态度、传递价值，准确到位、巧妙修辞，以简洁明了的语言归纳核心观点，以生动传神的文字点评事实真相，但绝不做无底线、带节奏、博流量的“标题党”。评价一篇评论的观点是否简明扼要，有个重要的衡量标准，就是看能否将观点浓缩成可做标题的一句话。

十要把准时度，不要冷热失调。不是所有网上热点都适合组织网评，不是每个热点在舆情发酵发展阶段都需要做出回应。要准确判断哪些热点需要引导，应何时切入、何时停止；要准确把握网评的量与度，防止火上浇油或令其死灰复燃。

七、记者采访应获善待，沟通合作方能双赢

如何与媒体建立良好关系？这是一个看似不便公开探讨，但又无法回避且奥妙无穷的重要现实问题。

对此敏感话题，很多人表面上不屑一顾、羞于启齿，实际上心知肚明、暗中摸索，都在谋求与媒体搞好关系，以期在舆论危机突降之际帮自己一把。平时，各单位都希望媒体不揭其丑闻，即便不得已被曝光，也要争取不出续篇，赶在未成为公众关注热点前解决问题，把舆情扼杀在萌芽状态。

笔者自认算个地道文人，不懂也羞于拉关系求实惠，之所以要硬着头皮讲这个令人尴尬的话题，是因为谁都无法否认，现实生活中，公共关系、人脉资源对于干事创业的确不可或缺、不可替代。

正如美国著名人际关系学大师卡耐基所言："一个人的成功85%取决于人际关系，15%取决于专业技能。"自古以来，关系就是生产力、战斗力，在任何国家都是不可估量的财富。尤其在我们这个讲究人情练达的国度，缺乏私交，不懂公关，往往要碰钉子、吃大亏。故此，于情于理都不可忽视"关系学"，只要脱离圆滑世故、投机取巧，把好分寸、务实管用，就应当名正言顺地公开讲、大胆讲。这也许是有的高校开设"公共关系课"的原因之一吧。

讲如何与媒体"拉关系"，也许过于直白、露骨，听起来有点刺耳，那就用文雅、含蓄而又不失时髦的话语，称之为"媒体公关"或"媒体沟通"。

做好媒体公关，关键要建立人脉圈和沟通机制，熟悉新闻规律，善同媒体沟通。有此做支撑，即便本单位出了问题，特别是社会影响不大、新闻价值不高、内部能很快解决的小问题，也可力争不被媒体"捅"出去；哪怕非曝光不可，媒体也会注意把好时机分寸，减少篇幅时长，放在次要位置，降低负面影响。

建议本单位分管宣传工作的领导以及宣传干事、新闻秘书、通

媒体公关已成为应急管理培训的重要内容

讯员等，务必与媒体有关领导、记者（特别是跑线记者和专事批评报道、受理报料线索的记者）、编辑保持紧密联系，可利用微信等交流方式进行便捷沟通，平时有好的新闻选题，应主动与记者编辑交换意见，如果得到对方认可，又能按其要求采写，一般都会被刊播。事成后，应及时表达谢意，增进彼此情谊。

平时联系多了，关系好了，就能全面深入了解各家媒体的功能定位、有关记者的脾气禀性和喜好特长，有针对性地与媒体记者打交道。如果掌握了政法类、经济类、教科文体类、社会调查类记者的详细情况，知道谁善做深度专题、谁擅长时事评论、谁专攻批评报道，就可以“投其所好”或“避己之短”，让本单位正面宣传多多益善，负面报道尽力避免，保持良好社会形象。

当然，现在各家媒体的记者多半是合同制人员，流动性很大，有的记者刚刚被“好上”就跳槽了，导致媒体公关人员难以巩固双方关系或无法及时结交新记者。一位基层宣传干部曾向笔者诉苦：“各媒体记者站经常换人，没隔多久就来一批新记者，弄得我一年到头都无所适从，担惊受怕，真烦哩。”

不管现实情况怎样，各单位平时都要主动与媒体记者保持良好关系。这是做好媒体公关的关键所在，是确保出了负面新闻能够有效应对的前提条件之一。如果平时与编辑记者的关系疏远了，彼此变得陌生了，等到有急事难事时才临时抱佛脚求助，往往是佛不显灵，情面不留，困境难解。

因此，应建立与主要媒体沟通联系机制。宣传干事、新闻秘书、通讯员要经常与媒体记者见面交流，分管宣传工作的领导乃至主要领导，每年都要邀请新闻媒体负责人和跑线记者聚会联谊，通报本单位有关情况，提供新闻素材线索，巩固深化彼此友好情谊和合作伙伴关系。

临时抱佛脚只能求得一时心理安慰

1. 闻过即改化危为机

举一个笔者帮助新闻秘书摆脱困境、将负面题材点化成正面报道的典型例子——

2001年10月，笔者在羊城晚报社当记者时，广东汕尾陆丰市桥冲镇大塘村群众代表前来投诉，反映村干部以调整土地为名，擅自留地卖地、中饱私囊，而且分地暗箱操作，肥瘦、远近搭配不均，村干部和大家族就能拿到好地块。绝大多数村民对此强烈不满，集体罢耕，700多亩良田丢荒长草，令人痛惜。让人吃惊的是，当地镇委、镇政府居然批准了这个严重违反中央"三农"政策的分田方案！尽管村民多次集体上访，但问题迟迟未获解决。

笔者认为，这是与基层民主唱反调、严重损害群众利益的反面典型，应立即曝光，深入揭批，促其改正！

经请示报社领导，笔者迅速赶到大塘村采访调查。

当笔者采获足够的第一手材料，希望听到陆丰市委有关领导的意见时，负责联络的新闻秘书却颇感为难。他恳求笔者暂时不要发稿，理由是：此事已引发部分群众斗殴，几名受伤村民还在住院治疗，市领导正在研究处理办法；若此时报道，把握不当，就可能火上浇油，加剧矛盾，令处置更加棘手。

笔者觉得他的陈情符合实际，不无道理，加上得知他刚晋升为副科级的新闻秘书，生怕上司责怪他公关能力不行，不知不觉就对他这种“夹在中间，两头受压”的处境同情起来。

于是，笔者尊重他的意见，没有急于发稿，并建议他提醒市领导尽快妥善解决问题。笔者解释说：毕竟群众已向报社投诉，记者也做了调查核实，如果不见公开报道，问题又久拖不决，群众利益迟迟得不到维护，报社就难以向群众交代，群众就会误以为记者或报社被当地政府“搞定”了，从而损害记者的职业道德形象，危及报社的权威性和公信力。

陆丰市委书记听了新闻秘书转达笔者的建议后，意识到问题的严重性，也请求报社暂时不做报道，并表示一定会尽快公正处理此事，给大塘村民一份满意的答卷。

笔者见对方有接受监督的雅量、解决问题的诚意，禁不住“怂恿”：此事如能迅速圆满处理，让村民发自内心地感谢党委政府为民做主，说不定届时报社不但不做批评报道，还可能视情推出表扬陆丰市领导维护群众利益的正面报道，变坏事为好事呢！

这位书记心领神会，迅即行动，连夜派工作组驻村，仅几天时间便撤销了镇委、镇政府批准的不合理的分田方案，重新公开、公平、公正地分配农田，并处理了镇、村两级有关责任人。

绝大多数村民对处理结果深表满意和感激，特意制作了一块刻有“官正民顺”四个鎏金大字的木质大牌匾，敲锣打鼓地赠给陆丰市委、市政府。

接到新闻秘书的报喜电话后，笔者再次前往采访，随即在《羊城晚报》推出题为《数千农民送匾齐赞：官正民顺》的深度报道，叙述了陆丰市委、市政府体察民情、顺应民意、为民做主、勇于纠错的做法。并配发记者述评《“大塘问题”不是陆丰“专利”》，指出类似问题在全省不少农村都不同程度地存在，各地应借鉴陆丰的处置经验，妥善解决此类损害广大群众利益的典型问题。

著名新闻评论家、羊城晚报社原总编辑微音（原名许实）先生看罢笔者的报道和评述，赞叹不已，感慨万千，激情纵笔写下评论《陆丰有望了！》，第二天便刊发在《羊城晚报》头版名牌专栏《街谈巷议》，产生了良好社会反响。评论从陆丰市一度成为走私与社会治安问题的“重灾区”谈起，继而笔锋一转，高度赞扬本届市委、市政府关心群众疾苦、维护群众利益的做法，前后对比，证明今天的陆丰“官正民顺”“大有希望”。这篇微音署名评论，无异于免费给陆丰市党政机关做了一次很好的形象宣传。

省委领导看了上述报道和评论后，对陆丰市把矛盾化解在基层的做法给予充分肯定和表扬，认为值得全省各地借鉴推广。没多久，陆丰这位政绩显著的一把手晋升为汕尾市委副书记。

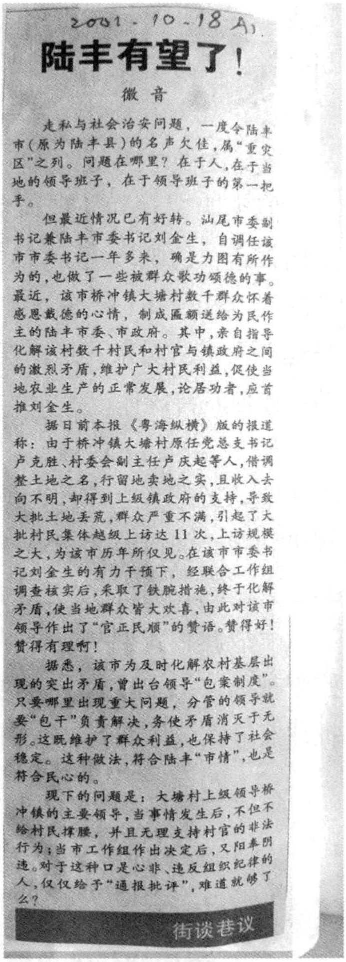
2001.10.18 A1

陆丰有望了！

微音

走私与社会治安问题，一度令陆丰市（原为陆丰县）的名声欠佳，属“重灾区”之列。问题在哪里？在于人，在于当地的领导班子，在于领导班子的第一把手。

但最近情况已有好转。汕尾市委副书记兼陆丰市委书记刘金生，自调任该市市委书记一年多来，确是力图有所作为的，也做了一些被群众歌功颂德的事。最近，该市桥冲镇大塘村数千群众怀着感恩戴德的心情，制成匾额送给为民作主的陆丰市委、市政府。其中，亲自指导化解该村数千村民和村官与镇政府之间的激烈矛盾，维护广大村民利益，促使当地农业生产的正常发展，论居功者，应首推刘金生。

据日前本报《粤海纵横》版的报道称：由于桥冲镇大塘村原任党总支书记卢克胜、村委会副主任卢庆起等人，借调整土地之名，行留地卖地之实，且收入去向不明，却得到上级镇政府的支持，导致大批土地丢荒，群众严重不满，引起了大批村民集体越级上访达11次，上访规模之大，为该市历年所仅见。在该市市委书记刘金生的有力干预下，经联合工作组调查核实后，采取了铁腕措施，终于化解矛盾，使当地群众皆大欢喜，由此对该市领导作出了“官正民顺”的赞语。赞得好！赞得有理啊！

据悉，该市为及时化解农村基层出现的突出矛盾，曾出台领导“包案制度”。只要哪里出现重大问题，分管的领导就要“包干”负责解决，务使矛盾消灭于无形。这既维护了群众利益，也保持了社会稳定。这种做法，符合陆丰“市情”，也是符合民心的。

现下的问题是：大塘村上级领导桥冲镇的主要领导，当事情发生后，不但不给村民撑腰，并且无理支持村官的非法行为；当市工作组作出决定后，又阳奉阴违。对于这种口是心非、违反组织纪律的人，仅仅给予“通报批评”，难道就够了么？

街谈巷议

微音先生当年欣然命笔的评论《陆丰有望了！》

如此简单易行的媒体公关，就“摆平”了省级大报的舆论监督，不但让该市有关领导避免了可能因批评报道导致的纪律处分，而且把坏事变好事，“变”出了化解基层矛盾纠纷的典型经验，市委书记也获得提拔重用。这种让负面题材巧妙变成正面典型的危机公关，堪称“化危为机、展示自我”的成功范例！不少人赞叹：“即使花几十万登几个版的政绩广告，也无法达到这么好的宣传效果。陆丰的做法实在高明！”

但须明白，并非任何负面问题都能压住不报或创造条件变成正面报道，这既取决于该问题的性质和影响，又有赖于当时舆论管理的尺度和媒体记者的态度，特别是记者是否通情达理，能不能设身处地为采访对象着想，理解、同情其难处。这就引出一个实际问题：如何看待媒体记者和舆论监督？

如今，“防火防盗防记者”已成为流行语。但“防记者”是防不住的，把记者当敌人也是错误的、不可取的。因为通过舆论监督解决问题、促进工作是媒体的基本职责和权利，报道事实真相、揭露社会问题、追查事件原因是记者的天职，与公务员履职尽责并无二致。故此，我们不要把媒体曝光问题看成挑刺找茬，不能把舆论监督视为“洪水猛兽”，也别把记者当做“救命稻草”，该接受的批评监督就诚恳接受，干预阻挠只会错上加错。

如，2011年6月，沈阳市沈河区工商局局长杨晓松，在其妻子和

网上有关漫画

儿子开的面包店因卖长毛粽子被当地报纸曝光后，竟然率领两车人大闹报社，扰乱正常办公秩序，还扬言要找记者“单挑”，被网民称为“史上最牛工商局长”。

这种挑战、打压舆论监督的狂野之举，形同与公共利益唱对台戏，拿百姓食品安全开玩笑，无疑会遭到更猛烈的舆论围剿。

果然，新华社记者随即介入调查，发现该面包店第一期投资500万—600万元，到第二年需投入1000万—1200万元，而这位局长年薪约10万元，其家人开店所用巨资涉嫌“来源不明”。新华社的调查报道引起当地纪检监察部门高度重视。

试想，首篇报道出笼后，杨局长家如能诚恳接受批评，认真整改，并主动与报社沟通，报社一般会顾及工商职能，或碍于情面，不再做后续报道。但这位“狂妄自大”“权力失控”的局长，自以为监管媒体的广告业务，报社无论如何也会屈服于他。

岂料，杨局长打错了如意算盘，不但当地媒体不向强权低头，中央媒体也及时声援，促使纪检部门痛下“杀手”。2011年8月11日，杨晓松被撤销局党组书记职务、免去局长职务，并被行政降级。

大量事实证明，与媒体记者为敌，对抗舆论监督，硬扛到底，实在是以卵击石，不自量力，结果只能是吃不了兜着走！

到底该如何看待记者？国务院新闻办公室原主任赵启正曾这样评述新闻发言人与记者的关系：“记者不是你的学生，不是你的部下，不是你的朋友，不是你的敌人。记者是你的挑战者和挑衅者。不论记者如何对待你，记者应该是你的合作伙伴。”这是赵启正多年的实践体悟，符合实际，值得记取。

众所周知，新闻发言人多数是党委政府部门、企事业单位有一定实权的副职领导，有的平时习惯于发号施令，而其下属通常会俯首帖耳地遵照执行。故此，有些领导面对记者也可能抑制不住指挥、控制欲望，自觉不自觉地把记者当下属，对其指手画脚、随意使唤，甚至

赵启正从容应对记者围访

当“出气筒”，动辄训斥责骂。而有的记者自认为见官高一级的“无冕之王”，不喜欢受人摆布，不希望被当作学生接受教导。如果你居高临下、咄咄逼人，就会激起记者的逆反心理、愤怒情绪，他偏要向你发难，想方设法不让你称心如意——尽提一些令你不悦、难堪的尖锐问题，逼你说出他想要而你不想说的话……总之，就是存心让你说错话、出洋相，被记者抓住做文章。

可见，我们既要善待善用记者，又不能盲信盲从记者。特别是对个别有违职业道德的记者，务必提高警惕、慎重说话，切不可口无遮拦、信口开河，以免害了自己、连累单位。

2. 对抗监督后悔莫及

并非所有舆论监督都能摆平，尤其是性质特别严重、有普遍警示教育意义的题材，记者一旦“逮”住，就不会轻言放弃。所以，记者来你单位采访负面新闻时，你要坦诚相见、主动回应。如果担心家丑外扬丢乌纱帽，看不惯记者为百姓说话，千方百计掩盖事实、回避问题，不择手段打压记者调查报道，不但于事无补，还会激怒社会舆论，损害单位形象。

在此，笔者举一个地方政府个别领导对抗舆论监督，导致事态升级、后悔莫及的反面例子——

1999年11月，一群农民到羊城晚报社向笔者诉称，广东茂名高州市谢鸡镇政府强行非法集资修路，文村等几个村庄的村民不论长幼，每人须交500元，否则就抄家逼款，已有多户人因交不起钱，家里的大米、音响、电视机、摩托车、农用拖拉机等财物被强行扣走，锁在村委会的大楼里。

当时，中央刚出台多项惠农政策，着力减轻农民负担。谢鸡镇的所作所为显然与中央精神背道而驰！及时准确揭批，促其改正错误，对于警示广大农村基层干部不折不扣落实惠农政策，促进农民增收，具有普遍教育指导意义。这种事关“三农”工作全局的舆论监督题材，颇有新闻价值，岂能轻易错过？！

经报社领导讨论同意后，笔者立即赶赴当地采访。

这次采访惊险曲折，犹如“虎口拔牙”。从进入高州市谢鸡镇文村调查开始，威胁恐吓就接连向笔者袭来。在村委会二楼办公室采访镇、村干部和村民代表时，一群身份不明的人突然闯入，虎视眈眈地盯着笔者，其中两个身材高大、戴着墨镜的男青年始终伴随笔者左右，一副凶神恶煞、待命出手的架势。好在笔者身后提前安插数名暗中护卫的村民，其中一位自称当过兵、练过拳击，足以同时对打三人，让笔者吃了“定心丸”。

采访了镇、村干部和村民代表，拍摄了扣押在村委会一楼的农户财物，笔者又逐一到受害农户家里调查核实。

当晚离村，投宿茂名市区一家宾馆。正准备赶写稿子，报社司机发现有人盯梢，示意紧急转移。笔者连忙收拾行李，护好相机和采访笔记本，出门坐上报社的车，在市区转了几圈，确信彻底摆脱了尾随者，才放心在一家简陋的旅馆住下，一气呵成写完稿子。

翌日凌晨2时，笔者刚把稿件传回报社，准备就寝，突然接到一受访农民来电，惊悉他家在凌晨1时45分被人报复打黑枪，二楼客厅和两间睡房的窗玻璃被击碎，幸好无人受伤。笔者连忙安慰对方，并对其受连累深表歉意，表示一定为其伸张正义。放下电话，笔者意识到这也是对记者的“黑枪警告”，顿时感到紧张不安，虽已疲惫不堪，却再也无法入眠，脑海里浮想着自己可能遭遇的不测。

天一亮，笔者就驱车赶到谢鸡镇委、镇政府，要求派人协助笔者进村调查枪击事件。镇委丁书记颇感为难，声称一大早就有人扬言“如果记者不放弃调查报道，就把他打死吊在村委办公楼前的大榕树上示众”，并力劝笔者别再冒险行事，否则遭遇不测，后果自负！笔者回应，那农户是因为接受采访才遭恐吓报复，一定要帮他家查明真相，公开揭露，讨回公道；如果你们不派人陪同调查，笔者就独自进村，万一被打死了，你们也逃脱不了责任，看你们怎么向上级领导和社会公众交代！

丁书记见笔者言之有理，态度坚决，只好答应笔者要求，并先派一位副镇长进村，明令村委主任：管住有关人员，切莫轻举妄动！为了有个照应，笔者让报社司机留在镇委大院，万一笔者不幸有什么意外，他可以及时报警作证；再说，少一个人去冒险，也可减少无谓的牺牲。

不知镇领导是否有意“考验”笔者，特意派一位便衣民警骑普通摩托车“护送”。笔者坐在民警身后，一手扶住座位边缘的铁架，一手护着挂在胸前的相机，颠簸在弯弯曲曲的羊肠小道上，两旁是茂密幽深的香蕉林和荔枝林，真害怕报复者的子弹会冷不丁地从路边密林中飞出来。但正义感和同情心驱使笔者战胜恐惧，奋勇重回文村。

来到枪击现场，只见农户家二楼客厅和两间卧室的窗玻璃都被打烂了，露出3个巨大的窟窿，碎片散落在地，一片狼藉，剩下的窗玻璃张牙舞爪。陪同采访的民警说，这是苏联制造的来复枪打的，是霰弹枪，可发射成束弹丸，如果打中人，全身都会布满铅珠，即便没击中要害，保住性命，也会痛不欲生、生不如死。

村里似乎没什么动静，笔者平安回到镇委大院。

丁书记意识到问题越来越严重，千方百计央求笔者不要发稿。但笔者不为所动，凌晨传回报社的第一篇稿子《副镇长率众野蛮抄农家！》，当天下午就在《羊城晚报》头版显著位置见报了。

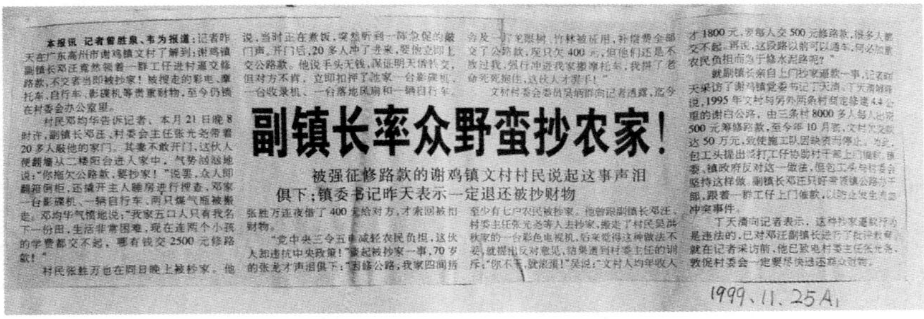

副镇长率众野蛮抄农家！

被强征修路款的谢鸡镇文村村民说起这事声泪俱下；镇委书记昨天表示一定退还被抄财物

本报讯 记者曾胜泉、韦为报道：记者昨天在广东高州市谢鸡镇文村了解到：谢鸡镇副镇长邓汪竟然领着一群工仔进村逼交修路款，不交者当即被抄家！被搜走的彩电、摩托车、自行车、影碟机等贵重财物，至今仍锁在村委会办公室里。

村民邓均华告诉记者，本月21日晚8时许，副镇长邓汪、村委会主任张光尧带着20多人敲他的家门。其妻不敢开门，这伙人便翻墙从二楼阳台进入家中，气势汹汹地说：“你拖欠公路款，要抄家！”说罢，众人即翻箱倒柜，还撬开主人睡房进行搜查，邓家一台影碟机、一辆自行车、两只煤气瓶被搬走。邓均华气愤地说：“我家五口人只有我名下一份田，生活非常困难，现在连两个小孩的学费都交不起，哪有钱交2500元修路款！”

村民张胜万也在同日晚上被抄家。他说，当时正在煮饭，突然听到一阵急促的敲门声。开门后，20多人冲了进来，要他立即上交公路款。他说手头无钱，保证明天借钱交，但对方不肯，立即扣押了他家一台影碟机、一台收录机、一台落地风扇和一辆自行车。张胜万连夜借了400元给对方，才索回被扣财物。

“党中央三令五申减轻农民负担，这伙人却违抗中央政策！”谈起被抄家一事，70岁的张龙才声泪俱下：“因修公路，我家四间房舍及一片龙眼树、竹林被征用，补偿费全部交了公路款，现只欠400元，但他们还是不放过我，强行冲进我家搬摩托车，我拼了老命死死抱住，这伙人才罢手！”

文村村委会委员吴炳辉向记者透露，迄今至少有七户农民被抄家。他曾跟副镇长邓汪、村委主任张光尧等人去抄家，搬走了村民吴潮秋家的一台彩色电视机，后来觉得这种做法不妥，就提出反对意见，结果遭到村委主任的训斥：“你不干，就滚蛋！”吴说：“文村人均年收入才1800元，要每人交500元修路款，很多人都交不起。再说，这段路以前可以通车，何必加重农民负担而急于修水泥路呢？”

就副镇长亲自上门抄家逼款一事，记者昨天采访了谢鸡镇党委书记丁天清。丁天清解释说，1995年文村与另外两条村商定修建4.4公里的谢白公路，由三条村8000多人每人出资500元筹修路款，至今年10月底，文村欠交款达50万元，致使施工队因缺资而停止。为此，包工头提出派打工仔协助村干部上门催款，镇委、镇政府反对这一做法，但包工头与村委会坚持这样做。副镇长邓汪只好带领镇公路办干部，跟着一群工仔上门催款，以防止发生流血冲突事件。

丁天清向记者表示，这种抄家逼款行为是违法的，已对邓汪副镇长进行了批评教育。就在记者采访前，他已致电村委主任张光尧，敦促村委会一定要尽快退还群众财物。

1999.11.25A1

采访当天连夜赶写的批评报道《副镇长率众野蛮抄农家！》

报道引起社会强烈反响，特别是在当地如炸开了锅，不少农民手持报纸奔走相告，有的还特意将其张贴在村委会宣传栏，吸引大批群众目睹和议论。

但高州市、谢鸡镇两级政府不但不及时认错整改，反而通过各种途径向报社特别是对笔者施压，声称笔者了解情况不深入、不全面，造成报道严重失实，并要求报社不再报道，说什么“一个城里长大的记者，仅一两天时间不可能弄清农村的复杂事情”，甚至以高州市政府的名义向报社发来公函，敦促报社按其来函内容公开更正道歉，否则就向法院起诉笔者。

对当地政府的告状，笔者没有丝毫惊慌和担忧，反而觉得可笑又可恶。可笑的是，他们以为羊城晚报社的记者都是城里人，殊不知笔者是粤东农村长大的山里娃，长期跑基层新闻，熟悉农村情况；可恶的是，做错事不认账，面对舆论监督，公然硬扛到底！

但看到盖有“高州市人民政府”鲜红公章的告状函，报社有个别领导动摇了，也以“农村情况复杂，报道可能不够全面准确”为由，劝笔者给报社更为自己留条退路，不再做追踪报道，干脆不了了之，以便双方都有台阶可下，不致于打官司难收场。

对个别领导的好意，笔者心存感激，但未能接纳。因为，自1982年9月考入暨南大学新闻系之日起，笔者就非常崇拜在全国颇具影响力的《羊城晚报》，特别佩服其舆论监督的过人胆识与强大威力；从1986年7月跨进梦寐以求的羊城晚报社大门以来，笔者就一直视晚报的公信力和新闻的真实性如生命，无论是正面宣传，还是批评报道，都力求真实准确、客观公正、积极向上，无损于晚报信誉，无愧于职责使命。正因如此，当时经常给笔者的批评报道配发评论的著名新闻评论家、羊城晚报社原总编辑微音先生，才欣然给笔者封了一个“批评专家”的称号。这是令人敬仰的微音先生第一次给年轻记者封号。他曾对笔者说：“我和你是捆在一起的，因为我的评论是根据你报道的事实撰写的，如果你的报道失实，我的评论就会出问题，那样的话，麻烦可就大了，我就只有跟你一

“批评专家”曾胜泉

李虹

曾胜泉(左)接过东莞王屋村村民赠送的锦旗

初见曾胜泉，见他黑黑壮壮，真与“黑包公”有一些形似。可跟他聊了一阵，却觉得他说话平和朴实，毫无“批评专家”那种咄咄逼人的气势。到晚报15年，曾胜泉多半时间在农村批评报道领域摸爬滚打。其实，跑批评报道并不是什么好差事，常被同行戏称为“无红包、无请柬、无线索”的“三无”人员，但他却乐此不疲，而且越干越有门道——频频获得广东新闻奖不说，连微音先生都给他封了个“批评专家”的雅号。

与“三无”相对应的是，曾胜泉也有“三多”。一是下乡多，为了四处扑料也为了调查取证。二是得罪人多。往往批评稿刚见报，依仗权势扬言要打官司的、人便接踵而至。三是危险多。1999年底采访广东高州市谢鸡镇干部抄家逼农民集资修路的系列报道时，为拿到第一手材料，曾胜泉和同行记者不顾劝阻，冒险进村。他们刚离开农户家几个小时，这家被采访的农户就遭黑枪恐吓——睡房和客厅的窗玻璃被打了6个碗口大的窟窿。还有人扬言：记者如不放弃采访，就吊在树上打死示众。面对恶势力，他们没有退缩，第二天一早又不顾一切地往村里赶。“为防止有人闹事砸车，我们当时是搭镇里的摩托车去的。车在山路上艰难地走着，两旁是大片大片的蕉林。当时没有觉得危险，现在想起来倒有一些后怕……”曾胜泉坦率地说。由于报道客观公正，得到当地的高度重视，高州市委、市政府召开了千人干部会议，对两位副镇长在内的6名抄家逼款当事人进行了处理。

作为写农村批评报道的记者，曾胜泉最开心的莫过于事情得到解决，还了农民一个“说法”。“我是农民的儿子，平时接触的都是农民，自己关注的又都是村民选举、村务公开、减轻农民负担等话题，责无旁贷，应该为农民说话。”他说。敢于为农民说话，自然也赢得了农民的信任，至今，虽然他已不在信访部门，但还有不少人写信给他。

写了不少引起轰动的批评报道，曾胜泉最“得意”的是没有为报社惹一次官司。问起其中的门道，他说归功于“三性”。作为一名记者，首先必须具备新闻敏感性。1999年东莞虎门王屋村农民成立监事会，当时正值“民选村官”刚刚拉开序幕，曾胜泉马上意识到农村监事会背后的新闻价值，顶住重重困难进行了采访。后来《王屋村监事会替民行道》上了晚报头版头条，许多媒体纷纷转载，在读者中反应强烈。还有不少报道，像《轰动五省的兑奖风波》、《一串学生名单卖了20万》等也都是闲聊聊出来的意外收获。第二要客观公正。曾胜泉说，自己虽然感情上更倾向农民，但在采访过程中，他不会感情用事，总会将对立面的观点也写出来。一些批评稿，他认为有必要的一般都送给新闻秘书看，新闻秘书不敢表态的就送给上一级领导看。不少人评价曾胜泉的批评报道是“既打了板子，又给了面子”。第三要有耐性。曾胜泉说，他一直记得微音先生说过的一句话，“我和你是捆在一起的（编者注：微音先生经常为曾胜泉的报道写评论），你的报道不准确，大家只有一起跳河了。”所以，曾胜泉始终把准确两字放在首位。在采访过程中，他常常让被采访者慢慢说，往往记下一句后他再把别人说过的话重新念给对方听，虽然很笨很烦琐，但他坚持这么做。

媒体有关作者的报道

起跳珠江了！”对微音先生的谆谆教诲和郑重提醒，笔者一直牢记在心、身体力行。

这次采访，笔者坚持客观、中立、平衡的准则，调查了多个受害农户和目击证人，察看了投诉人家里被黑枪打破的窗玻璃，拍摄了被逼款队强行抄走后锁在村委办公楼内的群众财物，镇委丁书记接受采访时也证明村民反映情况属实，并表示这种搬人财物的做法未经镇党委研究决定。

可以说，笔者采访全面深入，求证专业规范，直接掌握的大量人证物证无可辩驳，由此所做的定性定论——“非法抄家逼款”，不怕法律审判，无惧历史检验。就连丁书记也私下对笔者说：“你报道的所有事情，以及引用我的说法，都是准确客观的。我特别要感谢你在报道中强调镇党委事前不知抄家逼款的动议，不然，镇党委就更难向上级交代，更是形象扫地！”

但在大量铁证面前，当地政府竟大言不惭地声称报道“严重失实”，蛮不讲理地要求报社道歉更正！

笔者想不通、不服气：人民政府岂能颠倒黑白、有错不改！羊城晚报社的权威性和公信力岂容亵渎！

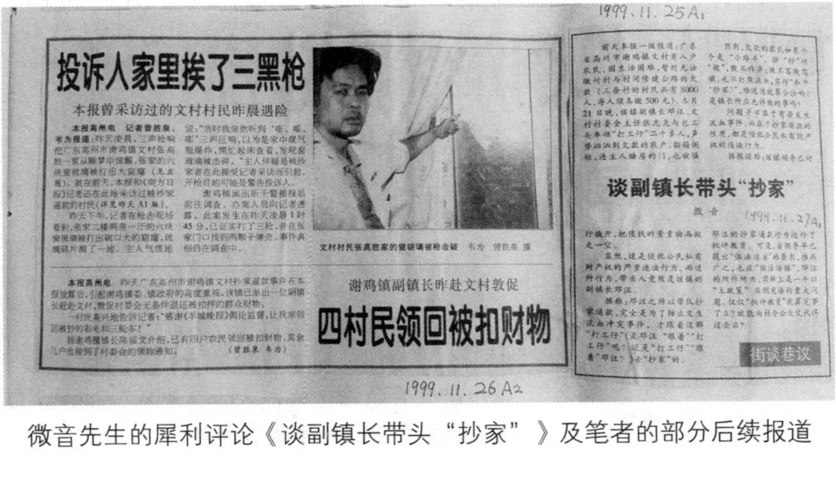

投诉人家里挨了三黑枪

本报曾采访过的文村村民昨晨遇险

本报高州电 记者曾胜泉、韦为报道：昨天凌晨，三声枪响把广东高州市谢鸡镇文村张高胜一家从睡梦中惊醒，张家的六块窗玻璃被打出大窟窿（见左图）。就在前天，本报和《南方日报》记者还在此地采访过被抄家逼款的村民（详见昨天A1版）。

昨天下午，记者在枪击现场看到，张家二楼两房一厅的六块窗玻璃被打出碗口大的窟窿，玻璃碎片撒了一地。主人气愤地说：“当时我突然听到‘嘭、嘭、嘭’三声巨响，以为是家中煤气瓶爆炸，慌忙起床查看，发现窗玻璃被击碎。”主人怀疑是被抄家者在此接受记者采访而引起，开枪目的可能是警告投诉人。

谢鸡镇派出所干警接报后前往调查。办案人员向记者透露，此案发生在昨天凌晨1时45分，已证实打了三枪，并在张家门口找到两颗子弹壳。事件真相仍在调查中。

文村村民张高胜家的窗玻璃被枪击破 韦为 曾胜泉 摄

谢鸡镇副镇长昨赴文村敦促

四村民领回被扣财物

本报高州电 昨天广东高州市谢鸡镇文村抄家逼款事件在本报披露后，引起谢鸡镇委、镇政府的高度重视，该镇已派出一位副镇长赶赴文村，敦促村委会无条件退还被扣押的群众财物。

一村民高兴地告诉记者：“感谢《羊城晚报》舆论监督，让我家领回被抄的彩电和三轮车！”

据谢鸡镇镇长陈福文介绍，已有四户农民领回被扣财物，其余几户也接到了村委会的领物通知。（曾胜泉 韦为）

1999.11.26 A2

1999.11.25 A1

谈副镇长带头“抄家”

微音

1999.11.27 A1

街谈巷议

微音先生的犀利评论《谈副镇长带头“抄家”》及笔者的部分后续报道

报社总编辑对笔者非常理解和信任，全力支持笔者继续跟踪追击，把逼款队打黑枪报复投诉人、抄家时打伤农民并毁坏农户水井、挖断农户门口通道等恶劣行径逐一揭露出来。

微音老先生知情后也伸出援手，不顾年事已高和身体不适，难抑义愤，奋笔疾书，连写两篇笔锋犀利的评论《谈副镇长带头“抄家”》《鸡犬不宁谢鸡镇》，相继发表在《羊城晚报》头版影响很大的名牌栏目《街谈巷议》。评论旗帜鲜明地指出：“谢鸡镇个别干部的所作所为，实际上是一个以‘土政策’压倒宪法的重大问题。”“他们的违法行为竟猖獗一至于此，真不知谢鸡镇是谁家天下？看来，高州市政府也要认真过问一下这件事了。否则，对上级领导和社会公众，都无法交代得过去。”

当时，正值广东省山区工作会议在广州召开，此事成了与会者热议的反面典型，引起了时任中共中央政治局委员、省委书记李长春过问，最终促使高州市政府致函报社，表示诚恳接受舆论监督，坚决追究有关人员责任。

高州市政府表示认错整改的消息见报几天后，笔者有位10多年不见的高中同学突然找上门来，说是受高州市委书记委托，邀请笔者前往高州采访以“减轻农民负担”为主题的全市三级干部会议，会上将宣布对谢鸡镇抄家逼款事件责任人的处理决定。

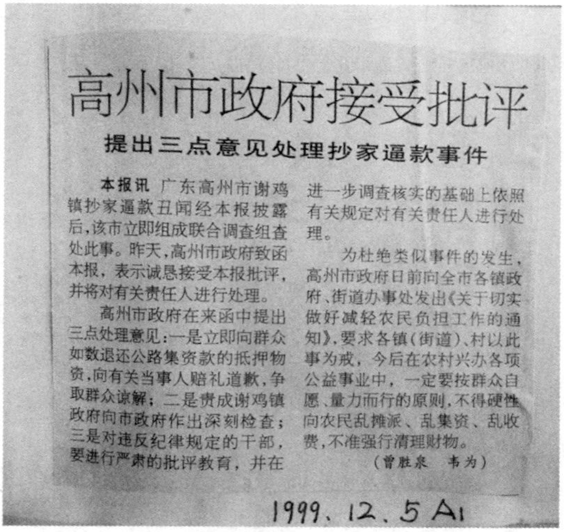
高州市政府接受批评

提出三点意见处理抄家逼款事件

本报讯 广东高州市谢鸡镇抄家逼款丑闻经本报披露后，该市立即组成联合调查组查处此事。昨天，高州市政府致函本报，表示诚恳接受本报批评，并将对有关责任人进行处理。

高州市政府在来函中提出三点处理意见：一是立即向群众如数退还公路集资款的抵押物资，向有关当事人赔礼道歉，争取群众谅解；二是责成谢鸡镇政府向市政府作出深刻检查；三是对违反纪律规定的干部，要进行严肃的批评教育，并在进一步调查核实的基础上依照有关规定对有关责任人进行处理。

为杜绝类似事件的发生，高州市政府日前向全市各镇政府、街道办事处发出《关于切实做好减轻农民负担工作的通知》，要求各镇（街道）、村以此事为戒，今后在农村兴办各项公益事业中，一定要按群众自愿、量力而行的原则，不得硬性向农民乱摊派、乱集资、乱收费，不准强行清理财物。

（曾胜泉　韦为）

1999.12.5 A1

高州市政府致函报社，表示诚恳接受批评，提出三点意见处理抄家逼款事件原来，这位才华横溢的同学不久前通过公选荣升高州市副市长，刚上任就碰到自己分管领域闹出这种丑事。没想到，这组批评报道意外成了牵线搭桥的“媒人”，让笔者与失联多年的老同学有缘相见，真是“不打不相识”啊！

开会那天，高州市委礼堂迎来了市、镇、村三级干部1000多人。据说，该市很久没开过这么大规模的干部会议，有的偏远山区的村干部还是头一回来到繁华的高州城。

会上，市委书记邹继海郑重表示，诚恳接受羊城晚报社的舆论监督，改正强行集资修路的错误做法，如数退还被抵押的农户财物；并宣布撤销包括两位副镇长在内的6名抄家逼款直接责任人的职务，给予镇委书记、镇长党内严重警告处分。

会后，该市以此事为反面教材，在全市党员干部中开展“三增一讲”（增强宗旨观念、增强群众观念、增强法制观念，讲究工作方法）专题教育活动，切实提高依法治市、依法行政水平。

事件处理结果登上了《羊城晚报》头版头条，题目是《高州市召开干部大会宣布处理抄家逼款事件责任人　谢鸡镇两副镇长丢了乌纱》。报道特意引用了市委书记邹继海约见笔者时坦陈的一番意

高州市召开干部大会宣布处理抄家逼款事件责任人

谢鸡镇两副镇长丢了乌纱

市委书记邹继海昨天约见本报记者时表示，今后要正确对待舆论监督

本报讯　记者曾胜泉报道：本报连续披露的广东高州市谢鸡镇强征集资款事件昨天有了处理结果：带队抄家逼款的两名副镇长丢掉乌纱帽，还有4名事件责任人受到处分。

昨天，高州市委、市政府召开了全市1000多名干部参加的“三增一讲”（增强宗旨观念、增强群众观念、增强法制观念，讲究工作方法）专题教育活动动员大会。高州市纪委向与会干部宣读了对“谢鸡事件”有关责任人的处理决定：给予带队强行清理群众集资欠款的谢鸡镇副镇长邓汪党内严重警告处分，行政上免除副镇长职务，调离谢鸡镇；给予带队强行清理谢鸡镇圩街硬底化群众集资欠款的谢鸡镇副镇长邓建新党内严重警告处分、行政上免除副镇长职务，调离谢鸡镇；给予组织带队清理公路建设群众集资欠款的谢鸡镇文村村委会主任张光尧留党察看一年的处分；给予参与组织带队清理圩街硬底化群众集资欠款的谢鸡镇村建办主任袁伟宽留党察看一年、撤销村建办主任职务的处分；追究谢鸡镇党风廉政建设责任人中共谢鸡镇党委书记丁天清的责任，给予党内警告处分；追究谢鸡镇政府党风廉政建设责任人谢鸡镇镇长陈福文的责任，给予党内警告处分。

谢鸡镇党委书记丁天清还在大会上作了深刻检讨。

本报讯　记者曾胜泉报道：高州市委书记邹继海昨天中午约见本报记者时表示，本报关于谢鸡镇文村村委会、谢鸡镇街道整治指挥部到一些欠交集资款农户家里强行搬走财物的连续报道，不仅促进了问题的解决，而且促使市委、市政府决定在全市开展“三增一讲”专题教育活动，对进一步搞好高州市依法治市、依法行政工作将起重要作用。

邹继[illegible]认为，“谢鸡事件”的披露说明，对新闻媒介的批评，要有一个正确的态度。一些同志未能正确处理这一关系，有的因害怕记者“揭短”而千方百计回避记者，有的认为奈何不了我而无视新闻舆论监督。这两种态度都是错误的。我们要吸取经验教训，正确对待媒体的批评监督。

邹书记说，这次处理谢鸡镇的一些干部，是挥泪斩马谡，因为他们违反法纪不能不处理。本来，积极筹集资金修路是一件利国利民的大好事，应该得到广大干部群众的支持。但一些干部不顾中央和国务院关于切实减轻农民负担和依法行政的政策要求，乱集资、乱摊派，竟然发展到违规强行清理，犯了错误。这是一个十分沉重的教训。

关于谢鸡事件处理结果的新闻报道

味深长的心里话："谢鸡事件的披露说明，对新闻媒介的批评，要有一个正确的态度。一些同志未能正确处理这一关系，有的因害怕揭短而千方百计回避记者，有的认为奈何不了我而无视新闻舆论监督。这两种态度都是错误的。我们要吸取经验教训，正确对待媒体的批评监督。"

至此，系列批评报道达到预期效果，足可圆满收官。但微音先生意犹未尽，觉得高州市政府对事件的严肃处理、深刻反省、形象修复等可圈可点，又欣然命笔写下热情洋溢的头版评论《高州市政府棋高一着》，表扬该市变坏事为好事、着力提高依法行政水平的做法，是"高瞻远瞩、棋高一着，值得借鉴"。弦外之音就是，高州的教训值得各地吸取，其吸取教训的经验也足资各地借鉴。

一组极具监督力、震撼力的负面批评报道，最终能以积极正面的肯定表扬收官，着实令人始料不及，连当地有关领导也欣慰地感叹："没想到报社这么有气度，这么与人为善，对一度试图对抗监督、最终认错改正的批评对象还能给予肯定和鼓励。"学界有关专家发文认为，这组批评报道"力度大、效果好，既打了板子，又给了面子"，堪称"善始善终""善做善成"的舆论监督典范。

剖析当地政府危机公关的教训，就在于媒体披露问题后没有及时认错、改正，而是迟迟不表态、不处理，一味掩盖事实、否定报道、发函威胁，试图令媒体"屈服妥协""认错更正"，结果事与愿违，导致批评报道增多、监督力度加大、舆情升级恶化，惊动省委书记过问，最终丢脸又丢官，很不划算。如果首篇报道出笼后，诚恳接受媒体监督，及时纠正错误做法，同时表明集资修路出发点是好的，得到多数群众支持，只是工作方法简单粗暴，伤害了部分困难群众的感情，就能够很快平息舆论。因为这样做，既没有否定省报的舆论监督，不会激怒媒体和记者，又能获得社会公众的谅解与同情，从而冲淡事件的负面影响。认错改正了，群众利益维护了，监督目的达到了，媒体也就无料可报了。

此事表明，各级领导干部要正确对待舆论监督，增强积极诚恳接受监督、依法依规保护监督的意识。面对监督，既不能退缩躲避当鸵鸟，也不能阻挠打压学霸王；而是要敢于担责，勇于认错，善于改过，这才是危机公关的应有之道。

但毋庸讳言，有些舆论监督题材客观上也会带来负面效应。如，媒体有关毒奶粉、蛆虫橘子等食品安全问题的报道，无论多么真实、客观和全面，都会在一定范围内引发受众的焦虑恐慌心理，因为受众普遍会通过报道预测自己面对的“隐形”风险。又如，媒体对个别群众采取跳桥或跳楼的方式表达利益诉求的报道，一定程度上迎合了当事人寄望引起舆论关注的需求，如果报道过于密集，就可能诱使他人仿效此类过激的维权做法。但从另一个角度看，事件造成群众围观、交通堵塞，也是公众需要了解的重要信息，媒体适度报道无可厚非。何况，网上信息源头复杂多样，如果主流媒体对此类热点事件沉默不语，就很可能因自媒体随意发声导致真相不明、谣言盛行、误导舆论、危害社会。

广州海珠桥曾经多次上演“跳桥秀”

3. *有序组织现场采访*

与现场记者处好关系，是媒体公关工作的重要环节之一。

突发事件发生后，面对蜂拥而来、信息饥渴、急于发稿的大批记者，处置部门要迅速成立新闻中心，规范媒体管理服务流程，及时主动提供新闻通稿、图片、视频或持续滚动发布权威信息，避免记者在得不到官方消息或消息来源有限的情况下，将非常规渠道打探的不准确消息传播出去，误导社会舆论，干扰事件处置，损害政府公信。为此，处置部门要立即派人赶到现场，会同相关部门做好记者采访接待工作，对不合理要求稳妥化解，避免冲突。

接待现场记者，关键要树立服务媒体意识，尊重记者采访权和监督权，协助其顺利完成任务。只要依此而为，就不会招惹无谓的麻烦。但在实际工作中，处事方往往把记者当成“找事的”，阻拦甚至动粗的现象时有发生。特别是警方，容易把现场记者视为干扰执法的因素，不时与记者发生冲突，但最终变成“大家的敌人”、陷入舆论被动的多半是警方。

如，2013年7月17日晚，湖南电视台经济频道两位记者到临武县调查瓜农邓加正与城管冲突死于街头事件，在事发现场被五六名

网上有关漫画

警察用棍棒殴打致伤，拍摄器材被砸，有警察叫嚣“要拍就让你们死在这里”。临武警察的“威武勇猛壮举”，招致主流舆论猛烈抨击。《广州日报》评论称：警察可是“正规军”，为何也与多半是“临时工”的城管一般见识，流氓习气十足？用喊打喊杀、拳头说话的“城管手段”处置突发事件，是严重缺乏政治智慧的脑残行为。这种执法犯法的劣行只能是引火烧身，触犯众怒，恶化事件性质，激化官民矛盾，令局面更加难以收拾。

又如，2014年5月22日上午，广州日报社女记者林某在广州增城区人民法院旁听一宗受贿案庭审时，因携带手机进入法庭，与工作人员发生争执，随后遭到该院法警张某的恶言谩骂及掐颈3秒的暴力对待。女记者随即报警，双方前往派出所接受调查。此事经媒体披露后引起较大关注，增城法院迫于舆论压力，迅速以常用的“停职、道歉、调查”三步骤平息事件。

再如，2016年12月16日中午，中国教育报社记者刘博智、刘盾在黑龙江甘南县就学生营养午餐变质发臭问题暗访兴十四镇中学时，被闻讯而来的民警带回镇派出所打伤。随后，多家媒体报道此事，教育部、中国记协、黑龙江省有关部门表示严重关注。17日晚，打人的派出所副所长李英东受到党内严重警告、行政撤职处分。

上述对待记者的粗暴行为，与不时曝光的跨省抓捕记者或发帖者事件一样，都因滥用警力而把公安推向前台，不但激化了矛盾，也损害了公安机关的形象和公信力。

其实，记者大都洞悉他人心理，懂得换位思考，一般不会存心与警方“作对”。有时为了“抢”现场新闻，记者可能会妨碍警方执法，如影响采访对象情绪、干扰警方紧急行动等。此时，应客观判断记者的行为是否对警方处置事件产生明显干扰，若是，则应制止，但要耐心说明理由，不能简单粗暴对待。当然，是否构成干扰，很难有统一的评判标准和界限，需要具体问题具体分析，在记者法定采访权和警方不受干扰的执法权之间做出慎重权衡。若现场情况允许，可为记者提供最佳拍摄位置，助其顺利完成采访任务。对境外记者来访，也要依法依规管理，有礼有节地做好接待服务或劝止不当行为。

2016年7月26日，公安部举办全国公安机关规范执法视频演示培训会，明确规定群众拍摄如不影响正常执法不得干涉，民警要自觉接受群众监督，习惯在镜头下执法。为此，民警要提高执法能力，放低身段，敬畏民众，自我约束，避免不当言行被“随手拍”“现场实录”曝光，引发负面舆情。当然，民警可视情使用执法记录仪，以防现场执法各执一词，卷入无谓的纷争。

当今自媒体时代，尤其要把握好维护网络传播秩序的执法尺度，既要依法治理到位，又要防止过犹不及，引发网民不满情绪。如，武汉市中心医院眼科医生李文亮，于2019年12月30日在同学微信群发布“华南水果海鲜市场确诊了7例SARS”“冠状病毒感染确定了，正在进行病毒分型”“大家不要外传，让家人亲人注意防范”等多条信息。2020年1月3日，当地警方传唤李文亮，以其发表不实言论为由，给予批评教育，出具训诫书。此事被媒体集中披露、网民广泛抨击后，国家监委立即派出调查组赶抵

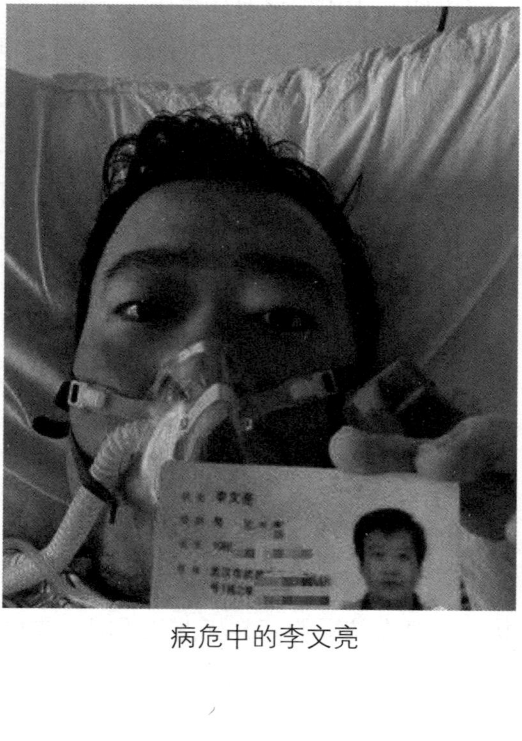

病危中的李文亮

武汉，核查认定警方“出具训诫书不当，执法程序不规范”，督促公安机关撤销训诫书，并追究有关人员的责任。最高人民法院微信公众号对此评论指出：“试图对一切不完全符合事实的信息都进行法律打击，既无法律上的必要，更无制度上的可能，甚至会让我们对谣言的打击走向法律正义价值的反面。”言下之意，李文亮在微信群发出的信息并非完全捏造，且没有扰乱公共秩序的主观故意，目的只是提醒群内同学注意防范，因而不属于“不实言论”，更不是“谣言”。相反，如果当时社会公众听信了这个“谣言”，并基于对非典的认知而采取了防护措施，对于更好地防控新冠肺炎疫情无疑是一件幸事。可见，对于社会高度关注，尤其是涉及公共安全的重要信息，即便判断错了，只要动机没有问题，就不能动辄扣上“造谣”的帽子；管理部门应宽容对待无心之失，让专业人士敢于表达自己的看法，更好发挥他们在关键时刻的权威作用。鉴此，北京市人大常委会于2020年9月25日审议通过的《北京市突发公共卫生事件应急条例》明确规定：任何单位和个人有权向人民政府及其有关部门报告突发公共卫生事件隐患，情况紧急时可以越级报告，非恶意报告不追责。

综上，面对媒体监督或舆情危机，涉事主体一定要做到“五不”：不拖延，要快速反应；不狂妄，要尊重舆论；不逃避，要勇于担责；不狡辩，要真诚沟通；不慌乱，要有序应对。或努力实现“五度”：发声速度要快；回应角度要准；沟通态度要诚；道歉风度要雅；发言制度要严。

为此，期待党政机关、企事业单位更加重视网络舆情应对，发掘培养专业人才，设立集舆情监测、分析研判、风险预警、线下处置、信息发布、舆论引导、媒体沟通、形象修复、复盘评估等功能于一体的工作机构，建立舆情会商、快速通报、协调联动机制，确保本地区本部门突发敏感舆情得到及时稳妥化解。没条件设立专门机构的，可委托权威专业机构提供舆情服务。如，2008年“5·12”汶川大地震发生后，中央有关部门采纳人民网舆情监测室根据舆情研判提出的“降旗致哀”“暂停奥运火炬传递”等建议，组织实施后受到全社会赞同和支持。

4. 正确看待官场警示

搁笔之前，笔者考虑再三，觉得仍有必要对网传所谓“微博时代官场十大新警示”略作评判，供读者借鉴——

（1）接受采访不讲胡话

面对媒体记者一定要谨慎发言，切忌海阔天空，信口开河，自露破绽，授人以柄，引发炒作，引火烧身。

（2）开会发言不抽名烟

吸取南京“天价烟局长”周久耕的教训，不在会场或其他公开场合抽名牌香烟，以免被人拍摄上网。公共场所早已禁烟，吸烟的最好戒了，实在戒不了，也要注意场合。

（3）商务应酬不戴名表

即便用合法收入买的名表，也别轻易在公开场合展露。哪怕是冒牌货，也不宜公开戴，网民评说可不会辨清真假。

（4）公务活动不开名车

要严格按照统一规定配用公车，既然中央有明确要求，就必须坚决执行，绝不含糊。即便是私家名车，也别用于公务活动，网民通常不会想信你“私车公用”

（5）基层视察不打雨伞

此“警示”似乎不合情理：难道非要身受暴雨或头顶烈日，才堪称朴实亲民的好形象？非也，是不宜让别人为你代劳，要自己打伞。

某省一位县级市的年轻市长就因此蒙羞。有一次，这位脸庞稚嫩白净的市长下乡考察，因夏日炎炎，一位年近六旬、即将退休的老同志主动为他撑伞，而这位两鬓斑白的长者十分爱惜市长，把整个伞盖都让给了他，自己则暴晒于烈日下，一副汗流浃背、酷热难耐的可怜相。此情此景，一老一少，境遇迥然，突兀刺眼。这一幕被目击者用手机拍摄上网，随即引发热议，令这位市长颇感难堪，后悔“让别人打伞”。

因此，为免惹是生非，还是自己撑伞为好。但在某些特殊场合，为了展示亲民和吃苦形象，也为自身健康着想，适当晒晒太阳补补钙、淋淋小雨润润心，也是不错的选择。

由此又想起“领导怕湿鞋让下属背”引发的风波。2014年6月21日上午，江西省贵溪市政府办公室副主任王军华、科员丁先保奉命协调小学生落水搜救工作，经过一段漫水路时，丁先保主动提出背王军华过去，岂料被人拍照，发上微博，成为网上议论热点。有网民跟评：一个主动，一个半推半就，如此“默契”十足，足见双方“关系不错”。结果，这位“害怕湿鞋却不愿脱鞋走路”的官员，被相关部门定性为“在特殊环境、特殊场合做出了不当行为”，受到免职处理。

这张下属背上司的“立此存照”，仿佛一次严肃的道德指控，置王军华于百口莫辩的尴尬境地。因为，无论是下属“主动背”，还是自己“被主动”，官员在众目睽睽之下安然趴在下属身上，都有违“吃苦在前，享受在后”“任何时候都不能搞特殊化”的公仆情怀和道德情操，损害的是干部形象，刺痛的是民众眼睛。

网传王军华“被背”照片

《人民日报》对此评论称：

> 蹚水能是多大的事呢？然而能不能吃苦、守不守得住初心，看的就是一个个细节。
>
> 换句话说，如果官员事事让人伺候，茶杯让人端，提包让人拎，车门让人开，雨伞让人打，稿子让人写……难免在工作甚至生活中，失去了起码的“自理能力”；如果沙发坐得多了、板凳坐得少了，高脚杯端得多了、大碗茶端得少了，又如何受到民众拥戴？
>
> 湿鞋还是失官，并不难选择。如果处理不好，失去的不仅是官，更可能失掉了形象，失去了民心。那段漫水路就是一张无声的考卷，怎么选择，就展示什么样的形象。但愿这张照片所引发的风波，能够引起更多干部的自我比照和自警自励。

是的，怕湿鞋要人背，与让人打伞、拎包、端茶、开车门等一样，表面看是“小事”，实质上是官僚主义作风的一种表现，是领导干部对官员与公仆关系的错位。只有在思想深处“脱下鞋子、放下架子”，才能拔除这类损害干部形象的“病根子”。

习近平总书记强调，要抓早抓小，有病就马上治，发现问题就及时处理，不能养痈遗患。总书记以身作则、率先垂范，树立了务实、亲民的公仆形象。如，2013年7月21日，总书记考察武汉新港时，在雨中自己打伞、衬衫淋湿、裤脚卷起的情景，让人印象深刻、倍感亲切，被赞为“朴实之风迎面来”。

榜样的力量是无穷的。2014年7月10日《四川日报》报道了四川省安县县委书记廖雪梅在专题民主生活会后的“异样”：没人帮她提包，大门口不见了“专车”等候。同年8月7日，新华社报道称，江苏省盱眙县委出台党建新规，明确“领导干部不许让工作人员拎包、拿茶杯、开车门”。

相信随着深入整治“四风”（形式主义、官僚主义、享乐主义、奢靡之风），领导干部大都能降低姿态，注重细节，谨言慎行。

（6）发表大作不抄名文

领导干部让下属代写的文稿，要公开宣读或在媒体发表时，一定要认真审核是否存在抄袭。有的下属为了讨好领导，获得赏识重用，很可能照搬照抄别人的好文章或整段观点，而领导审稿时往往眼前一亮却又蒙在鼓里，表扬一番下属后，就拿去公开使用，有朝一日一旦被网民识破，悔之晚矣。特别是网上流传、大家公认的范文，更不能明显抄袭套用。如果哪天看到下属为你准备的稿子观点新颖、文采飞扬，令你十分满意，你可要多一个心眼，证实确为下属原创后，方可表扬肯定、放心使用。

陕西延安市一位县委书记就因涉嫌抄袭而声名受损。2017年7月2日，有网民发微信披露，富县县委书记李某于6月23日发表在《延安日报》的文章《欲明人者先自明　欲正人者先正己》，涉嫌抄袭2015年5月14日新华网刊载的《新华时评：严以律己重在自重、自省、自律》。李某文章1531字，新华时评930字，前文照抄后文800余字，仅时评开头60余字未抄，引来大量网民关注和媒体评论。7月4日，县委宣传部回应称，“此事属于县委办公室工作方面的重大失误”，文章由县纪委撰写、县委办提交，“李某同志‘不知情’‘被署名’”。这些说法顿遭媒体批驳。有舆论认为，“领导公开发表的稿子，总要做最后的审定把关，完全不知情实在说不过去”。也有网民猜测，涉事者被舆论质疑后或许是慌了神，急忙搞责任切割，却不成想“聪明反被聪明误”。7月6日，县委召开民主生活会，县委书记就此事做出检讨，并当面向上级领导做了汇报。但网民始终没有等到上级部门给出具有公信力的调查处理结果。

笔者认为，有的领导因太忙或不擅长写作，让下属搜集材料、组织撰写无可非议，但总要对写什么、怎么写给出指导意见，并做最后把关，这是不可逾越的底线。尤其是署名文章，绝不能是徒有其表的假把式，而应是自我认识水平、工作经验的提炼和分享。与其挖空心思抄袭，还不如沉心静气学习，以扎实的作风减少代笔、写好文章，让中央三令五申的“转作风、改文风”要求真正落到实处。

（7）与人约会不发微博

提醒别学“网络菜鸟”——江苏溧阳市卫生局原局长谢志强，误把“广播式”的微博当成“私密化”的QQ，导致其与情人在微博上打情骂俏相约开房的原生态纪录暴露在网民面前，最终颜面尽失、丢官革职。当然，更要以此为戒，坚守生活作风底线。

（8）寻花问柳不写日记

聊此话题，读者也许要笑：这还用得着提醒吗？天下哪会有寻花问柳自留“证据”的傻瓜？别说，还真有人乐此不疲。广西来宾市烟草专卖局原局长韩峰就是代表人物之一。

2010年2月27日15时14分，网民“含仙子”在天涯社区晒出韩峰2007年9月24日至2008年1月31日每天的“性爱日记”，以及之后的5

“日记门”局长韩峰承认日记中的内容都是事实

篇，共145篇（内含多次收受贿款的详细记录）。网民评价日记“非常简练，但真实生动，文笔流畅，充分刻画了人物内心世界，尤其细节描述得较好，无异于一部新的官场现形记”。因日记多达56次提到应酬吃喝，有网民戏称韩峰“很黄很暴吃”。

随后，广西壮族自治区烟草专卖局公开回应，日记内容不是空穴来风，纪检监察部门已介入调查。

日记显示：韩峰嗜好在上班或出差时与女下属偷情，每次都会写下心得体会。他在日记中指名道姓写了6个情人，还记下她们的住址门牌号，吓得她们“出名”后不敢回家。

在韩峰心目中，这6个情人都如花似玉、楚楚动人，令他神魂颠倒、欲罢不能。正如其日记坦言：“终于玩了杨淑红，又和小盘玩上了，还固定地和谭善芳玩，还有个莫瑶待玩，今年真是交了桃花运，女人多了就是要注意身体。”看来，他长年醉心于情色生活。

网传韩峰在出差途中不小心弄丢日记。一位网民捡到后一看，觉得细节描述比贾平凹写的言情小说《废都》还要“精彩”。他本想自己“永久珍藏”，但当时手头紧、急钱用，便“忍痛割爱”，把日记便宜卖给一家网站，随即被登载出来。搜狐网等国内知名网站争相转发，引来无数网民围观热议，一时轰动全国。韩局长随之被纪检监察部门盯上，最终因受贿罪被判刑13年。

但有网民质疑日记的真实性，认为此类顶级隐私不太可能外泄，多半是报复者杜撰的。也有网民相信网传版本：韩局长情人小谭的丈夫“含仙子”发现自己不幸被人“戴绿帽”后，气愤至极，便在网上揭发。

一名自称是来宾烟草系统的“知情者”透露，该系统内流传最广的说法为：在岗位调整中，韩峰因与他人竞争被报复，竞争对手买通黑客，侵入韩峰的笔记本电脑，窃取日记后发上网。

也有知情人士称，韩峰平时为人谦和，在烟草系统素有“秀

潘玉梅流下忏悔的泪水

才”的美誉，“给人的感觉就是那种典型的文人，少与人结怨”。如果这一说法属实，那么就是部分文人那种“爱美女不爱江山”的极端浪漫情怀害了韩峰自己。

无独有偶。2007年1月春节刚过，南京市纪委对时任栖霞区区长助理、迈皋桥街道工委书记潘玉梅住所突击搜查，除发现26公斤现金（约53万美元、170万人民币），还搜出一本不堪入目的“桃色日记”，里面记录了她与180多个男人发生关系的细节，谁看了都会刷新三观。2009年2月，潘玉梅因受贿折合人民币1190多万元被判死缓。

这些教训警示，领导干部一定要提高道德修养，追求健康情趣，洁身自好，保持定力，把好权力关、金钱关、美色关。

（9）灾难发生不露笑容

劝人吸取陕西省安监局原局长杨达才的惨痛教训，别在悲伤哀痛的安全事故现场露出笑脸，以免侵扰伤痛、人神共愤。

（10）突发事件不作发言

此“警示”严重违规。国务院办公厅发文规定，对涉及地方的政务舆情，按照属地管理、分级负责、谁主管谁负责的原则进行回应，涉事部门是第一责任主体。据此，本辖区本单位一旦碰上突发公共事件，有关领导特别是新闻发言人一定要火速赶抵现场，及时发布信息，牵引舆论走向。

但有不少基层干部向笔者坦承，尽管他们接受过危机公关和媒介素养培训，掌握基本的回应发声技巧，但还是怕见记者，担心受访时说错话；即使到了新闻现场，也不敢主动与记者打招呼，多数情况下都是能躲就躲，非到万不得已，绝不露脸受访。

其实，与其躲避记者，还不如主动接受采访或提供新闻通稿，该表态的表态，该公开的公开，该回应的回应，让媒体能够及时获得体现政府责任担当的权威信息，避免刊播非常规渠道得来的不实传闻，干扰事件处置工作。

★★★

搁笔之际，笔者再次提醒：舆情应对要把握好时度效，做到信息灵、反应快、处置得当。

最后，衷心期望目光如炬、反应如电、用计如神的舆情应对行家里手越来越多！

[阅读延伸]

网络舆情研究达成阳光共识

随着网络舆情应对重要性的日益凸显和网络舆情分析师的大量涌现，研究网络舆情、提供舆情服务的机构越来越多，舆情行业从舆情监测到研判、预警，再到提出应对策略，不断向精细化、专业化、产业化发展，被西方媒体称为“中国经济新的增长点”。

当前，我国网络舆情行业正处于转型升级的关键时期。为解决行业内部存在的问题，推动行业规范健康发展，2014年2月26日，人民网舆情监测室、中国社会科学院新闻与传播研究所中国舆情调查实验室、复旦大学传媒与舆情调查中心联合发布《网络舆情研究阳光共识》，倡议把舆情监测研究做成“阳光产业”，方法科学，实事求是，还原真实意见构成，秉持建设性立场，为社会凝聚共识，为改革汇聚合力，为实现中国梦提供动力。共识如下：

一、网络舆情研究要采用科学方法。在人人都有麦克风的网络空间，各种意见和观点纷繁复杂，网络舆情研究要以统计学方法为基础，务求客观、全面、准确地反映各方利益诉求。既要关注大V，也要关心草根；既不能编造数据，也不能预置评判；实事求是，力争还原真实的民意。

二、网络舆情研究要秉持建设性立场。作为研究者，我们从事的不是舆情监控，而是舆情监测，是独立于网民意见表达和政府网络监管之外的第三方观察者，但立场必须是建设性和负责任的。要致力于促进政府与民众、企业与消费者，以及社会不同阶层和利益群体之间的相互理解、相互包容。不放大虚假信息和偏激声音，不扩大意见分歧和观点纷争。

三、网络舆情研究要发掘社会正能量。处在社会转型时期、改革攻坚阶段，网络表达经常出现负面信息和消极情绪，需要舆情研究者拥有一双睿智的眼睛，既要看到社会上积极和光明的一面，更要注意剔除“网络水军”的虚假成分，努力打捞沉没的声音，挖掘和释放网上的正能量，为科学决策提供可靠的民意素材。

四、网络舆情研究要抵制金钱腐蚀。网络舆情研究的经营性业务，要用公开透明的操作手法，为政府、企业等客户提供收集舆情信息、应对突发事件、舒缓舆论危机、维护商业品牌、开展咨询培训等服务。严禁从事收费删帖、使用“网络打手”散布竞争对手的不实信息等不正当业务。致力于把舆情监测做成“阳光产业”。

五、网络舆情研究要拒绝恶意竞争。社会化媒体的崛起是近年来互联网发展进程中最激动人心的变化。网络舆情研究的成果发布及经营性业务的开展，正越来越多地借助于社会化媒体营销平台来实施。但这类营销平台也常常成为网络谣言滋生的温床。网络舆情研究者使用这类营销平台时，要增强法制观念，恪守职业道德，提倡文明用语，拒绝恶意竞争。